近三百年歷史、人物與思潮

鄭吉雄 著

臺灣學生書局印行

自序

　　本書收錄了我自 1994 年後所撰寫學術論文暨人物傳記的一部分，計十二篇，書名貫串了全書主題。歷史、人物與思潮都離不開「人」，都是人文學的核心範疇。人文學本是主觀之學，研究者自身的文化素養、底蘊與視野，首先決定了研究角度、深度與高度；而研究對象則是人類的文化活動，是要從人類所創造的文采——包括藝術、詩歌、歷史、哲學等等——之中，去探索「人」的價值。文采無法量化，也沒有客觀的指標，所以從嚴格的角度講，人文學研究的價值，自然科學或社會科學的指標是無用武之地的。

　　自梁任公、錢賓四兩位先生提出「近三百年」一詞概括晚明至清末中國學術思想的梗概，至今又已近百年。由於本書各篇討論的內容，時間範圍和兩先生的兩部《中國近三百年學術史》相若，僅地理範圍上略擴及東亞地區如韓國、日本，雖學殖荒落，彌用自愧，我仍樂於沿襲舊名，用為書題。中國學術思想發展至於晚明，開始產生了鉅變，進入一個新時代。明清學術典範轉移（paradigm shift）如何解釋以及清代學術特性如何定義的問題，近一世紀以來，有梁任公的宋明理學一大反動說、賓四先生的清初學術源於東林說、馮友蘭的清代哲學為宋明道學一部分延續之說；下迄當代則有余英時先生的知識主義說、辛冠潔與葛榮晉的實學說、周啟榮禮教主義之

說、張麗珠新義理學之說等十多種說法,於此不遑列舉。過去十年,我曾提出「知識重構」和「社群意識」兩個觀念,以概括明末以至清末(相當於 late Imperial China)學術思想的特質。我所謂「知識重構」,指的是人文學各個領域相互間發生了化學變化。宋明理學(或道學)標舉的是道德形上學的核心價值,那是一種以菁英知識分子為主的運動,其中涉及精微的德性工夫的理論與實踐,與下層社會的文化發展關係並不深。但自明末政治衰敗,終至滿人入關,激起了漢族知識分子回溯上古禮樂文化之源,並領悟到人文道德價值的重建,再也無法依恃個人心性工夫的踐履,而必須將之與知識的內涵、求知的方法,禮樂的源流、文化的自覺視為一體,共同考慮。清代思想新典範的建立,既大異於宋明理學,又豈能說是後者的延續發展呢?又先秦諸子每批判儒家學說而多經世之言,清中葉先秦諸子研究之風趨盛,儒學已注定難以獨尊。隨著今文經學興起,儒學更產生了質變。同時,方志修撰活動熾盛,方志學也應運而興,士人藉由修志投身社會考察活動,清代學術的社會性也愈強。進入晚清,小說對於社會現狀的批判,歐洲社會學、政治學的傳入,先秦諸子研究的大盛,更促使經史子集四部分類所涵蓋的哲學、史學、倫理學等知識領域發生深層變動。這種變動透過士人集團衝擊了政治社會,政局動盪引起社會結構性變化,又復迫使知識分子重新反思知識的範疇與意義。清代思想的激變與複雜性,實不容低估。

　　至於清代「社群意識」的獨特性,則需從中國思想史分期問題講起。就歷史全程而言,中國思想史約可分為三期。第一期自殷周之際至於西漢(約當西元前十一世紀至西元一世紀),思想史以政治教化為中心,一切儒家經典與先秦諸子的論述,無不圍繞此一主

題發揮。第二期自東漢下迄五代（約當二至十世紀），思想史以儒釋道三教互動對話為中心，三教彼此消融又時而相互排斥，與魏晉隋唐的政治隆污升降，互為表裏。第三期自北宋下迄清末（約當十一至十九世紀末），思想史以個人及群體的道德自覺為主軸；其間又以十七世紀中葉為分水嶺，而分為前後兩期：前期為宋元明時期，理學家側重發明德性根源與工夫修養，以「人」的精神生命為天理的載體，力求稱適上遂以達致修齊治平之效；後期則為清代，學者以名物訓詁之法探討古代禮制源流，以論證人類道德秩序的根源和理據，不在於個人的心性而在於社群的文理。社群的文理，實為跨越時代，人類共同走出來的一條禮樂教化的康莊大道，即聖人亦採法於此，方有永垂不朽的經典著作。清代知識分子不但在儒家經典研究上有輝煌成就，在經世之學上也度越前人。晚清學界有三十多種《經世文編》問世，彙輯了知識分子政經社會的改革方略以及中西政治制度和物質文明的理論。這些著作和兩部清《經解》一起被概括在「經」字之中。「經學」與「經世」結合，古代與當代社群問題同時受到重視，加上大量地方史志湧現，證明了清代社群意識的發展，早已為二十世紀中國政治社會改革運動預設了基礎。

「知識重構」與「社群意識」彼此間也有相關性。在清代學術思潮裡，人文學中的德性問題，與求知方法趨於融合，知識系統因而被徹底重新整合（restructure），德性之知不再孤立於聞見之外，聞見之知也不僅限於聞見。清儒以新的知識架構，尤其是以具有理論深度的「考據學」的求知之法，論證人類德性的永恆價值與意義，是透過社群禮樂教化的歷史發展奠立，而非仰賴個人的玄思冥想。清代知識重構與社群意識的獨特性，於此可見。

任何有意思的著作，背後一定隱藏了作者的一些故事和心曲。這部書也不例外。本書首三篇透露了我的師承。先師何佑森教授在世時，常常和我談到他與錢賓四先生的師生關係，其中有好的部分，也有不好的部分。我不是當事人，沒有立場置一詞。先師曾不止一次提醒我：我是錢門的再傳，不能不去了解賓四先生的學問要旨。在我而言，更重要的，是要彰顯先師畢生學術思想的要旨與變遷。這是我將這三篇文章置於卷首的原因。

先師畢生治學，最精到的領域莫過於「中國近三百年學術史」，在國立臺灣大學中文研究所講授此課凡三十年。民國七十五學年（1986-1987），我在臺大中文所修習先師開設的這門課，其時先師對外宣示不再收研究生已有數年之久。我在兩個學期分別以「顧亭林的繫年詩」以及「章學誠《文史通義》」為題，寫了兩份報告。下學期（1987 年春天）某日下課後，先師囑我隨他去研究室，關上門即問我：「你願意研究清代學術嗎？如果你有意願，我可以破例指導你。」我當然是喜出望外，立即拜師。先師特別囑我，門人的興趣都在清代以前，未有專研清代學術者，所以要我務必專心研究清代學術思想，傳承他在這方面的研究。自此以後，我研究清代浙東學術、戴東原的經學與思想、清代方志學、清儒的先秦諸子研究等課題，都出於先師的訓誨。至今二十餘年，深愧於此一領域未有成就，有負先師的期望。本書所錄，多屬清代學術範疇。第四篇原是我計畫撰寫《清代思想》一書的一章，因後來專注用力於戴東原與章實齋，其事遂寢。如今暫將此文收入本書。中國方志學的跨世紀展望一文，是研究章實齋學術的副產品。考證吳梅村仕清背景一文，則是四十歲以前寫得最有自得之趣的一篇，以史證詩，頗有

知人論世的興味。它與第七篇討論龔定盦與晚清改革思潮，兩文分別寫於 1994 年及 1997 年，主要是我年輕時特別對知識分子與政治遭際之間的關係感興趣的緣故。第八、九篇均為書評，丘為君教授《戴震學的形成》是一部堅實的論著，2002 年起我著意研究戴東原思想，2004 年赴香港中文大學參加中國哲學與文化中心舉辦的研討會，即宣讀此文。評青木正兒博士《清代文學評論史》一文原是 1993 年撰寫的舊稿，當年撰稿時，論及方望溪〈萬季野墓表〉一文透露出桐城「義法」說是受到萬季野「事信而言文」的史學方法的啟示。我原想再進一步深入討論，頃聞張高評教授剛好也就同一問題撰文，我就放棄沒有寫下去。2012 年重新補訂書評並宣讀於日本立命館大學。第十篇是我參與撰寫《臺灣大學校史稿》負責的「校長傳記篇」，原僅寫至錢思亮校長，不意甫將脫稿，已在醫院臥病數月的閻振興校長溘然逝世，遂及時補入閻校長的一篇。第十一篇論文是我為成功大學通識教育課程做演講的講稿，借用「生物多樣性」（biodiversity）的觀念彰明人文價值多元的重要性。「特立獨行」原本就是人文學的一項可貴的精神。所謂「多元性」，是要提示獨特價值的重要性，有時並不在普遍價值之下。第十二篇討論丁若鏞（茶山）的思想，恰好符合這個想法，因為在朝鮮儒學一片尊「朱子」的風氣中，茶山別走蹊徑，詮釋儒家經典，特別講求制度與實學，卓然而為大家，對於當代學術界喜歡逐隊隨人的風氣而言，有振聾發聵的意義。

民國七十一年（1982）秋天，我離開了出生地香港，負笈國立臺灣大學中國文學系，揭開了人生中「臺灣」的一頁；今年七月，復以臺灣大學中文系教授的身份退休，返回故鄉，轉赴香港教育學

院擔任講座教授。回首前塵，白日催年，青絲華髮，一彈指頃，人間已歷三十寒暑。東坡所謂「一彈指頃去來今」，洵非虛語。期間我出版了專書 5 種，主編論文集 12 種，發表論文 60 餘篇，在臺北、高雄、北京、札幌、New Jersey、Leiden 等地主辦了漢語、英語或雙語的學術研討會共 26 場，在人生雪泥上，總算留下了一些印記。我一向視學術成果為餽贈自己的禮物，用誌青春歲月，得與失，可謂如人飲水，冷暖自知。這部書，也是我在臺灣讀書治學三十年的里程碑之一。

　　人文學的永恆之美，有待於每一個時代的知識分子賦予新詮釋和新價值；人物、思潮的研究，遠程目標總是要知人論世；記取鑑戒，則又是歷史家的責任。但「知人論世」四字，談何容易？《論衡・知實》記一則故事：

　　　　顏淵炊飯，塵落甑中，欲置之則不清，投地則棄飯，掇而食之。孔子望見，以為竊食。

顏淵掇起鍋子裡沾污的飯粒吃掉，被孔子誤會為「竊食」的軼聞，真假毋須深究，卻說明了有時所謂「目擊證人」，所看到的亦未必是事實的全部。顏淵事件的真相，發生在飯鍋裡面，此所以聖人即時目擊，亦不能知。我小時候有過類似的經驗，有一回在路邊施捨乞丐，不慎將先母交給我購買醬油的錢亦掉落乞丐的碗中，情急之下，趕緊抓出掉落的銅板，卻被目擊的路人紛紛指為竊賊，一時分辯無由，只好落荒而逃。所以後來我讀到《論衡》這段趣聞，特別能領會箇中滋味。眼前事件的真相都如此難知，更何況是經典所載

的古代事件？然而我們閱讀經史典冊，既不能沒有自信到裹足不前，又不能自信到單憑片斷的證據，即以為能逆知事實真相。在兩端之間，如何拿捏，端視個人的自覺。有些老派的文人，喜歡捕風捉影、道聽塗說即以為偵知事實，甚至診斷他人的心理動機。這種陋習，我常引以為戒。詮釋歷史，考論人物，探討思潮，我們往往都僅能遠距離觀察史實，切忌窺一管即以為得全豹。本書題為《近三百年歷史、人物與思潮》，其中當然貫徹了我讀書治學的自信心；但從事撰述，應有的自覺，我也從來未嘗忽視。總之，撫今追昔，對於古今人物的際遇，我常覺得不論是否「得其情」，都必須要有「哀衿而勿喜」的憫人之心。默念平生從事著述，頗欲抉發經世事功之旨，卻終歸於書生談論，愧無補於當世。書成之後，爰錄舊詩〈臨眺〉、新詩〈歸途〉各一首，以誌涯略。

〈臨眺〉

蕭心日夕佇樓臺，三歎滄桑盡一杯。
峴首羊公傷世宙[1]，隆中諸葛臥賢才。
齊州東海鳴鋒鏑[2]，魯殿西潮葬劫灰。
誰屬書生天下事[3]？愁看烏鵲數飛迴。

1　《晉書·羊祜傳》：「祜樂山水，每風景必造峴山。嘗慨然歎息，顧謂從事鄒湛曰：『自有宇宙，便有此山，由來賢達勝士，登此遠望，如我與卿者多矣，皆湮滅無聞，使人悲傷。吾百歲後有知，魂魄猶應登此也。』」汪中〈漢上琴臺之銘〉：「峴首同感，桑下是戀。」

2　《爾雅·釋地》：「岠齊州以南。」《注》：「齊，中也。」《疏》：「中州，猶言中國也。」

〈歸途〉

人間興廢感歸途，白首催年但著書。

哀樂青春真已矣，塵霾日夕竟何如。

春深時噪庭前雀，世亂翻憐濠上魚。

短髮蕭騷羞自問，書生囊有一籌無？

2012 年 6 月 10 日鄭吉雄書於臺北寓廬

3　龔自珍〈送夏進士序〉：「天下事，舍書生無可屬。」

近三百年歷史、人物與思潮

目次

壹、何佑森先生學術思想的發展[1]

一、前言

　　對一位以生命投身學術研究的學者而言,其畢生治學的問題意識之發展,必然與其自生精神生命的成長變化為一致。其所以在某一時期注意某一種觀念,又在另一時期研究另一個觀念,應非追逐潮流,隨人俯仰,而是源出於其自身精神生命在不同時期對於不同的問題,渴求得到適切答案的動力。學術思想之於知識分子,就如飢餐渴飲,是源出內在心性的需求,是一種於穆不已之情。將一位學者一生中所提出的一連串問題、答案與觀念貫串起來,應能窺探其精神生命的發展過程。本文擬以上述的基本觀點與角度,嘗試分析先師何教授佑森先生(以下尊稱「先生」)畢生重要思想觀念的發展。我將分別以「二」、「三」、「四」共三節,提出先生所重視的觀念,包括「勢」、「器」、「實學」、「經學」、「經世」、

1　本文原收入《中國學術思想論叢——何佑森先生紀念論文集》,後略修訂刊載於《中國文哲研究通訊》第 19 卷第 1 期(臺北:中央研究院中國文哲研究所,2009 年 3 月),頁 193-211。

「體用」、「形而上、形而下」、「氣質」、「反權威」、「清議」、「一體」、「生命」等，以說明先生學術思想的進程。

我自 1986 年起追隨先生治學，自 1992 年起至 2008 年先生逝世為止，與先生同在一個研究室工作超過十五年。在學期當中，我們每週見面，假日則常常到先生溫州街寓廬拜訪。先生喜歡在課前課後，和我泡一壺茶，隔著兩張書桌，相對聊天，討論各種學術問題。我秉性愚魯，無法窺先生之涯涘；但久承訓誨，又常聆聽先生對自身治學思想轉變的看法，自有責任傳述先生的學術宗旨。況自 1992 年後，我即著意整理先生平生已出版及未出版的著作，最初與先生一起整理出他的〈著作目錄〉，漸次將一些未發表的文章一一輸入電腦（這些文章也幸得保存）。先生也偶爾和我討論到未來他編輯文集、出版論著的相關問題，常常告訴我某篇論文需要修訂，某篇論文則勿予收入。但有時候先生也會淡然說：「我都是慢慢的寫，不必著急的。」然而 2003 年先生以腦部積水，手術之後，數年之內，邏輯思維逐漸衰退，日常生活恆需師母李大平女士照拂。我看在眼裡，心裡想替先生整理文集的念頭愈趨強烈。2007 年 10 月初我赴新加坡國立大學訪問三個月，臨行前一天，我拿著一袋編好目錄並初步校對過的文稿（打字稿）到先生家，先生與師母非常高興。我對師母說：「我希望讓老師在頭腦仍清晰之時，能拿到自己畢生第一部正式出版的文集。這是我與老師之間一個心靈的契約。」可惜今年先生遽歸道山，我的本願終究未能得以實現，自是異常難過。幸而最後能在先生逝世週年屆滿前，完成了文集出版的龐大工程。

在整理先生的文稿時，我得以重新窺見先生思想觀念的變化，

引起了撰寫本文的動機。本文對於先生畢生思想發展變化，謹提出「三次變化」、「四個階段」之說。第一個階段自 1955 年起，約至 1958 年止；此下八年為第一次變化。第二個階段自 1966 年起，約至 1974 年止；此下四年為第二次變化。第三階段自 1978 年開始，約至 1990 年止，當年發生第三次變化。1990 年以後則為第四個階段。倘以大樹譬喻先生畢生思想，有「根柢」，有「主幹、枝葉」，也有「花朵、果實」。本文即以四個階段的學術宗旨，來呈現這樣的發展狀態。其間我將分別討論上述十二個觀念。這些觀念，彼此之間有著交錯的關係，有些觀念經歷了較長時間的發展（如「經學」及「經世」），不容易截然劃分，只用在各節交錯分析，以盡量呈現先生學術思想發展的節奏與前後歷程。

結論部分，我將再綜述先生思想觀念之整體發展。又，本文所引述先生的學術論文，均已收入《何佑森先生學術論文集》上下冊（詳本書「引用書目」），本文注腳為原出版資料。

二、第一及第二階段：1955 年至 1978 年

先生治學第一階段（1955－1958）現存的論文包括〈兩宋學風的地理分布〉（1955）、〈元代學術之地理分布〉（1956）、〈元代書院之地理分布〉（1956）、〈《元史·藝文志》補注〉（「經部」1957，「史部」1958）等五篇。這五篇論文客觀而論，固然非常有代表性，但先生生前對此五文頗不愜意，認為與其中年以後之治學旨趣迴不相侔。但無論如何，今天我們回顧此一階段，先生早歲已注意到地理空間與學術思想之間的關係，透顯出一種以「宏觀」

觀點盱衡整體的廣闊視野。唯自 1958-1966 的八年間，先生輾轉在
香港、美國、日本留學訪學，並沒有留下重要的著作，故目前只能
視此八年為一個過渡變化，而不能視為一個獨立的「階段」。然而，
期間先生先後問學於楊蓮生（聯陞）教授、吉川幸次郎教授等大師，
我們有理由相信，先生的思想在此期間，一定經歷了相當重要的過
渡變化，故學術興趣很明顯地從游觀學風地理分布問題，而漸次轉
為確定於鑽研清代儒學、文獻和思想。因此，我將這八年間隔視為
先生學術思想第一次轉變。

　　1965 年先生受臺伯蘭（靜農）教授之聘，返母系任副教授。
自 1966 年起生活安定後，先生開始專注於中國近三百年儒學的研
究，持續發表關於黃梨洲、顧亭林、顏李學派、龔定庵、阮芸臺、
陳蘭甫等學者學術思想的論文，至於 1974 年為止，計約八年。

　　1966 年先生首先發表的兩篇論文，一是〈清代常州學記〉，
該文已佚，但 1969 年發表之〈龔定菴的思想〉應該就是該文的部
分初稿；[2]另一篇則是〈《日知錄》札記〉，討論「黃金」、「吏

2　本文原刊《故宮文獻》1 卷 1 期（1969 年）。先生於該文附註：「本文為
　　『清代常州學記』中的一章。」2008 年秋天朱曉海教授囑其弟子往政治
　　大學社資中心尋訪了一份國家科學委員會所保存先生於民國五十五年提
　　交給「行政院國家長期發展科學委員會」（於 1959 年成立，簡稱「長科
　　會」，1967 年始擴充改組為「國家科學委員會」）的文稿〈龔定菴的思
　　想〉，旁注「清代常州學記」。究竟〈龔定菴的思想〉是〈清代常州學記〉
　　的一章，抑或是同一篇論文的兩題呢？按當時之規定，研究報告可以稍後
　　繳送。今國科會所藏先生申請長科會獎勵所提〈清代常州學記〉的報告，
　　即係本文（〈龔定菴的思想〉）的影印本，封面頁注明「又題〈清代常州
　　學記〉」。「封面」左上方最上一欄為「55」，應指五十五年度，最下一

胥」等關乎現實民生的大問題。翌年先生又發表〈顧亭林的經學〉，關懷「經世」的問題。常州學派也治經學，重經世，此顯示先生很早就注意到「經學」和「經世」是兩個不可分割的觀念。「經學」二字，不能被限縮在純文獻的研究，更不能抽離掉其中的歷史背景與意義。先生在論文中指出：

> 亭林治經，著重在以倫理為起腳點，以博文知恥為原則，進而鑽研《五經》中有關「自一身以至於國家」，「自子臣弟友以至出入往來辭受取與之間」的事。

可以為證。三年後（1969），先生發表〈顏習齋和李恕谷的學術異同〉。顏李一向並稱，均以踐履精神鳴世。先生除闡發此一精神外，又注意二人思想的不同之處。同年，將〈龔定菴的思想〉寫定發表。自 1970 年至 1973 年，先生陸續發表了〈阮元的經學及其治學方法〉（1970）、[3]〈黃梨洲晚年思想的轉變〉（1971）、[4]〈陳蘭甫的學術

欄注「國家科學委員會撥存教師研究著作」字樣，題目旁邊有手寫「清代常州學記」、「台大」八字。然而〈清代常州學記〉題目既與〈龔定菴的思想〉相異，先生又注明後者是前者的「一章」，則可以推測先生或有「清代常州學記」的撰書計畫，故將本文暫列第一章。但無論如何，國科會雖以本文作為〈清代常州學記〉研究報告收錄，實則兩者不宜遽爾斷定為同一篇論文。

3　原刊《故宮文獻》2 卷 1 期（1970 年 12 月），頁 19-34。

4　原刊《故宮文獻》3 卷 1 期（1971 年 12 月），頁 35-42，為今題。唯據朱曉海先生蒐檢，先生以該文申請民國六十一年度國科會研究獎勵費時，則題為〈黃梨洲的生平與學術〉。

及其淵源〉（1971）、[5]〈錢大昕的學術淵源與要旨〉（1972）、[6]
〈清初三大儒的思想〉（1973）[7]等論文。這些論文的內容，我在
這裡不一一細述，但大致可以看出，先生選擇了清代最重要的幾位
儒者，透過紮實的文獻，仔細考察了他們的思想。這時期的先生，
走的是「分別而觀」、「專題鑽研」的路子。而經過大約七年的努
力後，先生在 1973-1974 兩年間寫成〈清代中葉學術發展的趨勢〉
（1973）、〈明清之際學術風氣的轉變及其發展〉（1974）、[8]〈清
初學者對於孔子思想的繼承與發展〉（1974）三篇屬於宏觀考察的
論文，前兩篇可以說是對於過去七年來明末清初至清中葉儒學主題
的一個貫串綜合研究，第三篇則是在「清初儒學」與「孔子思想」
之間建立起一條橋樑，在二十世紀初以來新儒家學者對清代儒學充
滿譏貶的學術氛圍中，為清儒「也是屬於儒學正統傳承」此一理念，
找出了一個合理的根據。

先生治清儒學術思想，自始即不是只著眼於文獻，或只空談觀
念和理論，而是非常穩固而全面地在文獻、文辭、史實、觀念四者
之間，縱橫交錯，以一個或數個觀念或問題為核心，引申推擴，呈
現一幅立體的、整體的圖象。在 1974 年以前，先生針對清代儒學
的課題做「個別研究」的工作，展現較為圓融的格局；唯自 1974

5　原刊《故宮文獻》2 卷 4 期（1971 年 9 月），頁 1-19。
6　原刊《故宮文獻》3 卷 4 期（1972 年 9 月），頁 1-16。
7　原刊《故宮文獻》4 卷 3 期（1973 年 6 月），頁 11-15。
8　〈清代中葉學術發展的趨勢〉為先生提交申請民國六十三年度國科會研究
　　獎勵費之代表作，〈明清之際學術風氣的轉變及其發展〉則為六十四年度
　　之代表作。兩文均未正式發表。

年發表〈黃梨洲與浙東學術〉一文，因應文中所討論「浙東」、「浙西」兩學派異同的問題，而開始突出了一種「叩其兩端」的提問題的方式。此後他陸續注意浙東、浙西和「漢學、宋學」、「體、用」、「朱子、反朱子」、「形而上、形而下」等幾組對立的概念群。這些概念群，必須針對其對立性釐析其間的同異與辯證的關係。這是1974年起先生思想上的一個重要轉折。

「浙東」與「浙西」的學派分合問題，自宋元以降，醞釀已久，經章實齋〈浙東學術〉篇的張皇，益為論學術思想史者所樂道。但贊成的人不少，反對的人也很多。先生鑽研學術地理分布之問題已很久，對此一問題自然有他的看法。他在〈黃梨洲與浙東學術〉一文中開宗明義地指出章實齋的區分觀點為「錯誤」，認為實齋所指出浙東學派的特點，浙西學者也兼具；反之亦然。先生說：

> 以地域的觀點，將學術史上的人物分門別派或劃分界限，以現代知識分科的觀點，將古代學者冠以經學家或史學家的頭銜，這是錯誤的。我們試讀顧、黃兩氏的詩文專集，就會發現亭林、梨洲並未自立門戶，其治學亦未嘗先定範圍，說得明白一點，所謂浙西與浙東之學亦絕無嚴格的分野。亭林、梨洲同是史學家，亦同是經學家，他們講現代史學，共同的目的都重在經世致用。講清初學術，如果不從此點著眼，終究將導致我們不能認清亭林、梨洲之學的真正面貌。

我們將「以地域的觀點，將學術史上的人物分門別派或劃分界限……是錯誤的」這段話與二十年前先生所撰關於「地理分布」的論文相對比，不難發現先生論地理學風的觀念幾乎發生了一百八十

度的轉變。而其間的關鍵，正是先生提出的「經世致用」四個字。「經世」思想，的確是先生在畢生治學的重要觀念；但我也要強調，先生此時期對於「經世」，所得尚非甚深。

綜合上述分析，自 1955 至 1966 年的「第一階段」和「第一次變化」，先生實事求是，出入經史，考訂藝文，於學風地理分布有堅實的研究。自 1966 年進入「第二階段」後，先生轉為專注於清代儒學文獻與思想，並時而推擴至孔子、朱子，期間反覆鑽研，歸結於 1973 年撰寫的〈清代中葉學術發展的趨勢〉和〈明清之際學術風氣的轉變及其發展〉兩文，漸漸展露其重視「宏觀」的企圖心。故在此一階段（1966-1974）中，先生改循分別而觀、專題鑽研、綜合評斷的路子，又同時重視學術宗旨的調和圓融、承繼與發揚。在反覆浸淫之中，先生的思想進境漸漸成熟，從實質的文獻分析，開始提升到思想觀念的吸收、消化、調和、整合。

自 1974-1978 年之間有四年時間，是先生平生思想的第二次變化，也就是從「圓融調和」漸漸轉為「叩其兩端」。質而言之，1974 年〈黃梨洲與浙東學術〉開宗明義反對以學風地理為學者區分學派，並透過「浙東」、「浙西」爭議的討論，注意到歷史上的許多學派與觀念的對立現象，進而考察學術宗旨相反對立的兩個學派或兩種概念之間的矛盾與統一之關係。在這四年間，先生更從清初回溯宋學，於 1976 年發表了〈朱子學與清代學術〉，[9] 於 1977 年發

9　該文提交國科會六十六年度研究獎勵費代表作，但未發表。

表了〈朱子學與近世思想〉，[10]旋即在 1978 年發表〈顧亭林與黃
梨洲〉和〈清代漢宋之爭平議〉。後兩篇論文都可清楚看出〈黃梨
洲與浙東學術〉的痕跡，但又有毫釐纖細的不同，主要在於：〈黃
梨洲與浙東學術〉主張不分浙東浙西，〈顧亭林與黃梨洲〉一文的
副標題是「兼述清初朱子學」則強調亭林、梨洲的經史之學是由朱
子學發展而來，[11]清初學者大都由陽明上溯朱子、孔子。這篇文章
可以說是透過亭林、梨洲的學術點出了儒學歧為理學、經學、史學
之「異」，也從亭林、梨洲並出自朱子，再上溯孔子血脈的一貫之
「同」：

> 朱子學發展到清代初年，其間經過儒與釋的一番爭辯，儒學
> 本身又經過了一番檢討，逐漸演變成為一種經史之學。亭
> 林、梨洲的經史之學就是由朱子學發展而來。他們特別看重
> 史學，是因為義理不限於〈大學〉、〈中庸〉，史學中的人
> 事制度也有義理。朱子著《通鑑綱目》，講的就是史學中的
> 義理。梨洲反對將理學經學史學三者割裂，因為三者都是儒
> 學中的一環。亭林、梨洲同一時期學者，也大都不願儒學走
> 向禪學的虛無一路，寧願儒學偏向經史一途發展。當時陸王
> 學者如李顒、孫奇逢等也有同一傾向，他們大都由陽明上溯

10 先生曾向我出示過一份文件，上面記錄日本斯文會於 1977 年 6 月 6 至 9
日舉辦「朱子學與李退溪國際學術會議」後，我國亞東關係協會東京辦事
處致外交部函。我當時將內容記錄成電子檔如下：「我國學者何佑森教授
在大會中就『朱子學與近世思想』發表綜合性演講，其態度從容而得體，
使各國學者爭相稱讚，不愧為儒家思想發源地漢民族之後裔。」
11 這個觀點實承自〈朱子學與清代學術〉及〈朱子學與近世思想〉兩篇論文。

朱子，承認朱子學最近孔孟。由孔子到朱子，是傳統儒學的一條主要血脈，也可以說是清初學者的一個共同信念。

從文中可以看出先生在這幾年間解析漢宋、經史、義理人事等對立的概念愈來愈純熟。至於〈清代漢宋之爭平議〉一文，則提出「道德與知識不能分途」，[12] 固然是之前強調「圓融」的調子，但該文中也提出「平心而論，漢學有流弊，宋學也有流弊」，指出了漢學家與宋學家對於「虛、實」兩概念有不同的詮解，更指出有「漢人小學」和「朱子小學」的不同。雖然先生也處處強調「小學」歸結於實踐的共同精神，但這篇論文也從許多對立的觀念，辨析漢學與宋學的不同的詮解角度，則顯示了先生所進行的，已不再是前一階段單純圓融調和的考察，而是從一種對立、歧異的觀念與立論中，叩其兩端，辯其是非，窮其義理，一擊而斷，作出平情的評議。

三、第三階段：1978 年至 1990 年

1978 年以後先生學術思想進入「第三階段」。1980、1981 年延續「第二變」開始「叩其兩端」的大方向，先後發表了〈近代思想史上關於體用問題的爭論〉（1980）、〈近三百年朱子學的反對學派〉（1981）、〈朱一新對清代學術人物的批評〉（1981）等三

12　先生在該文中說：「真正為世人所稱道的漢學家，其一言一行，必然合乎宋學家所規定的道德標準。近人爭論漢學宋學，是非考據義理，唯一遺憾的是將道德與知識分為兩途，將考據與義理分成兩截，未能透過考據與義理將兩者合而為一，未能更進一層離開知識深究一下漢學家的道德實踐。」

篇文章。宋儒和清儒對於「體、用」的定義本不同，清儒中也存在著「主宋學」和「反宋學」兩種立場或態度。朱子為宋學集大成者，影響近世東亞思想甚鉅，但驗諸史實，朱子學的反對學派也的確存在。朱一新持宋學立場非常鮮明，先生一一分析其對清代學術人物的批評，從中觀察出他以心性工夫為基礎，進而肯定氣節、經世等價值。先生論清代學術，從來就沒有落入門戶之見，而是緊緊扣著漢宋分歧所衍生的種種思想觀念，作出毫釐之辨。其立論鞭辟入裡，處處充滿啟發性。

1981 年以前先生已討論過「經學」、「經世」、「體用」等觀念。1981 年則開始闡發「實學」這個重要觀念。該年先生受香港中文大學龔雪因計畫邀請，赴該校專題演講「清代實學」，這次演講文稿，雖然沒有正式發表，卻掀起了海內外討論「實學」的風潮。[13]從該文的論點考察，先生從心性與實踐、經世與經濟等多個角度去考察清代「實學」的精神，可見他對於此一觀念的內容有非常複雜和細微的考慮。可惜先生的提法，後來被不少學者過度引申，大大超出了先生立說的本意之外。[14]1989 年先生在韓國漢陽大

---

13 1991 年筆者在香港參加亞洲史學家學會（IAHA）時遇到大力提倡「實學」的葛榮晉教授，葛教授特別向我承認，先生是掀起海峽兩岸關於「實學」的討論的第一人。

14 關於這一點，詳參拙著：〈從乾嘉學者經典詮釋論清代儒學思想的屬性〉，收入拙著：《戴東原經典詮釋的思想史探索》（臺北：臺灣大學出版中心，2008 年），頁 290-291。

學專題主講「明末清初的實學」，[15]是 1981 年〈清代實學〉一文的論點發展出來的。[16]從〈明末清初的實學〉一文考察，先生所闡釋的「實學」涵義，和他早年提倡「經學」、「經世致用」等觀念都有關係，既奠基於文獻分析，又顧及觀念本身的抽象涵義，更鋪陳了觀念背後的歷史背景。「文史哲不分家」一語，先生一向不唯口說，更常常貫徹於其學術研究中。〈明末清初的實學〉〈提要〉云：

> 論文分四部分：一、「宋代實學」，說明理學是實學的觀點；二、「清初實學」，說明經史、經世、質測、名實、事功、道德和實學的關係；三、「虛實之辨」，說明實學思想的形成和虛實之辨的關係；四、「註釋」和正文相輔相成，其中涉及器、事物等幾個重要觀念的討論。

該文分為三個部分：一、宋代實學，二、清代實學（下分「經史和經世」、「質測」、「名實和事功」、「道德」四節），三、虛實之辨。這篇論文並沒有「結論」，但這篇〈提要〉實可視為結論，其中特別提到這篇文章的註釋和正文「涉及器、事物等幾個重要觀

15　韓國漢陽大學之研討會"Semi-Centennial International Symposium on 'The Role of Future University'"（1989 年 6 月）。該文刊《臺大中文學報》第 4 期（1991 年 6 月），頁 37-51，並獲民國七十九年度國科會優等獎。

16　在該論文文末「附記」中先生說：「筆者於 1980 年及 1989 年先後應邀在香港中文大學和韓國漢陽大學作專題演講，講題分別是『清代實學』和『明末清初的實學』。由於生性疏懶，初次講稿整整整理了十年，內心始終感到不安，特此謹向兩個主辦單位深致歉意。」雄按：「1980」應作「1981」，此應係偶然憶述之誤。

念的討論」，值得讀者注意。先生在 1990 年申請國科會研究獎勵時，自述「重要研究成果」說：

> 近幾年來，我開始用現代人所謂的「宏觀」方式，處理一些中國學術思想上的問題，已經完成的有：〈論「變化氣質」〉、〈論「形而上」與「形而下」〉、〈尊孔與反孔〉、〈歷史思想中的一個重要觀念——「勢」〉、〈明末清初的實學〉等。記得曾於一九八一年應香港中文大學龔雪因計劃邀請，專題演講題目是「清代實學」。去年一九八九年六月又應韓國漢陽大學邀請，專題演講題目指定為「明末清初的實學」。

從這段話看，1981-1989 年先生提出了幾個重要的觀念，其中「實學」應該是最重要的。

在 1981-1989 年之間，還有三篇論文值得一提。第一篇是 1985 年的〈論「形而上」與「形而下」——兼論朱子與戴東原〉。這篇論文圍繞著「形」這個概念，以「三個時期」說明魏晉思想家首先圍繞「有形」「無形」的問題展開討論，朱子則承北宋諸儒之說認為形上形下有分別但不相離，及至劉蕺山、王船山和戴東原則偏重形下之氣。這篇論文延續了 1980 年關於「體、用」的討論，再次從源頭上講明了宋學與漢學歧異的理論背景，並且為 1990 年發表的〈中國近三百年「經世思想」中的一個基本觀念——「器」〉一文奠定了理論基礎。第二篇是同年（1985）發表的〈論「變化氣

質」〉。[17]該文從「周敦頤」《太極圖說》對二程氣質說的影響談起，第二部分分論張載「學能變化氣質」及朱子「讀書變化氣質」兩種見解，第三部分則以「明清學者的批評」來陳述此二說在明清時期的發展，以見明清儒者思想的轉化。最後結論指出宋儒與清儒對變化氣質不同看法的理論背景，並進而討論「知識」與「道德」之間具有不可區分的關係。

第三篇論文則是 1986 年發表的〈歷史思想中的一個重要觀念——「勢」〉。[18]該文以「勢」觀念為中心，討論了相關的「威勢」、「形勢」、「趨勢」、「時」、「變」、「幾」等幾個觀念，也討論了「理決定勢抑勢決定理」，「尊經和尊史之異」、「推動歷史的動力是聖人意志抑或客觀形勢」，更針對「勢是不是氣」、「可不可以造勢」、「理和勢可不可以分為兩截」三個問題，提出答案。先生在文中有一段非常精闢的話：

> 我認為理和勢是體用的關係。用杯子為例，杯子是器物，是用肉眼可以看得到，手可以接觸到的事物。我們可以毫不猶豫地說，杯子這個器是體，是實的，就如同我們的身體一樣。我們喝水，將水注進杯子的空的部分，空的部分是用。杯子的用和杯子的體是分不開的，這就是古人所謂的「器體道用」

---

17 刊《鄭因百先生八十壽慶論文集》（臺北：臺灣商務印書館，1985 年），上冊，頁 417-437。

18 原文宣讀於中央研究院第二屆國際漢學會議（1986 年 12 月），後獲民國七十六年度國科會優等獎。兩年後收入《中央研究院第二屆國際漢學會議論文集·歷史與考古組》（臺北：中央研究院，1989 年），頁 241-249。

（原注：清代大部份學者主張「器體道用」），理勢的體用
也是如此。如果追問杯子這個器是如何形成的，我們窮追不
捨一直問下去，最後必然會超出了人的經驗知識，跑進了哲
學的概念領域。用概念一步一步地向上推，終於我們找到了
杯子這個器的本源，原來是道。這個道是永恆的，不變的，
實在的；它所創造出來的東西倒是暫時的，變化的，虛而不
實的。這就是古人所謂的「道體器用」（原注：宋明大部份
學者主張「道體器用」），理勢的關係也是如此。從本源看，
是理決定勢；從現象看，是勢決定理。古人所說的「理勢合
一」（原注：「理勢合一」是王夫之的觀點），「體用一源」
（原注：「體用一源」是朱熹等學者的觀點），可能是這個
意思。

「理」是理學家、宋明儒喜歡講的；「勢」是歷史家、法家喜歡講
的，先生從「杯子」之「器」的本源是「道」，推論體用不能分，
道器不能分，而論證「理」與「勢」也是同源。先生仍然以「叩其
兩端」之法進行考察，針對兩種不同的詮釋「勢」的對立意見，勾
勒出雙方的立論依據，引申到其他相關的幾個重要觀念，說明其互
相依存的關係。這篇論文對於理解中國思想史的觀念相互間的關
係，有極大的幫助。

　　先生從歷史與思想兩方面切入分析「勢」的觀念，體現了第二
階段折入第三階段（即第二次變化）的叩其兩端、同中見異、異中
見同的分析方法；四年之後（1990）先生撰成的〈中國近三百年「經
世思想」中的一個基本觀念——「器」〉一文中闡發的「器」觀念，

則進一步為此一時期（第三階段，1978-1990）學術思想，作出了
階段性的總結。

　　約在 1988 年夏天起，先生常常和我討論陳子龍、徐孚遠、宋
徵璧合編的《皇明經世文編》以及清代十多部《經世文編》的相關
問題。1989 秋天國科會研究獎勵申請期間，先生口述，由我紀錄
下來他的「未來三年研究構想」中說：

> 中國近三百年學術分兩大部分：一是經史考訂之學，一是經
> 世之學。前者已取得很好的成績，後者正在開始階段。經史
> 考訂的對象是古代文獻中文物典制問題，經世致用的對象則
> 是近代掌故中的政治社會問題。現存的經世文獻，除了十八
> 部《經世文編》所收大量文章之外，在清人專集中未收的尚
> 有很多，其數量並不少於兩清《經解》，內容討論的都是現
> 實歷史問題，代表了很多知識分子的心聲，是近三百年學術
> 史的重要部分。我計劃在未來三年從其中發掘一些重要問
> 題，為清代學術開拓一個新的領域。

先生注意到「經世」和《經世文編》以後，「計劃在未來三年從其
中發掘一些重要問題」，〈器〉一文就是第一個被發掘出來的重要
概念。猶憶先生撰成初稿後，即拿給我讀，並詢問我的看法。我立
即將之打字輸入電腦成為電子檔。當時先生興致非常高，在研究室
和我討論該文的內容與論點良久。受到先生的啟發與智慧的激
盪，我印象之深，至今記憶猶新。先生在文中首先憶述他大約在
1980 年前後與錢賓四先生關於中國近三百年學術史觀點的一番對

話。[19]在這次對話中，先生向錢先生提出了「經世」作為中國近三百年學術思想的主要觀念的理由，並且經由反覆說明，終於得到錢先生完全認同與支持：

> 錢先生最後要我說明一下經世思想的意義。我說，這個很難，因為經世思想隨著時代的變化而出現了不同的意義。在清初，萬斯同就反對把「經濟」當作經世。（原注：萬斯同〈與從子貞一書〉云：「至若經世之學，實儒者之要務，而不可不宿為講求者。……吾竊不自揆，常欲講求經世之學。……夫吾之所謂經世者，非因時補救，如今之所謂經濟云爾也。」〔《石園文集》卷七，四明叢書本〕）實際上，自明朝亡國以後，學者群起檢討歷史的興亡和制度的得失，這是清初的經世。乾嘉時期的學者，分析經史上的事物，也可說是研究古代的制度和現代的掌故，進而聯繫兩者的關係，這是清中葉的經世。從道光到光緒，「變法」從理論的研究到運動的實踐，這是清晚期的經世。清代有十八部以上《經世文編》，每部《文編》各有其特定的內容。隨便翻讀一部《文編》，從它所收錄的文章內容，至少大致可了解這部《經世文編》的經世意義。《文編》收錄的文章真的是汗牛充棟，其中的文字透露了讀書人的感情和思想，這些心聲不是用考證方法所能表達的，也不是清代兩部《經解》所能

---

19 先生在文章中說：「記得大約在十年前，有一天我和錢先生坐在素書樓上賞月，一邊品茶，一邊閒談『時務』。我突然說，清代學者不只是專讀經書，只做考據，也和我們現代人一樣，非常關心『時務』的。」

概括的。我將來有意要寫一部中國近三百年經世思想史，就
不知道我有沒有這個能力。錢先生聽完我的話，滿面笑容地
說，很好，很好。當年梁啟超和我寫學術史時，都沒有注意
到這一批有價值的文獻，我很同意你的觀點，希望在我有生
之年，能讀到你的著作，今天時代不同了，不能老是局限在
幾部古書上，考個沒完沒了，學術應該為年輕一代開出一條
新的途徑，適應這個時代才對。

先生這次談話重點是在「經世」；但在這篇文章的後半，卻是在「經
世」的涵義上，縷述清儒對於「器」觀念的解釋與闡發。我的解讀
是：「器」這個觀念和「道」是不即不離的關係，宋明理學家偏喜
談「道」，先生特揭「器」作為清代學術宗旨，即有綜緝道器、連
接漢宋、兼攝體用之意，抑且注入「經世」作為新的活水源頭，讓
「經世」之主旨與「器」之觀念互相支持，更顯得充實而有光輝。
該論文最後一段討論「器之道」與「道之器」，其意正在於此。可
以說，「器」是「經世」的先導觀念，「經世」則是清代學術思想
的主脈。1990 年秋天先生為新作〈中國近三百年「經世思想」中
的一個基本觀念──「器」〉撰寫〈論文提要〉說：

> 本文分為三部分，共討論了五個主題：一、檢討中國近三百
> 年學術發展的主流問題；二、說明經世思想的意義；三、說
> 明器的含義；四、說明器的觀念與經世思想的關係；五、對
> 未來學術發展的展望。作者正開始寫作「中國近三百年經世
> 思想史」，這一篇文章是概念部分。

這篇〈提要〉的形式，其實也頗適合作為該文的「結論」（雄按：該文並無結論），但最後先生也沒有將之置入。我在替先生處理國科會獎勵申請資料時，幸而保留了這份〈提要〉，因而現在也得以了解，1990 年先生曾有過寫作《中國近三百年經世思想史》的構想，並準備將〈器〉一文作為該書「概念」部分。我們可以想見這篇論文的重要性，也以先生最終未著成此書，而感到遺憾。

　　錢賓四以及梁任公二位先生關於中國近三百年學術思想史的解釋，向稱對立。先生〈器〉一文找到了一個完全不需要批評兩位先生的嶄新觀點，更整合了 1990 年以前闡發的經世致用、體用合一的思想。這篇文章，先生用以作為申請國科會年度獎勵費代表作之用，從沒有正式發表過；但它的重要性，竊以為又超出了先生前期所發表的多篇擲地有聲的論文。要知道強調「經世致用」的「器」觀念，實為近三百年學術思想找到了一個清楚的定位。有清一代（1644-1912）二百餘年間思想史的發展，在整個中國思想史上的定位與價值，一向較為模糊。持宋學立場者多所批評，甚且認為清代學絕道喪；研究清代學術者一般則多做歸納敘述的工作，廣泛考察清儒的文獻業績，對概念部分則鮮少論及；也有的學者對清代哲學多所推崇，卻不免帶有濃厚的意識形態（如過去以唯物論立場強調清代唯氣論的學者）。[20]唯有先生是紮紮實實從文獻著手，洞見

20　依筆者之陋見，唯先生以及余英時先生（二人為新亞書院時期的同窗）成功消融轉化了錢賓四先生《中國近三百年學術史》「清學源出於晚明」的宗旨。余先生從「道問學繼尊德性而興起」的觀點，以「知識主義」為核心觀念，釐清清代思想的屬性及其對現當代中國知識前景之啟示，其立說影響甚大。當然，先生「器」與「經世」的觀念，與余先生的立言宗旨相

漢學考據、宋學義理與儒家二千年一貫的經世思想，而標舉了一個「器」字，宗旨最為明朗。一提到「器」字，「道」字已隱伏其中，則體用兼備，上下一貫；益之以「經世致用」的思想，則漢宋之爭，又一旦而歸結於實用，總之，經典文獻與抽象觀念相須並重，學術理想不能脫離現實人生。這是先生 1990 年前後學術思想的大旨。

綜上所述，先生學術思想的第三階段，自 1978 年開始，至 1990 年為止。1974 年以前不著眼分而著眼合。1974-1978 年思想發生轉變，始著眼變、異、對立。其間先生特別重在釐析「漢宋平議」的相關觀念，認為「學派」與「反對學派」、對立的觀念如「形而上」與「形而下」均須要注意，一定要從對立之中，觀察異同，才能真正做到客觀持平。1985 年起，先生才漸漸結束漢宋、形而上形而下的叩其兩端的態度，以「實學」、「氣質」（1985 年發表〈論「變化氣質」〉）等觀念，重新整合其思想，至 1990 年而確立「器」思想。

四、第四階段：1990 年以後

1990 年先生既奠立了「器」的宗旨，學術思想也很快地經歷了第三變，而進入了「第四階段」。此下先生思想圓熟，溫故知新，開展出一連串的新觀念與新思想。先生首先回過頭來重新檢討「經學」、「經世」兩個觀念，並拓展相關的人文精神與思想問題，提

比較，實各有偏重，不盡相同，可見一個學派學術思想的發展，後出轉精，勝義紛起，隨時而變，均貴於自得。筆者擬另文討論。

出對於未來學術研究前景的方向。1992 年 12 月中央研究院中國文哲研究所籌備處主辦「清代經學國際學術研討會」，先生受邀擔任主題演講，即以「清代經學思潮」為題撰文，並將初稿作為申請八十二年度國科會研究獎勵費之代表作。[21]他在 1992 年秋天為〈清代經學思潮〉一文撰寫〈提要〉說：

> 論文分為三個部份：一、兩類資料——1.皇清經解、2.經世文編；二、經學與理學的一體思想——1.為什麼反理學？2.什麼是一體思想？三、經學與史學的一體思想。

翌年全稿寫定，[22]第一節「自然與人文結合的新思潮」，先生特別提出方以智《物理小識》「質測藏通幾」一語，認為清初學者早已為自然之「質測」與人文之「通幾」，提出了整合的可能性。先生說：

> 結合自然與人文的研究，是清初學者所提出的一個新的課題，後來逐漸形成了一股新思潮。經學思潮只是其中之一，除此之外，也包括了經世、史學、文學等思潮。結合自然和人文的研究，衍生了許多問題，譬如說，天文算術和文物制度結合的經學等就是一例，這些都需要分別地處理，才可以認識清代學者結合自然與人文研究的新課題。

---

21 本文獲民國八十二年度國科會研究優等獎。

22 初稿送出申請國科會研究獎勵費，獲優等獎；定稿刊《清代經學國際研討會論文集》（臺北：中央研究院中國文哲研究所籌備處，1994 年），頁13-30。

先生認為經學思潮不是孤立的，它也與經世、史學、文學等思潮相關。接著他提出《皇清經解》與《經世文編》兩類資料的相輔相成，那就是經典文獻與經世致用的相結合。自第三節以下，先生提出「一體」的觀念，除了上述「人文與自然一體」、「經典文獻與經世致用一體」外，尚包括「經學與理學一體」、「經學與史學一體」、「義理與事功一體」、「天文算術與文物制度相結合」的「一體」等。「一體」的觀念，將先生第二階段著重「叩其兩端」的立題方式，又重新轉變而為強調圓融調和。但這種圓融調和，與早年第一階段強調學風地理、第二階段對清代諸儒分別而觀的圓融調和，大不相同。它是先生經歷了十二年「叩其兩端」的思考模式以後，重新強調一切自然與人文一體性的一種圓融，其中涵括了宇宙論、認識論的問題，同時也間接對儒家道德形上學的思想架構，提出迥異的看法。論文中，先生對於近世儒者不同的成學之途──有些從理學入手，有的從經學入手，也有的從史學入手──也表達了高度的尊重。（所以也涉及工夫論的問題。）先生最後作結論說：

> 方以智在《藥地炮莊》中，反對「斬頭求活」。唐甄在《潛書·良功》中，反對「裂一得半」。世上沒有無頭的活人，也沒有所謂半個真理。血脈是相通的，經與史、經學與理學、學與悟；甚至自然與人文，何嘗不可以如方以智在《東西均》中所主張的「合二為一」呢？更何況老子所謂的「人法地，地法天，天法道，道法自然。」何嘗不將人與天地自然合而為一呢！

先生在〈清代經學思潮〉這樣的題目下，自首至尾徹談「一體」的思想，其中對於如何改善人文學者分派分裂之弊，如何消除自然科學與人文學之間的隔閡，諄諄善誘，再三致意。

「經學」與「經世」並重，原本就是先生早歲所強調的。1995年先生撰寫〈清代經世思潮〉，承續五年前〈中國近三百年「經世思想」中的一個基本觀念──「器」〉一文強調「經世」的要旨，首章開宗明義即提出「儒學中的四個基本觀念」──義理、事功、經世、功利──之間錯綜複雜的關係，接著先生指出《明經世文編》與清儒經世之學之間的傳承關係，指出了「經世」與「事功」不同。清代「經世」思潮，與「華夷之辨」、「反理學」、「反禮教」的思想都有密切關係。先生認為，「華夷之辨」、「反理學」、「反禮教」的出現，自有其現實歷史背景，對於清代歷史與思想產生重大衝擊。這是經世學者所不可不知的。先生也評論了「禮教」、「倫理」、「反禮教」的關係：

> 如果摒棄了生命中人倫之理的準則，單獨制定許多不合理的禮，失去了禮的精神，禮便變成教條，禮就不能說是理了。不合理的禮，最後必然造成反禮教的運動。

不但「理」與「禮」要兼顧，經術經世和史學經世要兼顧，「道問學」和「尊德性」也要兼顧。這是先生對於「經世思潮」的一種整合性觀念。[23]

23　先生〈清代經世思潮〉〈論文提要〉（撰於 1994 年）說：「一、分析經世、事功、功利、義理等四個觀念的相互關係。二、分析心學如何轉化為

　　先生從 1992 年的「一體」觀念，又發展出 1995 年發表〈近世儒學中有關生命的幾個故事〉對「生命」尊嚴的呼籲。先生早歲飄蕩，備嘗艱困，特別能體會社會上窮者、弱者無以為生的痛苦；故其提倡經世，本即出於對人類生命的關懷，也不無蘊涵自身生命的深沈感受。先生也進一步將這種深沈的感受，投射到經典史籍所載古往今來知識分子「憂時」與「愛物」的生命情懷，並且一貫以其以簡馭繁、舉重若輕的筆觸，娓娓道出個人生命與群體生命在生死、窮通之際，應該秉持的高尚精神。先生首先標舉的是「尊」這個觀念。知識分子尊經、尊史、尊心，都有一個「尊」字。先生指出，生命需要尊重和尊嚴，經史文獻也需要尊重和尊嚴，但這個「尊」字，不是教讀書人做一個目下無人的高傲者，而是要珍惜人類生命中最可貴的與自然世界相融通的自由，也要珍惜人人而殊的獨特遭際與殊別個性。先生說：

> 近世儒家要求無論識字或不識字的人都成為聖人，或學為聖人。他們太過強調聖人，而忽視了自然；太過看重聖學，而看輕了生命。史實證明，在幾千年歷史上，到底出現了幾個聖人？不是聖人的人也會想，聖人到底與我何干？話說回來，人在自然中，只要學到王陽明在「生死一念」間所表現的心胸灑脫，朱子在《論語注》中所說的寬宏包容，做些有

事功。三、討論《明經世文編》一書對清初經世之學的影響。四、從華夷之辨和反禮教言論看清代經世思想的時代意義。五、從文和質的觀點分析道問學和尊德性的關係。六、從尊心、尊經、尊史中的『尊』字，看理學、經學、史學三者的一體關係。」

意義的事，這時的你何嘗不是「聖人」，又何必刻意地「學
為聖人」呢？

與其歌頌聖人，不如歌頌深藏在每個人心靈裡面的自由灑脫、寬宏
包容的靈性。這是先生的真意。先生平生絕不在文字上與他人較論
是非，但這段文字中，卻可以看出先生非常委婉地勸導講儒學的
人，不要胸中老橫著「聖人」，以致看不起一般人。先生在結論中
也一再點出「生」、「尊」、「悟」、「理」、「氣」五個字在人
類生命中的意義。這篇論文，價值觀念極其鮮明，辭義含蓄溫厚，
隱含悲憫之情，反映的是一位對於人生窮通順逆已了然於胸的知
識分子，在消融各種原始文獻和抽象概念之後，提煉出對生命的親
切感受。先生因此文而獲行政院國家科學委員會頒授傑出獎，可謂
實至名歸。

最後我要特別提出的是先生〈中國二千五百年以來的「清議」〉
這一篇晚年的力作。此文原是先生於 1998 年 5 月 4 日在北京孔廟
演講之講稿。[24]先生選擇此一時間和地點，選講此一題目，已見不
凡。「清議」的觀念，看似與先生前期的論文宗旨，均不相同，實
則不然。先生早年個性耿直，於是非對錯之際，直言無隱，凡先生
之師友無不知曉。故先生早歲撰文，已特別重視知識分子的獨立自
由之思想。1969 年寫定〈龔定菴的思想〉一文時，先生對於定菴
自由批判的精神，在字裡行間透露出仰慕之意。他說：

24　後刊北京大學中國傳統文化研究中心：《文化的饋贈——漢學研究國際會
　　議論文集·史學卷》（北京：北京大學出版社，2000 年），頁 110-115。

（定菴）尊諸子，重史學，以及對於當時現實問題的深入批評，而終極以重士、養士為歸宿，纔是定菴學術的精神所寄。

又說：

最能代表定菴性格的，是〈捕蜮第一〉，〈捕雄羆鷗鴉豺狼第二〉，〈捕狗蠅螞蟻蚤蟹蚊虻第三〉三篇簡短的小品。他認為蜮性善忌，「能含沙射人影，人不能見。」豺狼之性善慏，「必噬有恩者及仁柔者。」蚊虻無性，聚散適然，「而朋嚌人，使人憤耗。」人若不能使其殄滅，則遺患無窮。定菴以此比喻當時小人，含義深遠。此文似與管同〈除姦〉一篇的用意相近。

先生耿介的個性，畢生未移，他注意知識分子的獨立自由之思想，亦未嘗間斷。他在「第一屆國際孔學會議」（1987 年 11 月 12-17 日）上發表〈中國歷史上的尊孔與反孔〉[25]一文，在當時臺灣剛解嚴（1987 年 7 月 15 日）不久、傳統價值觀念仍深植人心的年代，讓不少與會的儒學研究者大驚失色，無法理解何以先生在「孔學會議」之上提出「反孔」一詞。論文具在，先生之意，當然不是為宣揚「反孔」，而是要「檢討這二十年來的反孔或反傳統運動」。究其深意，先生是為了勸戒研究孔學的學者，不能一味用正面的態度歌頌孔子的功績，應該深入理解「反孔」思潮的形成原因。先生在

---

25 本文原發表於「第一屆國際孔學會議」（1987 年 11 月 12-17 日），收入會議論文集，同時刊於《中原文獻》19 卷 12 期（1987 年 12 月），本文並獲民國七十七年度國科會優等獎。

論文中就明確指出，歷史上「反孔」的學者往往並非反對孔子，而是反對自命繼承孔學、惑亂世道的世儒。先生持論之特立獨行，於此又可見一斑。

與「清議」觀念直接相關的，可能是 1991 年撰成的〈論戴震「以理殺人」說的歷史意義〉。[26] 該文中先生直接揭示了知識分子對於現實政治社會不公不義的批判精神。在〈論文提要〉中，先生將該文分為三個部分，說：

> 一、「權勢殺人」，此章分析唐甄、黃宗羲、呂留良等各家的言論。二、「學術殺人」，此章分析顏元、張伯行的言論。三、「反權威思想」，此章分析譚嗣同、章炳麟、胡適等各家的言論。以上各家言論都和戴震的「以理殺人」學說有關，藉此不但可以看出戴學的傳承關係，而且也可了解到戴學的歷史意義。

繼「以理殺人」的命題提出後，1993 年先生又在兩年前〈論戴震「以理殺人」說的歷史意義〉的基礎上撰成〈清代的反權威思想〉一文。[27] 論文開宗明義說：

> 學問領域中，各自都有權威，如朱熹、王守仁是學術權威；在政治上，有名實相符的權威，如天子、皇帝；以及權威所

---

26 這篇文章為民國八十一年度國科會研究獎勵得獎論文，但未正式發表。

27 原刊王叔岷先生八十壽慶論文集編輯委員會：《王叔岷先生八十壽慶論文集》（臺北：大安出版社，1993 年），頁 887-900。本文並獲民國八十三年度國科會優等獎。

製造的特權階級，也是權威，如宦官、權臣；更有名實不符的權威，俗稱傀儡，如明神宗、清德宗。本文提出討論的是政治權威與學術權威，因為在中國歷史上，有時是思想指導政治，有時則是政治領導思想，陽儒陰法或陽法陰儒，兩種勢力的抗爭，有消長，有融合，很難明顯區分。不是以法為主體，就是以儒為主體。（原注：〈儒林傳〉和〈酷吏傳〉出現在同一部史書中，充分暴露了儒法兩種勢力的衝突。）

先生在論文中並沒有劍拔弩張地批判權威，而是冷靜地站立在一個超然的立場，縱目古今歷史中權勢、權威的消長。先生首先引述明末清初的許多政治權威的殺人事件，以及知識分子的批判態度。接著回顧了明代因講學不屈，而遭到誅連屠殺的士大夫的故事，以及清初以降的文字獄故事，並從中討論清代知識分子提倡變法、平等思潮背後所蘊藏的反權威的思想。

1998 年先生在「反權威」觀念的基礎上形成了「清議」的概念，為知識分子自由批判的精神，作出了他個人思想最重要的總結。〈中國二千五百年以來的清議〉一文首先指出「清議」和「為迎合群眾，而顛倒是非，滿足人們對現狀的不滿」的「橫議」是不同的，先生引述龔定菴的思想，認為只有「史家」是最後的裁判者，是「公正的清議者」：

清代史家龔自珍定庵，舉了一個例子：一齣戲的演出，有的扮演正派角色，有的扮演反派角色。這些藝人，都在堂下賣力地表演唱做工夫；而坐在堂上的史家，是一個觀眾。他靜靜地觀察，耳聽唱腔，眼看演技，不時指指點點，看誰盡責，

誰未盡責。這時，史官萬萬不可跳到台下，穿上戲服，混在
藝人中，客串演出。（原注：《龔自珍全集》〈尊史〉篇。
譯文用意譯，其中有筆者的意見。）史官又好比是一個法官，
坐在審判椅子上，聆聽案情，豈可走到台下，參與原告和被
告雙方的辯論，否則，最後由誰來作判決呢？[28]

可見「清議」的首要條件，是知識分子的自尊，要先做到客觀、公
正，更要記取董狐和南史氏為直筆、為真理而不畏死亡的獨立精
神。接著先生討論「清議」與歷史上發生的學生運動，歷舉陳東、
賈似道、朱子、東林黨人的歷史例證，指出這些運動的背後，有清
議，也有橫議，兩種勢力的爭持，真相真理往往很容易混淆。最後
先生則指出儒家清議和道家清議的不同，[29]前者多趨保守，後者則
以隱逸之姿而每成為時代變遷的改革者。清議者必須本於良心，而
風俗人心則決定清議的存亡。

　　綜上所述，先生學術思想，1990 年為第三變；自 1990 年起至 1998
年告一段落，為第四階段。期間先生重新檢討「經學思潮」與「經世
思潮」，對「經」字灌注更豐富而多層次的意義，從當中引發出的「一
體」思想，至為重要。由「一體」又推論至於「生命」二字，將歷史
的故實、儒學的觀念、知識分子的自尊，共相鎔冶為一爐。同時期先
生也以六十餘年耿介不阿的個性為根本，從「以理殺人」之論推擴至

28　先生平日和我聊天，常常用定菴的這段話來告誡我治學要客觀、超然。

29　先生說：「儒者恪守道德規範，言行保守，是當權者籠絡的對象；道家不
　　為道德束縛，想說就說，敢於直言，身為賢者，卻不受歡迎，只好過著隱
　　居生活，他們有學有識，等待機會，往往是改革的先驅人物。」

於暢論「反權威」，終而深入檢討中國歷史上的「清議」，暢論對知識分子爭取獨立自由批判精神的理想。「一體」、「生命」、「反權威」、「清議」等四個觀念，實可以視為先生第四階段的定論。

五、結論

總結前文，先生的學術思想，約可歸納為三次轉變，凡四個階段。分論如下：

第一階段自 1955 年起，至 1958 年結束。期間先生發表〈兩宋學風的地理分布〉、〈元代學術之地理分布〉、〈元代書院之地理分布〉、〈《元史·藝文志》補注〉等論文，注意到地理空間與學術思想之間的關係，已透顯出一種以「宏觀」觀點盯衡整體的廣闊視野。1958-1966 的八年間，先生經歷了一個重要的過渡變化（第一變），學術興趣從游觀學風地理分布問題，而漸次確定於鑽研清代的儒學、文獻和思想。

第二階段自 1966 年起，先生轉入近三百年儒學的研究，持續發表關於黃梨洲、顧亭林、顏李學派、龔定庵、阮芸臺、陳蘭甫等學者學術思想的論文，至於 1974 年為止，計約八年。期間先生鑽研清代儒學，歸結於 1973 年綜觀清中葉學術發展趨勢、和清儒對孔子之繼承的兩篇論文。1974 年〈黃梨洲與浙東學術〉一文重視學術宗旨的調和圓融，內蘊則隱含一種從對立之宗旨游觀其異同的氣象。先生此一階段（即第二階段）專注於清代學術，治學特色是走了分別而觀、專題鑽研、綜合評斷的路子。

1974-1978 年之間有四年時間，先生又進入了一個過渡變化的時

期（第二變），期間先生的思想進境漸漸成熟，從實質的文獻分析提升到思想觀念的吸收、消化、調和、整合，並注意到學派對立的問題。

自 1978 年起先生進入第三階段，更清晰地揭示平議漢宋之爭、討論體用問題之爭論、注意朱子學的反對學派，突顯了先生對於相反、相爭之不同觀念與宗派之間的對立，既不肯妄為調和，又不肯任意抑揚彼此，而是在「平議」之際，嶄露出一種以「氣」、「器」兩大觀念整合漢宋、體用等問題的立場，並指引出「實學」、「經世」的方向。尤其 1990 年先生提出「器」觀念，絪合了此一階段（即第三個階段）著眼於氣質、「形上形下」的思想觀念，為後來的「一體」思想，奠立了重要的基礎。因此第三階段自 1978 年開始，至 1990 年為止，凡十二年。期間先生以「叩其兩端」的態度，考察學術流別的分合，深探近世學人宗旨的異同，最終以「器」觀念總結了十二年的豐碩成果。

1990 年前後，先生思想又一變。在此以前多用「叩其兩端」的方式進行分析、調和；自此以後，融匯貫通，游心於漢宋理氣之間，出入於內外體用之際，是為第三變。自該年起，先生進入其學術思想的第四階段，提出了「一體」的觀念，指出經學經世是「經」的一體兩面。論內聖一路則提揭出「生命」的一體性，論外王一路則標舉「反權威」、禮贊「清議」，發揚知識分子自由批判之精神。「一體」、「生命」、「反權威」、「清議」是此一階段的四個主要觀念，實為先生學術思想最成熟的產物，可稱為晚年之定論。

正如「前言」的大樹之喻，先生第一、二階段為樹的根柢，藝文、學派地理分布、清儒經典思想等研究，厚植其下，自古今文史哲豐富之土壤，汲取養分；第三階段為大樹的主幹、枝葉，其間析論漢宋、

體用等課題，深探學術流派宗旨的分合異同之故，而歸結以蘊涵「經世」思想的「器」觀念，奠立了一生最重要的關懷課題；第四階段則為開花結果，以四個重要的觀念整合了前期所有的思想與關懷。

據我所悉，先生每撰一文，或歷時數週，初稿完成後必先交給師母李大平女士仔細閱讀，並經師母提出讀後感想之後，立即增刪補訂，往往經一夜之修改，即可定稿，而內容或與初稿大異。此除反映先生與師母鶼鰈之情外，更可見師母對於先生思想了解之深。

先生生前常告誡我，讀書當求自得，儘可吸收前賢勝義，但切勿追步他人。先生說：「人人都有一個面目，他人即藉此面目來認識對方。寫文章也如此，切忌寫起來沒有面目，看不出自己的個性。」所以先生常常叮囑我不要學習他。我認為這一點非常重要，一直放在心上，未敢遺忘。歷史上一個學派的盛衰，端視後學如何承繼發揚；而所謂承繼發揚，絕不是要求學生將老師講過的觀點與內容再講一次。倘僅能如此，那就代表這個學派衰微。一個學派真要有所發展甚至大盛，後繼者必須切合歷史環境的變化，用新的思維提出新的講法，以印證、詮解、光大前賢學術思想的精髓。先生早年追隨錢賓四先生治學。賓四先生晚年，先生每週必赴外雙溪與之論學談天，風雨不改。但先生平生論學撰文，與賓四先生路徑頗相違背，論者或感不解；不知先生深悉學術傳承之道，不求形貌之似，而一以自身生命所觀所感，開出一個迥異於賓四先生的精神世界。如本文「前言」所述，學術思想之於知識分子，就如飢餐渴飲，是源出內在心性的需求，是一種於穆不已之情。關於先生平生可稱道者，限於題旨與篇幅，不能一一細述；謹藉本文篇末，略誌我所聆聽的先生生前的教言，以作結束。

貳、何故教授佑森先生事略[1]

　　何佑森先生，安徽巢縣人，民國十九年，陰曆庚午年十二月廿
七日生於南京。父猷經公，自巢縣徙南京任職麵粉廠機械技師，與
王氏成婚，遂於南京定居。公感於亂世，氛祲不靖，恆勉先生發憤
讀書，先生遂於民國三十七年離鄉負笈臺灣，就讀建國高級中學。
翌年，入國立臺灣大學中國文學系為第一屆招生之入學生，民國四
十二年畢業。次年，赴香江入新亞書院隨國學大師錢賓四（穆）先
生攻讀碩士，並擔任中文系兼任講師；五十年，新亞推薦先生赴美
國哈佛燕京學社任訪問學人，受業於楊蓮生（聯陞）教授。五十一
年夏，遊學結束，返港途經日本京都，問學於吉川幸次郎教授。返
新亞書院後，旋任歷史系兼任講師。五十四年，受臺伯蘭（靜農）
先生之聘，返母系任副教授，遂定居臺北。任教三十年間，先後於
系、所開設「中國近三百年學術史」、「文史資料討論」、「史記」、
「論孟導讀」、「道家研究」、「胡適研究」、「方志學」等課程，
指導博、碩士生數十人，多為我國文史學界菁英，校外親炙於先生
而有成者，亦不計其數。民國六十九年，教育部指定先生率團赴日
本參加「東洋文化國際會議」並擔任主題演講。爾後二十年間，陸

1　本文為本書作者代「何故教授佑森先生治喪委員會」擬定。

續在亞洲各大學作演講。民國七十年率先以「清代實學」為題，於
香港中文大學作專題演講，掀起海內外研究「實學」、「經世」思
潮，尤為學術界樂道。民國七十八年於韓國漢陽大學作專題演講「明
末清初的實學」，除分析明末清初中國之實學，亦盱衡三百年來中
韓學術相同之趨勢，從名實關係說明韓國實學之精神意旨。民國七
十七年，先生獲香港大學聘為客座教授，自同年起，復三度受聘為
香港大學榮譽講座教授。民國七十九年及八十二年，兩度受聘擔任
教育部人文及社會學科教育指導委員會諮詢委員，參與規畫我國人
文學科之發展。八十四年，受聘擔任國際儒學聯合會副理事長。八
十五年獲推薦任胡適講座教授，未幾，又獲得八十五年度國科會人
文類傑出研究獎，民國八十六年自臺灣大學榮退。翌年獲臺灣大學
頒授名譽教授，可謂實至而名歸矣。

　　先生天性耿介，意氣自如，然不擅治生，言直戇而無溫藉，故
早歲飄蕩，備嘗艱苦。自任教臺大後，安定之餘，益珍重所遇，銳
志於學術，於經史百子無所不窺。讀書達旦，數十年不輟。喜以稿
紙作蠅楷筆記，新舊稿雜陳，積數十年而盈數尺，然厚積薄發，畢
生撰著論文四十餘篇，始終不肯輯為專書刊佈。先生平生以一「實」
字自許，與師友直言無隱，而文筆溫厚，絕不與他人較論是非。抑
且淡泊榮利，唯專致於教育，課堂講授，根柢文獻，不為空言。喜
求意義於文字章句之外，上下古今、四通八達，不為餖飣瑣屑，又
喜將抽象之觀念，落實於現實歷史與人生問題討論。其畢生學術思
想之進程，約可分三時期敘述：早歲受傅孟真（斯年）、臺伯蘭、
錢賓四等大師啟發，實事求是，出入經史，考訂藝文，於學風地理
分布及清儒學術思想有堅實之研究；中年著意精微，析論學術流別

分合，深探近世學人宗旨同異；晚歲有深造獨得之境，致力於開創風氣，從人人可見的學術材料中，闡發他人未及注意之問題與觀念，如「虛實之辨」、「反權威」、「平等思想」、「器」、「一體」、「生命」等，冀為新時代昭示新方向；其提倡「一體」之思想，強調知識之整合，尤洞見當代學術分科分歧之弊。蓋先生之學術，根碩葉茂，卓然一家，可無疑矣。

德配李大平女士，民國五十年來歸，嫻淑有懿德，侍先生起居，無微不至，處事待人，聰敏誠和。先生每撰就一文，必與共析疑義，鶼鰈之情，日月可證。先生逝世前數年以腦積水及血管疾病，精神非復往昔，一茶一飯，無不賴夫人照拂，聞者動容。女三人，事業均斐然有成。長女周南任教於耶魯大學；其夫婿蔡震宇任職美國國家衛生研究院。次女從周任教於匹茲堡大學；其夫婿張尊軒任職於美國 Bombardier Transportation 公司。幼女郁文任職於美國芝加哥 Sears 公司。外孫女張致韓，年屆四齡。

民國九十七年（2008）四月一日，先生以心臟瓣膜脫落，經緊急手術後，於九日晚上八時仙逝，享年七十九歲。家屬門人，無不悲痛。然典型永在，道範長存，謹述其生平事略如上，以表景仰之意，並誌哀悼之思云。

參、略論錢穆先生治學方法的三點特性[1]

一、前言

1998 年 9 月下旬，山東大學古籍整理研究所及文史哲研究所聯合邀請我前往訪問。出發前承馮建國教授賜示，文學院的老師希我抵達後能就錢賓四（穆）先生的學術思想做一專題演講。我臨時思考方向，打了腹稿，24 日下午，在該校邵逸夫樓講了一個多小時，並沒有錄音。返臺北後，山大邀我將之寫成文字。我因事忙，一再延宕；現在真正動筆，只有憑記憶。而且撰寫成文，和演講體例自不相同，不能不補充材料，和補述若干論點。因此具體內容可能和當時所講的有些出入，但實際上主要意思並沒有改變。

錢先生淵博閎通，洸若無涯，而且對中國傳統歷史文化懷抱極深的感情，這一點，當世學者知之者甚多，論者亦甚多。然而，如果我們認為三千年的中國學術文化傳統造就了這一位國學大師，那麼他與「傳統」之間究竟是一種什麼樣的關係？我想這仍是一個有

1　本文原刊《文史哲》2000 年第 2 期（總 257 期），頁 22-26。

待探討和發揮的問題。這次適逢我作客山東大學，又報告了這個題目，我極願意以本文，來就正於學術界的先進賢達。

二、錢先生治學的擴散性

錢穆先生，字賓四，江蘇無錫人，1895 年生，1990 年卒於臺北，享年九十六歲。少年畢業於無錫中學，其後任教於廈門集美中學、無錫師範學校及蘇州中學，講授國學概論。1930 年燕京大學聘為講師。翌年復受北京大學之聘，任教於歷史系，講授中國近三百年學術史。其後在戰亂中輾轉任教於西南聯大、成都齊魯大學國學研究所、嘉定武漢大學、遵義浙江大學、無錫江南大學。1949 年赴香港創辦新亞書院。1955 年，創辦新亞研究所。1960 年耶魯大學延聘先生講學，贈名譽文學博士，旋又赴英國訪問。1965 年離開新亞，赴吉隆坡馬來亞大學講學；1967 年赴臺灣；晚年居臺北市外雙溪素書樓，潛心著述。錢先生平生所與交，盡是二十世紀中國學術界最負盛名的大師，如胡適、顧頡剛、陳寅恪、馮友蘭、梁漱溟、湯用彤、熊十力、馬一浮、張其昀、賀麟、張君勱、楊聯陞等，所著《國學概論》、《先秦諸子繫年》、《秦漢史》、《國史大綱》、《朱子新學案》等數十種，俱為享譽中外學術界的名著。

錢先生生於十九世紀末，見證了二十世紀中國歷史上幾乎所有的重大變化。儘管他給予一般人的印象，是偏於保守的、傳統的，甚至於是守舊的，但事實上，作為一位歷史家，他最看重「革

新」。[2]他一生治學領域不斷擴大，日新又新，也是不爭的事實。我們單從他的著作數量，即可見一斑。若我們進一步回歸他個人的歷史，從治學歷程去探索，就更可以感受到他治學的擴散性。根據《師友雜憶》中自述，他在小學和中學時期曾受多位國文教師的影響，尤以高三時華紫翔先生「授中國各體古文」為甚[3]。中學三年級時，他喜讀《曾文正公家訓》[4]，受該書的啟迪，並進而讀《昭明文選》[5]。他曾指出「余之自幼為學，最好唐宋古文，上自韓歐，下迄姚曾，寢饋夢寐，盡在是」[6]，可見他治學，是先以古文為起點，而範圍自姚（鼐）、曾（國藩）、韓（愈）、歐（陽修），上溯至於《昭明文選》。自中年任教於北京大學，歷西南聯大以迄江南大學期間，他陸續著成《中國近三百年學術史》（1931）、《先秦諸子繫年》（1933）、《國史大綱》（1937）、《中國歷史新編》

2　《國史大綱·序》：「略論中國近世史學，可分三派述之：一曰傳統派，二曰革新派，三曰科學派。傳統派主於記誦，熟諳典章制度，多識前言往行，亦間為校勘輯補。……其次曰革新派，則起於清之季世，為有志功業急於革新之士所提倡。最後曰科學派，乃承以科學方法整理國故之潮流而起。此派與傳統派，同偏於歷史材料方面，路徑較近，博洽有所不逮，而精密時或過之。……唯革新一派，其治史為有意義，能具系統，能努力使史學與當身現實相結合，能求把握全史，能時時注意及於自己民族國家已往文化成績之評價，故革新派之治史，其言論意見，多能不脛而走，風靡全國。」（臺北：臺灣商務印書館，1977 年），頁 3。

3　錢穆：《師友雜憶》，收入《八十憶雙親師友雜憶合刊》，頁 38。

4　同前注，頁 62。

5　同前注，頁 68。

6　同前注，頁 327。

（1948）[7]等著述，主要屬於史學的範疇[8]；晚年定居臺灣，完成《朱子新學案》（1970），奠定了他在理學研究上不磨的地位。根據著作觀察，他是自文兼史，再由史而哲，治學領域愈擴愈大；文學家的創發，史學家的篤實，及哲學家的精微，他都兼而有之。當然，錢先生畢生治學強調整體性，尤不喜區分領域，我在上文提出文史哲三時期，其間的界線也不可能絕對清楚[9]，但就他所撰著作的年代而論，大體上應無錯誤。至於他耄耋之年所撰，如《中國學術通義》、《中國學術之傳統與現代》等著作，則出入於文史哲三大領域，而以深切的文化關懷貫串其間。

尤有進者，錢先生畢生「讀書必自首至尾，通體讀之，不抽讀，不繙閱」[10]，由於讀書治學態度認真，他的著作，專則極其專，如《劉向歆父子年譜》以《史記》、《漢書》為基本依據，列舉二十

7　此書是 1948 年錢先生任教江南大學時率領學生合編。據《師友雜憶》拾肆，此書幾已完成，但因「時事日非」、「某書肆未能付印出版」，以致始終未印行。同前注，頁 241-242。

8　據《師友雜憶》拾「北京大學」記載，某年錢先生與章太炎在蘇州有一面之緣。錢先生提出一問題，是「儻有新國史出現，較之前二十五體裁方面將有何不同？」（同前注，頁 159）這已顯示錢先生當時關懷所在，主要是在史學。

9　例如他自幼即喜《論語》、《孟子》，終生不變，自稱《語》、《孟》不能以文史哲區分（《中國史學名著》）。又譬如他用功於宋明理學亦為時甚早，在 1937 年西南聯大時期居於湖南南嶽，「讀王龍溪、羅念菴兩集，於王學得失特有啟悟，皆撰寫專文」，亦是明證。

10　《師友雜憶》陸，頁 111。

八證，反駁康有為《新學偽經考》的論點[11]；通則極其通，如《國史大綱》、《中國史學名著》等，對中國文化發展的通則有極深廣的闡發。有時微觀之中有宏觀，如考證《楚辭》地名，推論到地名時常會隨著民族遷移而轉移至另一區域的通性現象[12]；有時宏觀之中有微觀，如《中國近三百年學術史》、《中國學術思想史論叢》論清代學術，在比較戴震《緒言》、《孟子私淑錄》和《孟子字義疏證》時，考證至於一段之中增刪的字數、一字一詞的異同亦不遺漏[13]。我們從各方面，都可以清晰地從他的著作中感受到一種向外極度擴散的張力。章學誠在《文史通義‧釋通》中特別提出一個「通」字，和所謂「專家之學」的「專」字。錢先生治學的擴散力，特別表現在他不斷從專到通、由通返專，復由專再上下貫通的循環過程。錢先生總結自己一生治學，也說：「要之，從文化大體系言，余則以和合與分別來作中西之比較。從學術思想方面言，余則以通與專兩字來作衡論。」[14]讀者若以錢先生的話來求證我的說法，相信雖不中亦不遠矣。

　　總而言之，錢先生那種不囿於一兩個領域、而是以數十年的生命持續貫徹、一步步拓展治學深度與廣度的那種力量，直是碩大無

11　參錢穆：《劉向歆父子年譜自序》，收入《兩漢經學今古文平議》，頁1-7。

12　參錢穆：《再論楚辭地名答方君》，收入《古史地理論叢》，頁180。

13　錢穆：《中國近三百年學術史》第八章「戴東原」，上冊，頁353-354。又參《記鈔本戴東原孟子私淑錄》一文，《中國學術思想論叢（八）》頁207-212。

14　錢穆：《師友雜憶》貳拾，頁328。

朋。這種力量的源頭，應是來自於他早已存在於內心的遠大目標，就是要透過全面鑽研中國古典文獻，以喚醒中國民族文化的靈魂。

三、錢先生治學的內聚性

在「擴散性」以外，錢先生治學還有極大「內聚性」。這一面則似較鮮為人知。我所謂的內聚性，指的是他擅於利用原始文獻內部互相釋證，以得出結論、而不假借外來觀念的一種方法。它和「擴散性」的外向有所不同，是一種自足地向內鑽研經典、將各類原始文獻資料網羅後，經由鑑別、分析、聯繫、比較，從而得出堅實結論的治學方法。我特別提《先秦諸子繫年》一書以為證，他曾在該書《序》中提出：「如常山之蛇，擊其首則尾應，擊其尾則首應，擊其中則首尾皆應。以諸子之年證成一子。一子有錯，諸子皆搖。」[15]換言之，全書各篇的論點互相支援，成為一前後呼應的緊密結構。我想讀過該書的學者，必然同意他的話。這樣看來，若有人要反駁，除非以不同的觀點和方法另外寫一部著作，否則是很難單就一點來推翻書中某一單篇的某一結論的。錢先生寫《先秦諸子繫年》，取材更是非常廣闊。除了諸子書外，餘如《竹書紀年》、《水經注》、《山海經》、《楚辭》、《穆天子傳》、《逸周書》、《史記》、《戰國策》、《國語》等，他都廣泛地採用；而且不是隨便擷取一點，而是深入到所有相關材料的內部。（如他考證《楚辭》所涉地理問題，寫成《楚辭地名考》，後著《先秦諸子繫年》，

---

15 錢穆：《先秦諸子繫年·自序》，上冊，頁1。

連帶撰成相關著作如《周初地理考》及論文多篇，後收入《古史地理論叢》一書；最後則以《史記》三家注為主要材料，著成《史記地名考》。）至於他選擇材料，又極謹慎之能事，一篇之中，舉證數十，何者屬於主證，何者屬於旁證，都依照其年代、性質和內容加以區別。錢先生其他的鉅著，無論是《國史大綱》，抑或《中國近三百年學術史》、《朱子新學案》等，都是採用相類似的方法。[16]

「利用文獻本身互相釋證」是一種「內證」工夫[17]。這種工夫所得出的結論，具有特別堅實的特性，因為它不是倚靠一兩個西方的學術理論或者觀點來展開或支撐的一種研究方法，而是經由深探廣泛的原始文獻的內部後，從中激發出一連串獨特的見解。而因為錢先生所秉持的基本治學原則和信仰，終生未嘗改變，這又使他大量的著作相互之間也都含有內在的、高度的相關性，結合成一個緊密的整體。

我曾試圖找出錢先生這治學方法的源頭，或者說思想的源頭，往上追，可以追到清初儒者所提出的「以經釋經」。最早提出「以經釋經」這個觀念的是清初的黃宗羲、萬斯大和毛奇齡等幾位浙東學者，文獻的出處是黃宗羲所撰《萬充宗墓誌銘》、萬斯大《讀禮

---

16 《國史大綱·序》：「凡治史有兩端：一曰求其異，二曰求其同。何謂求其異？凡某一時代之狀態，有與某先後時代突然不同者，此即所由劃分一時代之特性，從兩狀態之相異，即兩個特性之啣接，而劃分為兩時代。從兩時代之劃分，而看出歷史之變。從變之傾向，而看出其整個文化之動態。從其動態之暢遂與天閼，而衡論其文化之為進退。」頁 9-10。

17 如錢先生在《再論楚辭地名答方君》一文中特別多次用到「互證」（頁182）、「內證」（頁187）、「本證」（頁188），本文所謂「內證」，並涵括這三者。

質疑序》和毛奇齡《西河合集‧經集‧凡例》等幾處。他們提出：治一部經書，不能只通一部經書，要「通諸經始可通一經」；至於其它晚出的傳注，則依序居次要、再次要的地位。通諸經以通一經，等於將儒家幾部經典結合起來，互相解釋，互相引證，這是所謂「以經釋經」，也等於是「利用經部文獻本身互相釋證」[18]。

若從清代再往上追溯，「以經釋經」也早就出現，不過不是「通諸經以通一經」，而是以一部經書為中心，經、傳、注、疏遞相釋證。譬如像《周易》，「乾卦」《文言傳》引用孔子「遯世無悶」一語。王弼注「遯卦上九」爻辭「肥遯，無不利」，說：「超然絕志，心無疑顧，憂患不能累」，其中「超然絕志」詮釋了「遯世」者的心境；「心無疑顧，憂患不能累」詮釋了「無悶」二字[19]。王弼實借用了《文言傳》入《注》來解釋《易經》。又如孔穎達《周易正義》解釋《象傳》「天下有山遯，君子以遠小人，不惡而嚴」句說：「君子當此遯避之時，小人進長，理須遠避；力不能討，故不可為惡，復不可與之褻瀆，故曰不惡而嚴。」應該是引用九三爻辭「係遯，有疾厲」，和王弼《注》「不能遠害，亦已憊矣」等幾句話的意思，是借用了《易經》、《周易注》入《正義》來解釋《象

18　其實同時期具有相同理念的學者還有姚際恒，曾著《九經通論》，所持的也是這一理念。據錢先生認為，姚氏實踐此一理念，較同時其他學人更為成功。

19　王弼、韓康伯注，孔穎達疏：《周易注疏》，卷四，頁 85。《文言傳》以「樂則行之，憂則違之」來解釋「無悶」。「心無疑顧」則樂而能行；不樂則亦可以「違之」，即所謂「憂患不能累」。又，本書引《周易》經傳，皆據《十三經注疏》本《周易注疏》，不另出注。

傳》。事實上，中國經學史上這種例子真是不勝枚舉。大體而言，傳統經學「疏不破注」，就是一種文獻互相釋證的精神：傳注解經，傳注的意義自經典而衍生，是「經」生「傳注」；義疏依傳注而成，義疏的意義據傳注而發揮，等於「傳注」生「義疏」。紀昀《四庫全書總目》「周易正義」條說：「疏家之體，主於詮解注文，不欲有所出入。故皇侃《禮疏》，或乖鄭義。穎達至斥為狐不首丘，葉不歸根。其墨守專門，固通例也。」就是說的這個意思。「不欲有所出入」一語，生動地說明了義疏謹愿地負責解釋注文的原則。既然「墨守專門」是「通例」，就表示大家都要遵守。根據紀昀的解釋，傳、注、疏形體上合在一起，其中心點為「經」，傳、注、疏等依次序向外環環擴散，共同聯繫成一匯聚向中心點的緊密結構。這就是我所說的「內聚」。歷代傳、注、疏的撰著者，所推衍的新義，都是透過不斷聯繫比較舊有的經典文獻而獲得的。在傳統經學研究者普遍「信而好古」的信念指導下，《五經》以及後世絕大部分的經解著述，基本上都是依循這種「內聚」的型態展開，終使經學蔚為大國。

從傳統「經傳注疏遞相釋證」，發展到清初學者提出的「通諸經以通一經」，「利用經部文獻本身互相釋證」始終是一個主脈。錢先生研究學問所採取的原始文獻互證法，其實也是遵循了這一傳統的脈絡，只不過他從經部文獻之上，再進一步擴大到所有中國傳統文獻而已。

倘若將這一點再推廣到「文化」的層面來說，我不妨大膽說，中國「以經釋經」的傳統，與錢先生治學方法的內聚式取向，彼此之間實具有相當的一致性，這是因為中國文化的型態就是「內聚」

的：三千年中國文化發展，向內的聚合自生，實遠多於向外的侵略放射，所以當我們將錢先生的治學方法重新置於中國歷史傳統時，自然呈現出渾然天成的共鳴狀態。我提出的這個中國文化結構的觀點，因時間不允許，以後有機會再向各位介紹。[20]

四、錢先生治學的時代性

錢先生著述雖然豐富，但他並不是貪多炫博的學者。簡而言之，他著書讀書，都富有經世精神，故其著作往往含有十分濃厚的時代性[21]。我在此舉一例子說明：康有為於 1891 年著成《偽經考》，並於 1897 年著成《孔子改制考》。顧頡剛約於 1920 至 1921 受胡適的影響，研究古史，形成層累說的觀念；1923 年 2 月 25 日顧氏在《讀書雜誌》發表〈與錢玄同先生論古史書〉，依據《說文解字》，提出「禹」是「九鼎上鑄的一種動物」，「大約是蜥蜴之類」的理論。而《先秦諸子繫年·跋》則稱「此書草創，在民國十二年（1923）秋，時余始就江蘇省立無錫師範學校講席，助諸生治《論語》，編《要略》一書」[22]。錢先生與顧頡剛是好友，平生盛稱顧氏謙沖平和，但在多部著作中曾多次提到民初疑古風潮，都針對「禹是一條蟲」這個論點深致不滿，認為這樣的「疑古」風氣，等於教中國人

20　關於這個問題，讀者亦可參閱錢先生《國史大綱·引論》。

21　例如他在北平時讀瀧川龜太郎《史記會注考證》，發現該書考證雖疏，卻詳引顧祖禹《讀史方輿紀要》，因逆知日本人特重此書，是為侵略中國而來；而日軍侵略路線，亦參顧氏書而決定。參《師友雜憶》拾壹，頁 202。

22　參錢穆：《先秦諸子繫年》下冊，頁 621。

不要相信自己祖先的歷史文化，結果終將使國人的民族自信心喪失殆盡。顧氏發表這篇文章，實給予錢先生相當大的刺激，甚至我們若推論說，顧氏的文章在一定程度上激發了他撰著《先秦諸子繫年》，亦不為過。[23]

我做的這個大膽的推論，主要是基於個人對近世中國學術思想史的一個觀點。戰國時期，諸子思想並世而興，百家爭鳴，彼此之間在宇宙觀、倫理觀以至人生觀各方面差異均極大。清代乾嘉學者極重經部書籍，偶然亦考據史料史籍，而一般卻鮮少注意子部文獻。章學誠首倡後世之文源出戰國之文的論點（詳《文史通義·詩教》），龔自珍提出「諸子，周史之小宗子」（詳《定盦文集·古史鉤沈論》）；此外，魏源研《老子》，畢沅、汪中治《墨子》，一時間子學漸趨興盛，標示了學術界一種藉由提倡諸子思想，以衝破政教倫理、枷鎖牢籠的意態。大抵乾嘉考據風氣盛極，而國家社會亂象漸呈，使讀書人思想極苦悶，於是很自然地將注意力從經部擴及於史部，漸而擴及於子部，以尋求思想上、價值觀念上的解放。晚清孫詒讓著《墨子閒詁》、俞樾著《諸子平議》，二書體大思精，久為學者所欽佩。這是當時中國學人隨著政治社會衰亂的激化，有意無意之間治學興趣逐漸產生了轉向，所造就的成果。而同時期，中國知識分子鼓吹思想解放的速度，也愈來愈快。1923 年的中國，受到西方強權文化衝擊已經許久，而疑古思潮就在這一時代背景中興起。《古史辨》承繼了數十年諸子學復興的業績，所收錄的論文，

23　《師友雜憶》陸，記 1923 年事，說：「其時顧頡剛《古史辨》方問世，余手一冊，在湖上，與〔施〕之勉暢論之。」（頁 110）可為佐證之一。

每多以諸子的學說和著作為主題，或至少廣泛地在材料上、理論上引自子部文獻。（稍後《諸子集成》、《二十二子》一類書籍的編集，亦皆時代風氣的產物。）因此，古史辨運動既是諸子學發展的新里程，也是反傳統思潮的大標竿。如前文所述，錢先生認為「疑古」思潮實足以危害國人對國史的信心。在這種心情下，他著成了《先秦諸子繫年》，網羅曾出現在典籍中所有的先秦諸子（讀者可參該書卷末的附表），等於要用內聚式的考證方法，一舉將所有諸子的年代、事蹟、文獻、關係等相關問題全盤考證，冀使古史從「可疑的歷史」變為信史。這種以一個人的力量，和整個思潮對抗的氣魄，至為驚人。

五、結論

錢先生治學的三點精神中，擴散性是向外的，內聚性是向內的。擴散性易於觀察，只要我們將錢先生畢生著述依年代作一個機械式的排比，再參考《師友雜憶》一書，便不難索求其端倪；然而，內聚性卻很不容易發現，因為研究者必先將他的著述與治學方法，和中國傳統學者研究文獻的方法聯繫起來，才有可能對它有所了解。至於擴散性與內聚性的內在關聯，就更不易言了。我舉個例說：錢先生寫《中國近三百年學術史》，以及《中國學術思想史論叢》第八輯多篇清代學人的傳記，都著意模擬傳主的寫作風格、運用傳主慣用的語彙文辭等。這也是一種「內聚性」的方法——借用傳主的文筆，與其自身的著作來作「內證」的工夫，以求重現古人的精

神丰采。[24]這一種「內聚式」的做法較不易為，因為文章風格和性情丰采無法像一般性的材料可以量化，而必須靠心靈的冥契穎悟；而另一方面，如果不是先具有「擴散性」的向外拓展治學領域的基礎，這樣內證工夫也是沒有辦法成功的。換言之，如果錢先生中年以前，不是先已在韓、歐、姚、曾等古文家之上打下深厚的基礎，他的史傳寫作能力，恐怕亦不足以讓他駕馭不同學者的文筆風格。所以，所謂「內聚性」和「擴散性」，雖為兩物，實則一體，是不可以分割的。

　　再推而論之，中國文化的擴充發揚，亦始終是以「內聚」、「自足」的型態拓展，不斷演化出新的內涵與意義。如前文所說，中國文化傾向於向內的聚合自生，多於向外的侵略放射。用傳統「王道」「霸道」的術語形容，前者近於王道，後者近於霸道，而中國傳統知識分子則始終重視王道多於霸道。歷史上外來文化傳入中國，其文化內容通常亦必隨著「內聚」的程式，逐步陷入並消融在中國文

---

24 這一種撰述取向，向上追溯傳統，可推至唐宋古文八大家如韓愈、歐陽修等。歐陽修〈論尹師魯墓誌〉特意用尹洙的文筆風格為其撰寫墓誌，欲以表其對傳主的敬仰之意，篇末說：「修見韓退之與孟郊聯句，便似孟郊詩；與樊宗師作誌，便似樊文，慕其如此，故師魯之《誌》（雄按：指歐陽公所撰〈尹師魯墓誌銘〉），用意特深而語簡，蓋為師魯文簡而意深。」（《歐陽修全集》卷七十二，頁 1046。）在唐宋古文八大家中，至少韓愈和歐陽修曾經以此一方式撰著文章。本文曾提及錢穆先生少好唐宋古文家文章，因此他日後參用了韓氏、歐陽氏的文筆，是最理所當然的。

化的體系中。[25]中國三千年的文化生命型態如是，錢先生的學術生命型態也如是。

至於「時代性」的重要性，也絕不可忽視。錢先生畢生著述研究，從不曾引用一個西方理論，來作為他論點的依據或線索。錢先生此一堅持，和清末以降的時代背景有關。面對西方文化如浪潮般衝擊，中國學術界即使最具保守形象者如王國維，亦不免「取外來之觀念與固有之材料相參證」（陳寅恪《王靜安先生遺書序》），但錢先生始終將全副精神用在鑽研中國舊有經典文獻，不稍稍假借一個西方理論或思想觀念作為依傍，這清楚地表示他意欲成為西方文化洪流之中、屹立不搖的中流砥柱。我個人也始終深信，中國文化在世界各文化系統相互交流中，仍然有其獨立演化的空間和力量。至於錢先生的學術思想，既歸宿於傳統，他的學術生命又和中國文化生命融為一體，後人要為錢先生在學術史上定位，若不循回歸傳統這一條路，恐怕亦別無他途。

---

25 近代學者研究中國文化的交融，不特有陳寅恪、錢穆先生等認同這一模式，即王爾敏〈晚清政治思想及其演化的原質〉一文亦說：「若干新的觀念傳入，每會經過或強或弱的激盪，以至在迎合與摒拒之間，引伸出創新的東西，以及產生新與舊的化合與混同，而其終極則是完全變為自有的文化生命。」氏著：《晚清政治思想史論》，頁 13-14。

肆、清代儒學中的會通思想[1]

一、前言

　　自明末天下大亂，生靈塗炭，儒者所共同面對的歷史事實是：理學盛行於中國六百年，而中原政權竟二度淪陷於外來部族之手。面對這一歷史事實，學術界重新予以反思，掀起了種種學術改革的波瀾。明末清初的儒者將六百年來許多不為學者所重視的學問、不為時人所關注的問題，一一拿出來重新探究。他們有的治理學而兼通經學，有的治經學而兼通子史，有的治子史而兼通文學。他們都本著一個會通的觀念，在舊有的學術基礎上進一步擴大，在不同領域、不同範疇的學問中做整合和串聯的工夫，重新探索真理。他們彼此之間，不自覺地共同闡發了會通的精神；但究其異同，各人會通的方式又不一樣。不同的會通方式，合而成為清代儒學思想中的會通思想。

　　過去有些學者見清儒治學以經部文獻為主，即誤以為清儒有囿限於經學文獻、訓詁考證的弊病。其實清代儒學背後的思想成分至

1　本文原刊《中華學苑》第 55 期（臺北：政治大學中國文學系，2001 年 2 月），頁 61-95。

為豐富，但究其內容，又頗與宋明理學的課題不甚類似，可謂各有深造，亦各有所得。「會通」思想即係其中一項。清代三百年間儒者從多方面所闡發的「會通」觀念，顯示清儒思想的一個靈活的面相。本文除前言及結論外，主要從八個方面論述清儒的會通思想，分別為方以智「盈天地間皆物」的會通，顧炎武《日知錄》的會通經史，萬斯大、毛奇齡的會通《五經》，唐甄、王源的文武兼通、全祖望的去短集長之旨、章學誠「由委溯源」的會通、王念孫以經學通諸子學，和章太炎以儒學通諸子學。綆短汲深，希望學界前輩專家，不吝賜正。

二、方以智「盈天地間皆物」的會通

方以智字密之，又號浮山愚者，又有鹿起、行遠、五老、墨歷、木立、極丸、浮廬等別號，安徽桐城人。生於明神宗萬曆三十九年（1161），卒於清聖祖康熙十年（1671），得年六十一歲。曾祖方學漸，曾受學於泰州學者耿定理，著《易蠡》、《心學宗》、《性善繹》。祖父方大鎮，曾任江西道監察御史，著《易意》、《性論》。父親方孔炤，曾任湖廣巡撫，著《周易時論合編》（入《四庫》存目）。以智少年好詩文，與錢秉鐙[2]、周歧等人立「澤社」。明亡後南赴廣東。桂王於肇慶稱帝，他任詹事府左中允，充經筵講官，後因太監王坤專權而辭職，浪遊桂林。清兵入廣東後，方氏遭通緝被捕，於梧州出家為僧，易名弘智，字無可，號藥地。後又返桐城

2　字澄之，著《田間詩學》、《田間詩集》。

浮山。著作有《物理小識》、《通雅》、《藥地炮莊》、《浮山文集》等。[3]

　　方氏是重視會通的。他說：

> 天以氣為質，以神為神；地以質為質，以氣為神；人兼萬物，
> 而為萬物之靈者，神也。禽獸之聲，以其類各得其一聲而不
> 能通，通之者，人也。人可謂天地之所貴矣，而不自知其所
> 以貴，稍有聰明，欲捷取之以自恣，莫肯一盡心焉。安望其
> 通而知乎![4]

他認為「人」為萬物之靈，其所以尊貴是因為能「通而知」，有別於禽獸的「不能通」。他曾提出幾個重要的命題，分別為：「盈天地間皆物」、「道不離器」、「質測即藏通幾」。以下分別論述。

　　第一是「盈天地間皆物」。方氏關於自然與人文的會通，其重點在於「物」。「物」即事物。照朱熹的講法，天地間的事事物物「各有定理」，合而為一則是絕對的「天理」。依照馮友蘭的解釋，「理」講的是「一般」[5]，而事事物物就是「特殊」。馮友蘭所說的「一般」，指的是宇宙萬物所共有的內在規律，此一規律落實於事事物物，則事事物物各含有由「一般」之「天理」分出來的「定理」。此即所謂「理一分殊」。理學發展至明末，學者「出入於儒

3　關於方以智的生平，讀者可參任道斌《方以智年譜》或羅熾《方以智評傳》。

4　方以智：《物理小識》「總論」，頁8。

5　馮氏說：「道學的中心問題，是一般和特殊的關係的問題，『理』就是一般。一般和特殊究竟是什麼關係呢？這在道學中有不同的說法。」見氏著《中國哲學史新編》第6冊，頁14。

釋之間」[6]，「非復名教之所能羈絡」[7]，講「一般」之「理」講到脫離了現實世界，「天崩地解，落然無與吾事」，於是有一些學者重新重視「氣」、「事物」和「分殊」。黃宗羲《明儒學案》〈序〉就說過「故窮理者，窮此心之萬殊，非窮萬物之萬殊也」。羅欽順極重視「氣」，曾說「通天地，互古今，無非一氣」[8]，劉宗周說過「盈天地間皆氣也」[9]；方以智的父親方孔炤曾說「兩間皆氣」[10]。「氣」醞釀凝聚可生成萬物[11]，重視「氣」者必重視事物。羅欽順又重視「物」，曾說「盈天地之間者惟萬物」[12]。方以智說：

> 一切物皆氣所為也，空皆氣所實也；物有則，空亦有則。

6　此語屢見於黃宗羲《明儒學案》。

7　黃宗羲：《明儒學案》，卷三十二「泰州學案一」，頁 703。

8　黃宗羲評論他說：「蓋先生之論理氣最為精確，謂通天地、互古今，無非一氣而已。氣本一也，而一動一靜，一往一來，一闔一闢，一升一降，循環無已積微而著，由著復微，為四時之溫涼寒暑，為萬物之生長收藏，為斯民之日用彝倫，為人事之成敗得失，千條萬緒，紛紜膠轕而卒不克亂，莫知其所以然而然，是即所謂理也。」（同前註引書，卷四十七「諸儒學案中一」，頁 1109。）如此則「理」是「氣」的動靜、往來、闔闢、升降、循環而不亂。「理」是從「氣」的規律上體現出來的，因此說「通天地、互古今，無非一氣」。羅欽順說：「所謂理一者，須就分殊上見得來，方是真切。」（卷四十七「諸儒學案中一」，頁 1121）意者若不從「分殊」求「理一」，就會有看不真切的弊端。

9　卷六十二「蕺山學案」，頁 1512。

10　方孔炤：《周易時論合編》卷七「圖象幾表」，頁 19。

11　「氣能醞釀凝聚生物」是朱熹的講法。引自《朱子語類》，卷一「理氣上‧太極天地上」，第 1 冊，頁 3。

12　卷四十七「諸儒學案中一」，頁 1111。

以費知隱，絲毫不爽其則也。理之可徵者也，而神在其中
矣。[13]

「物」的根源是「氣」，「空」亦為「氣」所充實。但探究方氏的
思想，似應以「物」為中心。他說：

> 盈天地間皆物也。人受其中以生，生寓于身，身寓于世。所
> 見所用，無非事也；事一物也。聖人制器利用以安其生，因
> 表理以治其心。器固物也，心一物也。深而言性命，性命一
> 物也。通觀天地，天地一物也。推而至于不可知，轉以可知
> 者攝之，以費知隱，重玄一實，是物物神神之深幾也。[14]

「聖人制器」的「器」是「物」，「器物」是有形體的；「所見所
用，無非事也，事一物也」，「事」是無形體的。可見方氏語言中
的「物」，同時包括有形和無形的物質。人有「心」，「心」也是
「物」，血肉之「心」有形體，思慮之「心」無形體，可見方氏語
言中的「心」同時包括有形和無形而言。「心」既然也是「一物」，
則自然界之「物」可測，則人文界的「心」當亦可測，方氏據此認
為吾人可以從「可知者」來推測「不可知者」；表面看起來是「重
玄」，內裡卻無非「一實」（雄按：此「一實」應即「一物」）。
這就牽涉到「質測藏通幾」的問題（詳下文）。方以智的會通方式，
首先提出「物」字。如果借用馮友蘭「理是一般而非特殊」的解釋，
那麼我們可以說：方以智所講的「物」既是「一般」也是「特殊」。

13　《物理小識》卷一「氣論」，頁 5。
14　《物理小識·自序》，頁 1。

「天地一物也」之「物」講的是「一般」；而「事一物也」、「器固物也」之「物」講的則是「特殊」。從這一點看，方以智《物理小識》之「物理」，顯然是以「物」為主，以「理」為從。

第二個命題是「道不離器」。方以智說：

> 胡安定教學分科，朱文公兼尊邵蔡，正謂節度藏神化，薪火泯理事也。聖人之經即聖人之道，各安其業，即各樂天，蓋謂道不離器，律襲裁成，體撰尚象，處處引觸。[15]

方氏強調「聖人之經即聖人之道」，旋即說「蓋道不離器」云云，然則「聖人之經」即所謂「器」，「聖人之道」即所謂「道」。方氏又說「節度藏神化，薪火泯理事」，這兩句話翻譯作白話，意思是最深奧神祕的道理就在可見可形的大小節目制度之中，而在群體生命的接續之際，無形的理和有形的事之間是沒有界限可見的。在此可見方氏所說的是強調萬事萬物之間的共通性，天地萬物是一個整體，一切規律和事物的本質都有著龐大而密切的關聯。我們切不可誤會方氏在傳達一種類似乾嘉時期學者共同相信的「聖人之道在六經」的「即經求道」的理念。

第三個命題是「質測藏通幾」。以智「…藏…」和「藏…於…」這一類的提法，應該是源自以智的父祖[16]。原本大鎮在〈寄鄒爾瞻先生〉就提出過「藏悟於學」（方以智也說過「藏理學於經學」）；

---

15 方以智：《青原志略》卷三，頁22。

16 關於這一點，張永堂《明末方氏學派研究初編》有極詳盡的說明，讀者宜詳參。

孔炤在《周易時論合編》中曾提出過「藏陸于朱」、「藏罕于雅」，
又提出過「虛在實中，一在萬中，德在言行中」等理論，又說：

> 執氣質而測之，則但顯各各不相知，而各各互相應之通幾，
> 猶晦也。夫聲氣風力，實傳心光，受命如嚮，神不可測，而
> 當前物則，天度同符。[17]

「質」者物質，「測」者測量。「氣」所賦形的「質」是各各不相
知的，在「質」之上還有「各各互相應之通幾」。「質」和「幾」
之間的緊密關係，就如「聲氣風力，實傳心光，受命如嚮，神不可
測」。換言之最神秘而重要的至理，其實即存在於可形可觸、可聞
可見的「聲光風力」之中。這個概念和朱熹所提的「理一分殊」在
本質上顯然並不相同，一方面方氏強調了物質的重要性，使「質測」
這個觀念更落實於自然科學的範疇，另方面他所說的「幾」也不能
推到「理先於氣」的程度。方以智在《物理小識》〈自序〉中進一
步說：

> 寂感之蘊，深究其所自來，是曰通幾。物有其故，實考究之，
> 大而元會，小而草木蠡蠕，類其性情，徵其好惡，推其常變，
> 是曰質測。質測即藏通幾者也。

方以智所說的「質測藏通幾」，主要是強調「通幾」在「質測」之
中，他又說：

17　方孔炤：《周易時論合編》，卷一，頁3。

有竟掃質測而冒舉通幾，以顯其宥密之神者，其流遺物。

掃質測、遺事物而談通幾，是方氏所不首肯的。換言之，「質測」
是「通幾」的先決條件。他又說：

> 萬曆年間，遠西學入，詳于質測，而拙于言通幾。然智士推
> 之，彼之質測，猶未備也。儒者守理而已。聖人通神明、
> 類萬物，藏之于《易》。呼吸圖策，端幾至精，曆律醫占，
> 皆可引觸，學者幾能研極之乎？[18]

他認為西洋的自然科學「拙于言通幾」，真正可走的路，是像中國
傳統那樣，以《易》理為核心，而落實於「曆律醫占」，都可以引
觸《易》理。我們若將以智的理念置回於他所處的時代背景中，則
是不難了解其意義的。

三、清初學者的會通經史——以顧炎武
《日知錄》為例

上述方以智的會通思想，仍然深受理學思維的影響，展現一種
超越於文獻、而推及於宇宙今古、自然科學與哲學辯證關係的思考
模式。同時期如黃宗羲、王夫之，雖然和方以智一樣深究理學的課
題，但卻較方氏更多地關注經書史書的問題，用大功夫撰著或注解
經史。如黃宗羲曾著《明夷待訪錄》、《海外慟哭記》、《易學象

18　《物理小識·自序》，頁 1-2。

數論》等；王夫之則著《宋論》、《讀通鑑論》、《讀四書大全說》、《詩廣傳》等。何佑森師即曾指出，明末清初許多學者一生既讀經書，也讀史書，常常不自覺地合稱這種學問為「經史之學」[19]。

同時期的學者顧炎武，則完全以經史為範疇，所謂「抉剔史傳，發揮經典」[20]，而拒絕談論心性理氣等問題，幾幾乎與前代學者的治學取向截然不同。炎武原名絳，字忠清，明亡後改名炎武，字寧人，號亭林，復以避仇自署蔣山傭，學者尊稱亭林先生，江蘇崑山人。生於明神宗萬曆四十一年，卒於清聖祖康熙二十一年，享年七十歲。三十三歲時（1645），清兵渡江南下，崑山城破，母王氏殉節，遺命炎武「無仕異代」。後炎武受到一家僕與仇家的迫害，輾轉流徙，順治十一年（1654），將家僕溺殺，以殺人罪下獄，賴友人救助減刑免死。其後仍受到仇家追殺，於順治十二年（1655）赴北游歷，來往於山東、河北、山西、陝西一帶，先後六謁明陵。康熙十六年（1677），受薦博學鴻詞科，以死力辭。晚歲居陝西省華陰縣，全祖望為撰〈神道表〉稱：

> 凡先生之遊，以二馬二騾，載書自隨。所至阨塞，即呼老兵退卒，詢其曲折。或與平日所聞不合，則即坊肆中發書而對勘之。[21]

19　何佑森：〈清代經學思潮〉，《清代經學國際研討會論文集》，頁 23。又何佑森：《清代學術思潮》，頁 123。

20　顧炎武：《亭林文集》卷二〈金石文字記序〉；《顧亭林詩文集》，頁 31。

21　全祖望：《鮚埼亭集》，卷十二〈亭林先生神道表〉，頁 146。

可見其認真嚴謹。著有《亭林文集》、《日知錄》、《天下郡國利病書》、《肇域志》、《音學五書》等。

炎武曾在一封寫給張爾岐的信中,痛斥「百餘年以來之為學者,往往言心言性,而茫乎不得其解」[22],而張爾岐的答書,則委婉地提醒炎武,不要「格盡天下之理,反遺身內之理」[23]。這可見炎武與理學家之間的格格不入。儘管他明白地提倡「多學而識」,反對「一貫之方」,我們卻不可以誤會他教人博雜無歸,而忽略他重視會通經史的思想。

炎武會通經史思想,可以從三方面講:其一、他會通的對象以經史為主,而最足代表者則是《日知錄》;其二、他會通的目的,是切近現實的經世;其三、他會通的方法,是以歷史的觀念看待經典,而以經學的觀念批判歷史。

顧炎武自稱「《日知錄》三十餘卷,平生之志與業皆在其中」[24],此可見該書的代表性。該書「上篇經術,中篇治道,下篇博聞」[25],從書的內容看,經術當即以《五經》為根基,治道當即以史部載籍為根基。事實上重視經史合一,始終也是炎武的「平生志與業」。他曾說:

> 如得殫數年之精力,以三《禮》為經,而取古今之變附於其

22　顧炎武:《顧亭林詩文集》卷三,〈與友人論學書〉(雄按:此友人即張爾岐),頁43。

23　張爾岐:《蒿菴集》,頁50。

24　顧炎武:《顧亭林詩文集》卷三,〈與友人論門人書〉,頁51。

25　顧炎武:《顧亭林詩文集》卷四,〈與人書二十五〉,頁103。

下，為之論斷，以待後王，以惠來學，豈非今日之大幸乎！[26]

「三《禮》」為經，「古今之變」豈不就是「史」嗎？炎武又說：

有王者起，得以酌取焉，其亦可以畢區區之願矣。[27]

此處又可見炎武著《日知錄》，是要等待王者的酌取；而酌取的根基，則在於該書會通經史的心得。然則《日知錄》雖然重視經史考據，但事實上炎武卻是超越考據，而歸結於經世之用的。我們看該書卷十（屬於「上篇經術」）「周室班爵祿」條說：

為民而立之君，故班爵之意，天子與公侯伯子男，一也，而非絕世之貴。代耕而賦之祿，故班祿之意，君卿大夫士與庶人在官，一也，而非無事之食。（原注：《黃氏日抄》「讀王制」曰：「必本於上農夫者，示祿出於農，等而上之，皆以代耕者。」）是故知天子一位之義，則不敢肆於民上以自尊；知祿以代耕之義，則不敢厚取於民以自奉。而侮奪人之君，常多於三代之下矣。[28]

這一條與黃宗羲《明夷待訪錄》〈置相〉所批判的意思幾全相同：

蓋自外而言之，天子之去公，猶公、侯、伯、子、男之遞相去；自內而言之，君之去卿，猶卿、大夫、士之遞相去。非

---

26 顧炎武：《顧亭林詩文集》卷三，〈答汪苕文書〉，頁63。

27 顧炎武：《顧亭林詩文集》卷三，〈與友人論門人書〉，頁51。。

28 顧炎武：《原抄本顧亭林日知錄》卷十，頁212。

　　獨至於天子，遂截然無等級也。[29]

然則炎武這段話固然是藉考據而發明《五經》中所載周室的制度，但其意卻主要在於批判「三代之下」，尤其有「以待後王」的含意，與宗義所論相同。此即「以歷史的觀念看待經典」。

　　又如卷九論《論語》「素夷狄行乎夷狄」一條，炎武說：

　　　素夷狄行乎夷狄，然則將居中國而去人倫乎？非也。處夷狄
　　　之邦而不失吾中國之道，是之謂素夷狄行乎夷狄也。[30]

此條為刻本所無，應該是嫌諱的緣故刪去。炎武討論《論語》文義，但在明清之際，面對滿洲人「薙髮易服」之令，這段話很明顯地是針對維護中國禮義教化而言的。該條又引漢和帝時（89-105）侍御史魯恭的上疏，以及南宋陳亮的話，這些都是以三代以下的歷史印證三代以上孔子的話。該條又說：

　　　孔子有言，居處恭，執事敬，與人忠，雖之夷狄，不可棄也。
　　　夫是之謂素夷狄行乎夷狄。若乃相率而臣事之，奉其令，行
　　　其俗，甚者導之以為虐於中國，而藉口於素夷狄之文，則子
　　　思之罪人也已！[31]

29　黃宗羲：《明夷待訪錄·置相》，沈善洪等主編：《黃宗羲全集》，第 1
　　冊，頁 8。
30　顧炎武：《原抄本顧亭林日知錄》卷九，頁 186。
31　同前注，頁 186。

「若乃」以下的文字，上承「孔子有言」云云，但卻不難看出並不是在於解釋孔子，而是在引申發揮，警告漢族士大夫對於滿洲政權不應「相率臣事之，奉其令，行其俗」。讀此條，則無怪乎刻本《日知錄》遭刪削不全了。炎武闡釋《論語》所載孔子的話以反對滿洲以其習俗行於中國一事，此即所謂「以經學觀念批判歷史」。

其實炎武《日知錄》泰半內容，都與明清之際的史事有關。炎武曾在寫給徐元文的一封信中說：

> 《日知錄》二集想是八九年前之書，已不可用。今所著三、四十卷，前十卷詮《五經》者，已錄送原一，其《四書》尚未全，而以後所譚興革之故，須俟閱完《實錄》，並崇禎邸報一看，然後古今之事，始大備而無憾也。[32]

可見《日知錄》若干部分的內容，炎武在撰寫之前，是要先閱完《實錄》和邸報後，再寫，才感到「古今之事，始大備而無憾」。這就不難了解炎武會通經史的用心了。

四、萬斯大、毛奇齡的會通《五經》

萬斯大字充宗，號跛翁、褐夫，浙江鄞縣人，萬斯同長兄，萬泰第六子，生於明神宗崇禎六年，卒於清聖祖康熙二十二年，享年五十歲。與斯同共受業黃宗羲，斯同專意史學，斯大專意經學，深研《春秋》，著述至二百四十二卷，康熙十二年（1673）毀於火，

32　顧炎武：《顧亭林詩文集》，《蔣山傭殘稿》卷一〈答公肅甥〉，頁196。

後重理舊稿,成《學春秋隨筆》十卷。尤精三《禮》,所著有「禮經四種」,即《學禮質疑》、《禮記偶箋》、《儀禮商》、《周官辨非》。其子輯為《經學五書》。尚著有《萬氏家譜》二十卷。黃宗羲所撰〈萬充宗墓誌銘〉說:

> 充宗生逢喪亂,不為科舉之學,湛思諸經,以為非通諸經,不能通一經;非悟傳註之失,則不能通經;非以經釋經,則亦無由悟傳註之失。何謂「通諸經以通一經」?經文錯互,有此略而彼詳者,有此同而彼異者。因詳以求其略,因異以求其同,學者所當致思者也。何謂「悟傳註之失」?學者入傳註之重圍,其於經也,無庸致思。經既不思,則傳註無失矣,若之何而悟之?何謂「以經解經」?世之信傳註者過於信經,試拈二節為例:……。充宗會通各經,證墜輯缺,聚訟之議,渙然冰泮,奉正朔以批閏位,百注遂無堅城;而老生猶欲以一卷之見,申其後息之難,宜乎如腐朽之受利刃也。[33]

這裡宗羲列舉萬斯大治經的三個方法:其一「通諸經以通一經」,意即以諸經異同互較,詳略互補,透過比較發明經義;其二「悟傳註之失」,意即拋開歷代層累繁多的傳注,直接思考經典本身的內容,打破傳注重圍;其三「以經解經」,意即學者宜當會通諸經,

---

33 黃宗羲:《萬充宗墓誌銘》,收入《南雷詩文集》,《黃宗羲全集》第10冊,頁405。

掌握經文原意，傳注的謬誤亦除；本源既浚，末流亦清。以上可見萬斯大會通《五經》的思想。

毛奇齡字大可、齊于，號西河；又名甡，字初晴、秋晴、晚晴；又曾因逃亡易名王彥，字士方，浙江蕭山人。生於明熹宗天啟三年，卒於清聖祖康熙五十五年，享年九十三歲。奇齡恃才傲物，議論尖刻，曾被控殺人，逃亡十年，受到施閏章賞識，後得姜希轍之助，約於 1666 年歸浙東，參與證人講會，得到李塨、邵廷采的所推重。後受薦參與博學鴻詞科及第，授翰林院檢討，任職明史局，凡七年而歸。晚歲以老病居杭州十餘年而卒。奇齡少年以文詞鳴世，詩詞曲文，俯仰立就，故著述極夥；中歲以後，與聞宗羲證人講會緒論，復與閻若璩辯《古文尚書》，遂銳意經學，潛心著述，又以年高，遂為清初著述最豐富之經學家。有《西河合集》四百九十三卷傳世。

《西河合集》「經問」毛遠宗〈述始篇〉說：

> 先生說經，大抵以本經文為主，不雜儒說；其本經文有未明者，則始援及他經，或以彼經證此經，或以十經證一經。凡一切儒說，皆置勿問。至於經證未備，則必於本經文前後審劑絜量，通淪其大意，使兩下券契，不失毫忝，然後劃然而出之。即在漢晉唐儒一闋聚訟者，猶且渙若冰解，何況宋明？[34]

---

34 毛奇齡：《西河合集》《經集》第一，《毛西河先生全集》卷首，第 1 冊，頁 34。

《西河合集》《經集》〈凡例〉更列出十六條經學研究的戒慎之法，分別為勿杜撰，勿武斷，勿誤作解說，勿誤章句，勿誤說人倫序，勿因經誤以誤經，勿自誤誤經，勿因人之誤以誤經，勿改經以誤經，勿誣經，勿借經，勿自造經，勿以誤解經之故而復回護以害經，勿依違附經，勿自執一理以繩經，勿說一經礙一經。[35]奇齡的經學研究，講求整體方法，而奇齡後半生所撰著的書籍，亦全部以經學為主要領域。此亦可見其重視會通《五經》的意思。

五、唐甄、王源的文武兼通

明末理學「為前代所不及」[36]，但終則改變不了偌大的帝國被東北一小部落在極短的時間內掃平並取得治權的事實。晚明文人耽於脫離現實的虛談，而軍事則被武人主導。懲於此一弊端，於是有學者提出文人帶兵，如黃宗羲《明夷待訪錄》〈方鎮〉即論及；亦有學者提出文武兼通，而主此說者則有唐甄及王源。

唐甄原名大陶，字鑄萬；後更名甄，號圃亭，四川達州人，生於明思宗崇禎三年，卒於清聖祖康熙四十三年，享年七十五歲。生平事蹟頗隱晦，《四庫總目》甚至將《衡書》著者「唐大陶」及《潛書》著者唐甄別為二人。幼年隨父宦遊，歷吳江、北京、南京。順治二年南京城破，父子避難浙江紹興。順治十四年丁酉（1657）舉人，曾任山西長子縣知縣十月，遍遊河北、河南、湖北、浙江、江

---

35 同前注，《凡例》，頁 6-9。

36 黃宗羲：《明儒學案·發凡》，頁 17。

蘇等地二十餘年，後困於江蘇，仍志在天下，冀為王者師，著述不
輟。[37]

　　唐甄的會通思想，亦有其獨特的講法。首先，他的會通思想是
建基於《潛書》〈性功〉中的「性、功」二字之上。「性」者心性
本體，「功」者事功。唐甄特別推崇王守仁以良知之學而開創事功。
他特別認為儒者不能只有「內聖」的身心修養的學問，否則「外王」
一邊有所欠缺，則「內聖」的種種功夫也將沒有意義。他在〈良功〉
篇中舉了一個有趣的例子：他的妻子幼年時與姐姐同睡一床，帳內
有蚊，姐姐叫她驅蚊，她心裡感到不平，於是「半掩寢帳」，只將
她這一邊的蚊帳放下，將蚊子從帳子的她的這一邊驅趕到她姐姐的
那一邊。唐甄引申說：

> 儒者不言事功，以為外務。海內之兄弟，死於饑饉，死於兵
> 革，死於虐政，死於外暴，死於內殘，禍及君父，破滅國家。
> 當是之時，束身錮心，自謂聖賢。世既多難，己安能獨賢？
> 是何異於半掩寢帳之見也，是乃所謂「半」也。彼自以為為
> 己之學，吾以彼為失己之學。蓋一失，即半失矣，焉得裂一
> 而得半也。[38]

唐甄認為儒者與天下所有的人共同生活在一個整體的空間，就像兩
個人睡在同一個寢帳之內。儒者若只顧修身，忽略天下萬民的禍

37　1962 年北京中華書局出版《潛書》，後附編者李之勤〈唐甄事跡叢考〉
　　一文，最稱翔實。

38　唐甄：《潛書·良功》，頁 53。

福，等於小孩子「半掩寢帳」，自欺欺人，蚊子終將揮之不去。儒學中的修養和事功是一個整體，儒者若只做「半個」，就一定等於失去「一個」。[39]

當然我們還要注意，唐甄強調「事功」是在「性功」這個概念上講的，因此他不是像陳亮那樣，認為事功到處即是天理，天理即在事功之中[40]，而是強調心性與事功並重，二者必須會通，這就是他所提出的「全學」。《潛書》有兩篇文章，最能表現他的理念，一是〈全學〉，一是〈兩權〉。「全學」者，即文武兼備；「兩權」者，即內外並重。〈全學〉篇說：

> 君子之為學也，不可以不知兵。[41]

為什麼君子為學不可以不知兵呢？唐甄說：

> 學者善獨身。居平世，仁義足矣，而非全學也。全學猶鼎也，鼎有三足，學亦有之：仁一也，義一也，兵一也。一足折，

---

39 《潛書》〈性功〉：「今之制度，朝賓之服，必束絲帶。絲帶之長五尺，綴以錦包，綴以佩刀，綴以左右疊巾，繞後結前而垂其緌，斯為有用之帶。若有愚者，割五尺為二尺五寸者二，持以鬻於市，圍之不周，結之不得，綴之不稱，市人必笑而不取。然則雖為美帶，割之遂不成帶。脩身治天下為一帶，取脩身割治天下，不成治天下，亦不成脩身。致中和育萬物為一帶，取致中和割育萬物，不成育萬物，亦不成致中和。克己天下歸仁為一帶，取克己割天下歸仁，不成天下歸仁，亦不成克己。孝悌忠信制梃撻秦楚為一帶，取孝悌忠信割制梃撻秦楚，不成制梃撻秦楚，亦不成孝悌忠信。」《潛書》，頁 20-21。

40 關於此一問題，請參拙著〈陳亮的事功之學〉。

41 唐甄：《潛書·全學》，頁 172。

> 則二足不支，而鼎因以傾矣。不知兵，則仁義無用，而國因
> 以亡矣。[42]

這裡的「一足折則二足不支」的譬喻，近於〈良功〉篇所謂「裂一」
不能「得半」。儒者必須知兵，才能實實在在地保衛國家；若單純
地標舉仁義，是無法實實在在地解決國家的危難的。〈全學〉篇說：

> 當是之時，國多孝子而父死於敵，國多悌弟而兄死於敵，國
> 多忠臣而君死於敵。身為仁人而為不仁者虜，身為義人而為
> 不義者虜；雖有周公之才之德，亦奚以為！[43]

一個充滿忠臣孝子的國家，因臣民不知武備而於旦夕之間國破家
亡，寧不可嘆？唐甄對於「全學」的理解，毋寧是從明朝覆亡中領
悟出來的。他說：

> 所貴乎儒者，伐暴而天下之暴除，誅亂而天下之亂定，養民
> 而天下之民安。[44]

「事功」的真義，就是能保證給國家人民安全的保障。不過唐甄並
不是一味鼓吹軍事、戰略。他強調「兩權」，就是說明這一點：

> 兵有兩權，內外是也。兩得者興，一得者亡。[45]

42　同前注，頁 173。

43　同前注。

44　同前注。

45　唐甄：《潛書·兩權》，頁 184。

軍事的「內權」，是要「自固」；「外權」則是要「制勝」。「自固」靠的是仁義，「制勝」靠的是兵略。〈兩權〉篇也有一個例子，說明內外並重之意：一位力舉百斤的壯漢，一旦抱病十日，弱女子都可將他扼殺；一位導氣服藥的厚養之士，一旦遠行而遇強盜，強盜亦可扼而殺之。以此為喻：儒者修外而不修內，「內虛必自盡」；相反地若儒者修內而不及於外，必然「保於內而不能強於外」。「保於內」，即〈性功〉之「性」；「強於外」，即〈性功〉之「功」。此所以說「性功」一詞為唐甄的核心概念。

王源字崑繩，號或庵，北京人，生於清世祖順治五年，卒於聖祖康熙四十九年，享年六十三歲。先世世襲京師侍衛，源少年時學於魏禧門下，仰慕英雄豪傑。後有文名，為徐元文邀助修《明史》，以布衣從事。康熙三十二年（1693）中舉，其父旋謝世，以守制不能應會試，亦以無心仕途，終生不復應試，以幕僚及教師職業終老。曾至陝西、蘇州、南昌，晚年居京師，結交李塨，復拜訪顏元，自稱弟子，後逝世於江蘇淮安，所著有《居業堂文集》。

王源平生服膺陽明，推崇陽明「致良知」之「格物」說。後歸宗顏李，一變而接受顏李「學習六藝以成其德與行」的格物新說，甚至曾勸方苞以顏元為師[46]。王源的思想，可分三點論述：第一是「實」，自稱：

　　生平無他長，唯一實可以自許，不敢以一字之虛欺世。[47]

46　王源：《居業堂文集》卷八〈與方靈皋書〉，頁 11-13。
47　王源：《居業堂文集》卷七〈與程偕柳書〉，頁 13。

因此他晚歲歸本顏李實踐之教，似與生平並不相違。其次則重兵，說：

> 生平為文，論兵者居多。[48]

又說：

> 生平議論，閒竊易堂緒餘，而酷喜談兵。[49]

王源所謂論兵，指的是國家軍事戰術戰略。他又說：

> 古今有致治之才，有戡亂之才，二者恆不可得兼，而國家往往以二者之盛衰為安危強弱。

其三重事功，尤推崇諸葛亮及王守仁，自稱：

> 源嘗以為孟子歿後，千數百年，全體大用、才堪王佐之儒，惟諸葛忠武、王文成兩人而已。漢唐章句訓詁，宋儒見聖人之體而不能全其用，知經不知權，為治世之良臣有餘，戡天下大亂不足，為奸雄竊笑久矣。[50]

而由於守仁以良知之學發而為事功，有體有用，尤其受到王源賞識：

> 生平最服姚江，以為孟子之後一人。[51]

48　王源：《居業堂文集》卷六〈復陸紫宸書〉，頁14。
49　王源：《居業堂文集》卷七〈與李中孚先生書〉，頁10。
50　王源：《居業堂文集》卷七〈與朱字綠書〉，頁7-8。。
51　王源：《居業堂文集》卷七〈與李中孚先生書〉，頁9。

綜合而言，王源認為儒者以「誠」字成就事功，裁成輔相，為王佐之材，扶危定傾。此為儒者終極理想。

明末清初喜談兵的學者，除了唐甄及王源以外，尚有王餘佑。[52]按中國傳統，上古「士」兼言文武，荀子著〈議兵〉篇，戰國「擊刺之氓」[53]興起。漢唐以降，文士帶兵、詩人仗劍的例子不勝枚舉。北宋修文偃武，理學昌盛，尚有范仲淹、种師道以統兵聞名；張載、葉適、陳亮亦能論軍事戰略。南宋朱熹讀書考訂，於經學理學的功績偉大，稍稍開啟後世儒者專崇文士的風氣。明末武人跋扈，文臣內鬥，國家覆亡。黃宗羲著〈方鎮〉篇痛陳武人掌兵權的弊病，李塨深嘆後世儒者「行與學離、學與政離」，「扶危定傾，大經大法，則拱手張目授其柄於武人俗士」[54]；顧炎武《日知錄》有「武學」條[55]。凡斯種種，都可見一時代風氣所在。然而此種風氣，亦終於隨著遺老辭世而漸息。

六、全祖望「去短集長」的會通

祖望字紹衣，號謝山，浙江鄞縣人，生於清聖祖康熙四十四年，卒於高宗乾隆二十年，享年五十一歲。曾祖父曾參與抗清，後逃亡，父祖俱有民族意識，而退守為藏書家，故祖望獲睹歷史文獻，而復

---

52 字介祺，號五公山人，夏峰弟子。著《八陣圖》一卷、《萬勝車圖說》一卷、《兵民經絡圖》一卷、《十三刀法》等。

53 「擊刺之氓」即刺客。參章太炎：《檢論·儒俠》，卷三，頁 16。

54 戴望：《顏氏學記》卷六，頁 166。

55 顧炎武：《原抄本顧亭林日知錄》卷十九，頁 511-513。

仰勝朝忠義之士。二十五歲拔貢生，翌年入國子監，雍正十年（1732）
返京師中舉人，與李紱遊，共校《永樂大典》，聲名大噪。然二人
耿介，與朝士多不合。祖望於乾隆元年（1736）會試，選翰林院庶
吉士，受薦博學鴻詞科。大學士張廷玉奏請翰林不得與詞科，遂罷。
翌年庶吉士散館，祖望外任知縣，深以為恥，遂離京，不復仕途。
後於乾隆十三年（1748）任蕺山書院山長，以大吏未待之以禮，拂
袖去，三年後復至廣東任天章書院山長，晚歲病困，以五十之年遭
喪子之痛，著作未刪就而逝世。所著有《漢書地理志稽疑》、《讀
易別錄》、《經史問答》、《鮚埼亭集》、《續甬上耆舊詩》、《錢
忠介公文集》。[56]

「會通」這個觀念，是祖望十分重視的，他曾說：

> 淳熙四先生者出大昌聖學於句餘間。其道會通於朱子、張
> 子、呂子，而歸宿於陸子，四明後進之士，方得瞭然於天人

56　錢穆〈讀姜白巖尊行日記〉：「尊行日記又有為柴子亭石作書上鄞令宗公，
　　推薦全謝山修鄞志，書中有曰：『謝山跅弛之才，英鋒四出，固當事未甚
　　許可者也。』又曰：『尊意未免慎重其間者，亦以謝山往往不理於口。生
　　竊觀其著者舊集時，痛斥張東沙之偏狥，王一辰之穢略。凡故家子弟，投
　　金而欲附其祖父之詩文者，輒以為人不足取，詩不足傳，悉麾去之，亦以
　　此取怨於人。大抵平居影響之間，不無招謗；而著作傳後之事，極其堅
　　忍。』是謝山當日在鄉里，似譽評亦不甚美。此亦博學奇才，時所難免。
　　東原早年，被逐於宗黨，遂襆被至京，此後絕不返故里，其事之詳不可知。
　　汪容甫在江都，亦極招鄉里非議。」《中國學術思想論叢（八）》，頁
　　242。

性命之旨。[57]

朱子、張載、呂祖謙三人宗旨各不相同，但可以「會通」；「會通」之後，亦不妨礙其學術有其「歸宿」。參下文。他又評李顒的學問，說：

> 自經史子集，以至二氏之書無不觀，然非以資博覽，其所自得，不滯於訓詁文義，曠然見其會通。[58]

祖望一再強調「會通」這兩個字，特別是針對不同思想流派而發的。我們從他的「去短集長之旨」中最能清楚地看到。他在〈陸桴亭先生傳〉中說：

> 理學心學之分為二也，其諸鄧潛谷之不根乎？夫理與心，豈可歧而言乎？是亦何妄如之！當明之初，宗朱者蓋十八，宗陸者蓋十二，弓冶相傳，各守其說，而門戶不甚張也。敬軒出而有薛學；康齋出，傳之敬齋而有胡學，是許仲平以後之一盛也。白沙出而有陳學，陽明出而有王學，是陳靜明、趙寶峰以後之一盛也。未幾王學不脛而走，不特薛、胡二家為其所折，而陳學亦被掩。波靡至於海門，王學之靡已甚。敬庵出於甘泉之後，從而非之，而陳學始為薛、胡二家聲援；東林顧、高二公出，復理格物之緒言，以救王學之偏，則薛、胡二家之又一盛也。蕺山出於敬菴之後，力主慎獨，以救王

57　全祖望：《鮚埼亭集》外編卷十四，〈淳熙四先生祠堂碑文〉，頁839。

58　全祖望：《鮚埼亭集》卷十二，〈二曲先生窆石文〉，頁148。

學之偏，則陳氏又一盛也。[59]

祖望首先反對將「理學」和「心學」一分為二。他在「理與心不可歧而言」這個概念上用「是亦何妄如之」一語輕輕點了一下，隨即轉入講述學脈傳承的分與合。他將理學心學異同的焦點刻意擴大了，將這一問題轉移到學術思想史的源流演變中。他這一大段文字，清楚地區分了陳（獻章）學、王（守仁）學和薛（瑄）、胡（居仁）之學為三派，向上繼承朱熹和陸九淵二源，向下統轄有明三百年理學的分合。綜而言之，融合朱熹、陸九淵的異同，是祖望這一大段分析的一個起始點[60]；而會通朱陸二派的學脈，是將這個起始點再作歷史性、延伸性的解釋。這段話中可商榷之處頗多。例如認為劉宗周上承陳獻章，以慎獨救王學之偏；又以東林顧憲成、高攀龍之學為薛瑄、胡居仁學術的「又一盛」，恐怕都是值得商榷的[61]。

59　全祖望：《陸桴亭先生傳》，《鮚埼亭集》卷二十八，頁349。「鄧潛谷」即鄧元錫，江西南城人，師事羅欽順，以「收攝放心」工夫教學生，論「心體」、言「覺悟」。亦可參黃宗羲《明儒學案》卷二十四，「江右王門學案九」，頁564。

60　朱陸異同問題，自鵝湖之辯起，即昭見於天下。後人論朱陸異同，論及分合問題，始於王守仁「朱子晚年定論」，其後引起學術界的討論。祖望的忘年之交李紱著《朱子晚年全論》，懷有強烈的「朱非陸是」的想法；而祖望特論「去短集長之旨」，這裡可以清楚地看到祖望與李紱的不同。錢穆《中國近三百年學術史》第七章「李穆堂」說：「朱陸異同之論，遠起明世。」（頁261）

61　如非常重視「儒釋之辨」的劉宗周（蕺山文集中論「儒釋」的文章甚多），就曾批評陳獻章的「自得」是「自然得」，是「似禪非禪」。

但祖望並沒有再舉證分析下去，似乎並不著眼於這些學者和學說相互間的異同問題，他緊接著又說：

> 要之溯其淵源而折衷之，則白沙未始不出於康齋，而陽明亦未嘗竟見斥於涇陽也。是乃朱子去短集長之旨也。耳食之徒，動詆陳、王為異學，若與疇昔之詆薛、胡為俗學者相報復，亦不知諸儒之醇駁何在，故言之皆無分寸。

「白沙未始不出於康齋，而陽明亦未嘗竟見斥於涇陽」二語，絕不表示祖望混同了陳獻章和吳與弼的學說宗旨，或誤認為高攀龍承繼了王守仁的思想，而是說：陳獻章和吳與弼、王守仁和東林學者在學術思想源流演變的發展史上，在相「異」之中實亦有相「同」。這種所謂「同」，即使輕微到僅僅只是「未嘗竟見斥」而已，亦受到了祖望的重視。既有相同，學者就應該「去短集長」。這種溯源尋流、融釋異見的方式，就是祖望用以折衷歷史上不同思想派別的方法，也是他思想的一個核心意旨。至於如何運用，則這段文字已經做了一個最佳的說明。[62]

　　祖望「去短集長之旨」是他治學的核心理念，重要精神在於「包容會通」四個字，方法上是對於對立的學派學說不採鑽牛角尖的態度，轉而用溯源尋流的回歸歷史途徑，融和雙方的爭論點，於彼此去異求同。我對於他這一觀念有如下的解釋：他相信每一學派在學術思想史上既佔一席之地，必有其存在的價值，也必然與其他學說（尤其與之相反的對立學說）有相生相連的關係，就像萬物的生

62　關於這一個問題，詳參拙著：《論全祖望「去短集長」的治學方法》。

命互相支援、互相影響一樣。以朱陸異同而言，朱說之中有陸說，陸說之中也有朱說；歷史上朱陸二派更衍生出很多互相影響的流派來。所以，學者面對任何學術思想上的歧異處，都不應持門戶之見相攻訐，而應去短集長，去異求同，擴大眼光結合諸家學說以求學術思想的進步。祖望這一個觀念，使他成為一位非常傑出的學術思想史專家，能將注意力從學說異同的小焦點，擴大到聯繫眾多學術源流的大範圍上。

「去短集長之旨」所要包容會通的主要對象是朱陸異同。除了這個觀念外，《經史問答》中尚有「成己成物」、「多識亦聖人之教」、「故國不可以遽剪」等三個重要的觀念。它們和「去短集長之旨」都有關係：由包容會通的精神，而有身內之物（心意知）與身外之物（家國天下）貫通為一的「成己成物」之論；由包容會通的精神，而有程朱陽明格物之說可互觀而不礙的「多識亦聖人之教」之論；由包容會通的精神，而有間接呼籲滿清政府保存明朝宗祀亦即漢族政權宗祀的「故國不可以遽剪」之論。透過認識這三個觀念，後人即可以了解祖望的立身處世（成己成物）、讀書治學（多識亦聖人之教）和政治立場（故國不可以遽剪）的基本原則與思想依據。「去短集長之旨」對於理解全祖望思想的重要性，於此可知了。

七、章學誠「由委溯源」的會通

清代儒學有其獨特的會通思想，但諦視之，則清代不同時期的儒者亦各因應其獨特的時代背景，而對於會通有不同的詮解。章學誠生當乾隆盛世，與乾嘉最負盛名的考據家如戴震、錢大昕、王鳴

盛等同時。關於他的經世思想，及其與戴震之間的異同之見，數十年來學術界論者甚多。本節特別拈出一個「通」字，對於學誠重視會通的思想，略加說明。

學誠字實齋，號少岩，浙江會稽人。生於清高宗乾隆三年，卒於仁宗嘉慶六年，享年六十四歲。少年體弱，資質魯鈍，復無心於經籍訓詁；二十歲以後開始縱覽群書，對史部典籍有夙悟。其後數年間建立了中晚年對撰史的若干見解。二十六歲肄業國子監，在京隨朱筠學文章，並開始撰寫《文史通義》中的若干篇章。二十九歲首次遇見戴震，戴氏說「今之學者，毋論學問文章，先坐不曾識字」，給予他極大的刺激，以後他曾在寧波馮廷丞的道署再遇戴震，並與戴辯論方志的問題，和戴氏的異趣頗為明顯，顯示他文史經世的治學方向已經確立。中年多在窮困中度日，但仍能保持自信和自重，曾任教於定州定武書院、直隸肥鄉清漳書院、直隸永平敬勝書院、保定蓮池書院和河南歸德文正書院等。此外，學誠亦助地方官員如周震榮、畢沅等編修方志，曾編《永清縣志》、《亳州志》等。後助畢沅編《湖北通志》，尚未刊行，畢氏調任山東，他受武昌新任官員排擠而去職，晚年在江蘇、湖北一帶漫遊，治學訪友，後來目力大損，在貧困中去世。平生重要著述有《文史通義》、《校讎通義》；又先後編修《和州志》、《永清縣志》、《亳州志》、《永定河志》、《湖北通志》及《史籍考》。

學誠的重視會通，和兩方面有關。第一是和當時的考據學風氣有關。眾所周知，他畢生抗逆考據學末流的支離破碎的歪風，主張

「挽風氣」而反對「徇風氣」[63]，他認為唯有會通，才能突破補苴
襞績式的纂輯之學。其二，他的會通思想和他治學重視扣緊現實國
家社會問題的思想有關。他於去世前兩年（嘉慶四年〔1799〕）有
〈上執政論時務書〉，痛切評論乾隆末年以來官吏貪污、白蓮教作
亂的始末因由，反映了他對時政的感受甚深，可以視為他的晚年定
論。他的兩部最重要的著作，都標以「通義」二字，顯示他是既重
視會「通」，也重視求「義」。

　　章學誠所謂「通」，主要重在掌握學術發展分合演變的總體狀
況，大約即《校讎通義》〈序〉所說的「能推闡大義，條別學術異
同，使人由委溯源，以想見於墳籍之初」[64]。而《文史通義》卷四
〈釋通〉一文，最足以說明學誠的會通思想。〈釋通〉指出，上古
王官學興起之初，原是要「通明倫類，廣同人之量」，其後先王「以
人官分職，絕不為通」，於是形成了「學專其師，官守其法」的局
面。章氏說：

> 　自後師法漸衰，學者聰明旁溢，異論紛起。於是深識遠覽之
> 士，懼《爾雅》訓詁之篇，不足以盡絕代離辭。同實殊號，
> 而綴學之徒無由彙其指歸也，於是總《五經》之要，辨六藝
> 之文、石渠雜議之屬（原注：班固藝文志五經雜議十八篇），
> 始離經而別自為書，則「通」之為義所由傚也。[65]

63　章學誠《文史通義》〈天喻〉：「風氣未開，學業有以開之；風氣既弊，
　　學業有以挽之。」《章氏遺書》卷六，頁115。

64　章學誠《校讎通義·序》，《章氏遺書》卷十，頁213。

65　章學誠：《文史通義》卷四，〈釋通〉，頁80。

章氏所謂「始離經而別自為書」，指的應該是《七略》；他認為循語言文字來理解「絕代離辭」，是有其特殊限制的。尤其實同而名異（同實殊號）的情況多有，則學者無法「彙其指歸」。因此我們可知章氏所重視的是「指歸」，亦即《校讎通義》所謂「大義」。隨後在該文中，章氏廣泛地徵引舊籍，說明各種的會通方式：有「其書雖不標『通』，而體實存『通』之義」的；有「史籍標通」的；有「總古今之學術而紀傳一規乎史遷」的「通」，也有「統前史之書志，而撰述取法乎官禮」的「通」。學誠說：

> 《說文》訓通為達，自此之彼之謂也。通者，所以通天下之不通也。[66]

然則天下古今凡有不通，而學者皆可「深識遠覽」、「由委溯源」，而通達之。總之以識其「大原」為最終目標。因之經術有經解之「通」，學誠說：

> 夫師法失傳，而人情怯於復古；末流寖失，而學者囿於見聞。訓詁流而為解，一變而入於子部儒家（原注：應劭《風俗通義》、蔡邕《獨斷》之類），再變而入於俗儒語錄（原注：程朱語錄，記者有未別擇處，及至再傳而後浸流浸失，故曰俗儒），三變而入於庸師講章（原注：蒙存、淺達之類，支離蔓衍，甚於語錄），不知者習而安焉，知者鄙而斥焉，而

---

66 同前注，頁 82。

不知出於經解之通，而失其本旨者也。[67]

而史部也有史部之「通」。學誠說：

> 載筆彙而有通史，一變而流為史鈔（原注：小史、統史之類，
> 但節正史，並無別裁，當入史鈔，向來著錄入於通史，非是。
> 史部有史鈔，始於《宋史》），再變而流為策士之類括（原
> 注：《文獻通考》之類，雖倣《通典》，而分析次比，實為
> 類書之學。書無別識通裁，便於對策敷陳之用），三變而流
> 為兔園之摘比（原注：綱鑑合纂及時務策括之類）。不知者
> 習而安焉，知者鄙而斥焉，而不知出於史部之通，而亡其大
> 原者也。[68]

學誠強調不忘本源的重要性，並不是一味吹噓和提倡復古，他也非
常重視後世儒者的新嘗試，通其不通，而創新義例。他非常佩服鄭
樵及其《通志》，著〈申鄭〉一篇，列於〈釋通〉之後。他說：

> 鄭樵著「略」，雖變史志章程，自成家法，但六書七音，原
> 非沿革；昆蟲草木，何嘗必欲易代相仍乎？惟通前後而勒成
> 一家，則例由義起，自就隱括。[69]

他認為《通志》二十略雖然其中六書七音、昆蟲草木的部門與沿革
易代無關，但鄭樵配合《通志》之「通」義，貫通前後，發明義例，

67　同前注，頁 81。
68　同前注。
69　同前注。

將之包括在內，亦無可厚非。他在〈申鄭〉篇進一步說：

> 若夫三十略中，六書七音，與昆蟲草木三略，所謂以史翼經，
> 本非斷代為書，可以遞續不窮者比，誠所謂專門絕業，漢唐
> 諸儒不可得聞者也。創條發例，鉅製鴻編，即以義類明其家
> 學，其勢不能不因一時成書，粗就隱括。原未嘗與小學專家
> 特為一書者，絜長較短，亦未嘗欲後之人守其成說，不稍變
> 通。[70]

史可以翼經，亦是經史會通的一種方式。以家學創為新義例，貫通
前後，亦是「由委溯源」的意思。即此可見學誠的會通之意了。

八、乾嘉儒者以經學通諸子學──以王念孫《讀書雜志》為例

　　王念孫字懷祖，江蘇高郵人，生於清高宗乾隆九年，卒於宣宗
道光十二年，享年八十九歲。幼年隨父入都，受業於戴震，擅長聲
音文字訓詁學。《讀書雜志》八十二卷、《廣雅疏證》三十二卷，
為其代表著作。其中《讀書雜志》共含《逸周書》、《戰國策》、
《史記》、《漢書》、《管子》、《晏子春秋》《墨子》、《荀子》、
《淮南內篇》、《漢隸拾遺》等子史之書十種。

　　念孫《讀書雜志》中研究晚周諸子學典籍的方法，主要用的是

70　章學誠：《文史通義》卷四〈申鄭〉，頁83。

乾嘉時期經學家治經的方法。按：以治經的方法治諸子書籍，此一
理念，清初顧炎武已發其端。炎武說：

> 愚以為讀九經自考文始，考文自知音始。以至諸子百家之
> 書，亦莫不然。[71]

這段話不啻為清代考據學開一大路途。然而乾嘉時期學者治學，以
《五經》諸史為主，鮮有以諸子書為主要研究對象的。王念孫治諸
子書，最初的動機，很可能亦不過藉以將考覈古代語言的基礎由「經
史」擴大為「經史子」而已[72]，對於晚周諸子的思想精義，念孫或
未及作出深遠的發揮。換言之，他謹守樸學家治經的方法，一小步
一小步地踏入諸子書籍中，做校勘、訓釋的功夫。具體而之，乾嘉
治經方法有「以本經自證」（如以《孟子》本書的文句語義訓釋《孟
子》之類）、「以他經證本經」（如以《禮記》某篇某句證明《周
易》某章某句之類）等[73]，而《讀書雜志》用「以本書自證」、「以
其他子書證本書」的方法治諸子書，與治經方法實無二致。前者如
《讀書雜志》〈荀子第三〉「使而功」條：

> 「則天下大而富（原注：楊注：「大讀為泰，優泰也。」），
> 使而功，撞鐘擊鼓而和」。楊《注》曰：「使，謂為上之使

71　顧炎武：《顧亭林詩文集》卷四〈答李子德書〉，頁 76。

72　關於此一問題，讀者可參蕭義玲〈從方法論的發展看清代諸子學的興起〉。

73　請參拙著〈乾嘉學者治經方法與體系舉例試釋〉，刊中央研究院中國文哲
　　研究所《乾嘉學者的治經方法》，並參拙著《戴東原經典詮釋的思想史探
　　索》。

也，可使則有功也。」元刻「使而功」作「使有功」，盧從元刻。劉云：「此當作『佚而功』，形近而訛也。」念孫案：劉說是也。〈王霸篇〉：「守至約而詳，事至佚而功。」是其證。〈彊國篇〉亦云：「佚而治，約而詳」，下文「勞苦頓萃而愈無功」，正與「佚而功」相反。元刻作「使有功」者，涉注「有功」而誤。[74]

念孫引《荀子》〈王霸〉及〈彊國篇〉印證元刻《荀子》〈富國〉篇「使有功」三字為「佚而功」的訛誤。此即「以本書自證」。後者如《讀書雜志》〈墨子第一〉「待祿、憂反」條：

> 「仕者待祿，游者憂反」。念孫案：「待」當為「持」；「憂反」當為「愛交」。持猶守也。（原注：《呂氏春秋》〈慎大篇〉注）言仕者守其祿，游者愛其交，皆為己而不為國家也。《管子》〈明法篇〉曰：「小臣持祿養交，不以官為事。」《晏子春秋》〈問篇〉曰：「士者持祿，游者養交。」養交與愛交同意。今本「持」作「待」，「愛交」作「憂反」，則義不可通。（原注：《逸周書》〈大開篇〉：「禱無愛玉」，今本「愛」訛作「憂」；隸書「交」字或作「友」，與「反」相似而訛。）[75]

此條念孫引《呂氏春秋》、《管子》、《晏子春秋》三書相同的詞語「持祿」、「養交」、「愛交」證明《墨子》「憂反」一詞訛誤，

---

74 王念孫：《讀書雜志》，頁 679。
75 同前注，頁 561。

此即所謂「以其他子書證本書」。值得注意的是，念孫引《逸周書》一條置於附注而不入正文，似有以之為旁證的意思，此尤其可見念孫認為應以諸子互證為主，以史證子為輔。

從以上兩點，可見念孫以經學通諸子學，主要是在研究方法上，而非思想上會通。此一種會通的模式，為晚清經學大師俞樾所承繼。俞氏先著成《群經平議》後，始撰著《諸子平議》。然而俞氏在《諸子平議》中已經大量運用經部文獻來證明諸子，較念孫所用尤多。（這一問題我近將另外撰文討論。）而俞樾的諸子學研究傳予弟子章太炎後，太炎始一變而將儒學與諸子學作思想上的會通。

九、晚清儒者以儒學通諸子學──以章太炎為例

章炳麟字枚叔，因仰慕顧炎武，改名絳，字太炎，浙江餘杭人，生於清穆宗同治七年，卒於民國二十五年，享年六十八歲。父章濬，曾任杭州詁經精舍監院。太炎十一、二歲時曾從外祖父朱有虔受業，聞太平天國事，而知滿漢民族大義；讀《東華錄》、《明季稗史》，而知揚州、嘉定、戴名世、曾靜之事，遂有仇滿意識。二十歲以後赴詁經精舍，受業於俞樾。七年後離去，從此東西奔走，辦報撰文，倡言革命。光緒二十九至三十一年（1903-1905），因在上海《蘇報》發表〈駁康有為論革命書〉，被清廷於租界起訴，入獄三年。出獄後三赴日本，主編《民報》，並開辦「國學講習會」。民國建立後，太炎支持袁世凱，任東三省籌邊使。刺宋案發生後，太炎漸由批袁而反袁，民國二年八月入京勸止袁氏稱帝，又遭囚禁

三年。此後太炎政治活動，計有擁護法軍政府、反三蠹（臨時約法、
元首、國會）擴權，反共產黨。晚年因參與軍閥孫傳芳所籌辦的恢
復禮教活動，遭到學界批評。太炎著述豐富，除大量政論文字外，
重要的著作計有《訄書》、《國故論衡》、《齊物論釋》、《檢論》、
《菿漢微言》、《菿漢昌言》等。

心性高傲的章太炎，少時讀的是儒書；二十三歲赴杭州詁經精
舍受業於大儒俞樾，所學大體亦不出儒學之外。[76]他說：

> 二十歲在餘杭，談論每過儕輩。忖路徑近曲園先生，乃入詁
> 經精舍，陳說者再，先生率未許。後先生問：「《禮記》〈明
> 堂位〉有虞氏官五十、夏后氏官百、殷二百、周三百，鄭《注》：
> 『周三百六十官。此云三百者，記時〈冬官〉亡也。』〈冬
> 官〉亡於漢初，周末尚存，何鄭《注》謂〈冬官〉亡乎？」
> 余謂：「〈王制〉三卿五大夫，據孔《疏》，諸侯不立冢宰、
> 宗伯、司寇之官，有小司徒、小司寇、小司空、小司馬、小
> 卿而無小宗伯，故大夫之數為五而非六，依《周禮》，當減
> 三百之數，與〈冬官〉存否無涉也。」先生稱善。[77]

---

76 太炎於 1922 年 6 月有〈致柳翼謀書〉，其中提及「鄙人少年本治樸學，
　　亦唯專信古文經典，與長素輩為道背馳。其後深惡長素孔教之說，遂至激
　　而詆孔。中年以後，古文經典篤信如故，至詆孔則絕口不談。亦由平情斟
　　論，深知孔子之道，非長素輩所能附會也。」（《史地學報》第 1 卷第 4
　　期）則太炎中年雖然倡諸子學，但實亦未嘗存心反對儒學。
77 諸祖耿：〈記先師章公自述治學之功夫及走向〉。

俞樾初次與太炎見面時的問答，頗有考驗太炎的意思，而內容不出乎經義。事實上，太炎在詁經精舍最早接受的亦是讀經訓練。《詁經精舍課藝》第七集收錄光緒十六至十九年的讀經文章；第八集則收錄光緒二十至二十二年的，可以為證。可以說，太炎所受的是最正統的乾嘉經史考據的訓練。這從他對於俞樾治學的膽大心細十分景仰與敬佩，可以知悉：

> 然（先生）治《春秋》，頗右公羊氏，蓋得之翔鳳云。為學無常師，左右采獲，深疾守家法、違實錄者。說經好改字。末年自敕為《經說》十六卷，多與前異。章炳麟讀《左氏昭十七年傳》：「其居火也久矣，其與不然乎？」證以《論衡》〈變動篇〉云：「燐然之气見，宋、衛、陳、鄭災。」說曰：「不然者，林然之誤，借林為燐。」先生曰：「雖夠善，不可以訓。」其審諦如此。[78]

不過正如前文所說的，乾嘉學者以治經的方法治諸子學，在王念孫早已得到實踐，而受王念孫影響、撰著《諸子平議》的俞樾，對太炎必然有著深遠的影響。光緒十七年太炎開始做讀書筆記，就是現存的太炎未刊稿中的《膏蘭室札記》，今存三卷，凡四百七十四條。所收錄的屬於經部的有《易》、《書》、《尚書大傳》、《儀禮》、《周禮》、《大戴禮記》、《禮記》、《爾雅》、《白虎通義》等；小學方面有《說文解字》、《廣韻》、《訓纂》等；諸子則有《管

78　章太炎：《太炎文錄初編》卷二〈俞先生傳〉，《章太炎全集（四）》，頁 211。

子》、《墨子》、《莊子》、《晏子春秋》、《淮南子》、《揚子法言》、《尸子》、《列子》、《文子》、《商君書》等等。另外還有《詩》、《騷》及諸史等。此可見太炎追隨俞樾治學，在治經學的同時，也研讀了大量的諸子書。

不過我們從《膏蘭室札記》的內容，也必須承認年輕時的太炎，仍然是沿用王念孫和俞樾所運用的從訓詁、校勘、聲音、文字、本經自證等研治經書的方法，來研究諸子書。他在 1901 年著〈徵信論〉，廣引莊子、韓非、老子、荀子等學說，闡發無徵不信的道理，突破了乾嘉以降舊的研究晚周諸子的方法。1906 年他在日本開辦「國學講習會」，評論諸子學說，更極精細而嚴格地批判了九流十家。該文曾於第 20 及 21 期《國粹學報》刊登，題目為〈諸子學略說〉。全文首先抉發周秦諸子「推跡古初，承受師法，各為獨立，無援引攀附之事。雖同在一家者，猶且矜己自貴，不相通融」，稱讚周秦諸子完全沒有那種普遍存在於中國思想史的「汗漫」的弊病。繼而論述孔子（儒家）、老子、莊子（道家）、墨子、陰陽家、縱橫家、法家、名家、雜家、農家、小說家，其中論述每一子的特質，以及諸子彼此之間的同異。結論中太炎作出斷語說：

> 儒道本同源而異流，與雜家、縱橫家合為一類。墨家、陰陽家為一類，農家、小說家為一類，法家、名家各自獨立，特有其相通者。[79]

79　朱維錚、姜義華編：《章太炎選集》，頁 399。

其後太炎於 1913 年撰《齊物論釋》。這是太炎平生極為得意的作品。據當代學者的研究，太炎對於西方平等思想的鼻祖盧梭十分崇敬，但他卻不是一味地引述西方，而是回到晚周諸子書中尋找，而發現莊子「齊物文旨，華妙難知」，較諸孔孟為高，宋明而下無足論，而且他曾一度醉心的印度佛學，太炎亦認為不及莊子。他於兩年後（1915）發表《齊物論釋定本》後，又在〈菿漢微言跋〉中自述平生思想變遷的過程，說：

> 少時治經，謹守樸學，所疏通證明者，在文字、器數之間。雖嘗博觀諸子，略識微言，亦隨順舊義耳。遭世衰微，不忘經國，尋求政術，歷覽前史，獨於荀卿、韓非所說，謂不可易。自餘閎眇之旨，未暇深察。[80]

這段話清楚地說明了太炎少年時所受的是經學疏通名物的訓練（雄按：文字所謂「名」，器數所謂「物」），而當時他已經博觀諸子，自然也是像《膏蘭室札記》所顯示的那樣，是做的疏通文字器數的功夫。但太炎雖然於諸子書「隨順舊義」，仍然懂得在「遭世衰微，不忘經國，尋求政術」的時候，進入諸子學的世界去溯源求義諦，「獨於荀卿、韓非所說，謂不可易」。在諸子學之中，他終於發現莊子的奧義，說：

> 卻後為諸生說《莊子》，間以郭義數釋，多不愜心。旦夕比度，遂有所得。端居深觀而釋〈齊物〉，乃與瑜珈、華嚴相

會，所謂摩尼見光，隨見異色；因陀帝網，攝入無礙，獨有
莊生明之，而今始探其妙。千載之秘，睹于一曙。次及荀卿、
墨翟，莫不抽其微言，以為仲尼之功，賢於堯舜，其玄遠終
不敢望老、莊矣。[81]

從這段文字中，我們清楚地看出他對莊子思想的崇敬。當然，太炎
的畢生思想的轉變和定論如何，並不是本文的重點，我想說明的
是，在他自認獲得莊子思想的奧義以後，他並不以此為滿足，而是
將莊的思想與孔子、老子、荀卿、墨子等諸子思想合起來比較參
詳，甚至宋明以降「程、朱、陸、王之儔」、「王弼、蔡謨、孫綽、
李充」等學者，亦一一藉由先秦諸子學說的準則而得其位階。然則
太炎平生治學雖以儒學儒書入門，最終卻是得力於諸子學說，而又
能將儒學諸子學，彼此會通比較，建立他自己的思想。關於這個問
題，限於篇幅，未來我擬以專文討論。

十、結論

清代儒者的會通思想，與清代歷史環境的轉變是一致的。清代
初年儒者的會通思想分為兩個方向：一種是像方以智那樣，依循理
學時期原有那種縱橫天地的思考，而稍加修正（轉為重視「質測」
的實物研究）；另一種則是像顧炎武、毛奇齡等學者，以文獻為主
要研究會通對象的模式。稍晚全祖望面對朱陸異同在清初學術界與

81　同前注，頁 589-590。

政治界的負面影響，而提出「去短集長」的會通宗旨，冀能消融學術、政治和部族的分歧。再稍晚而至乾嘉全盛時期，章學誠針對考據纂輯、近於補苴纍績的治學風氣，提出切近現實、溯源歷史的會通思想。晚清初期，經學已臻極盛而國家衰象漸呈，經學家以研究經學的微觀方法來研究諸子學，也有許多學者從宏觀的角度提倡諸子學。學者漸漸將經學和儒學會通到諸子學上。

　　我之所以認為清代儒學家這種共同的會通精神可以稱之為一種思想或思潮，主要因為有清二百多年來的學者雖然活動的年代不同，也沒有共同的約定，卻非常一致地體現出打破固有樊籬、跨越不同領域、不同價值體系的思想傾向。這對於生當後世的我們來說，固然不能說這是一種歷史的必然，但也不能說是一種偶然。這種思想傾向的歷史源頭在哪裡，並不是本文所能探討的，不過卻值得每一位清代儒學的研究者深思。

伍、中國方志學的跨世紀展望[1]

一、前言

　　中國歷代的方志（gazetteers, local history）數量極多。自十七至十九世紀，方志的數量激增，方志的研究與纂修也成為專門的學問。二十世紀初，傅振倫、李泰棻、王棻、黎錦熙等學者嘗試將社會學、地理學、統計學等各種新的學術觀念與方法，和乾嘉學者章學誠的方志學理論部分融合，努力地建構新的方志學，使新舊並昌，促成了傳統中國方志學跨世紀的突破性轉化。1949 年海峽兩岸分治以後的五十年之中，中國大陸的學者承繼了二十世紀初的傳統，方志學的發展與研究獲得許多成果；臺灣方面，也修成了數十部方志，但在方志學的討論與研究方面，則顯得比較少。

　　相對於朝代史而言，方志較集中地保存了地方的歷史、民俗、制度、人物等資料，傳統方志學家也研究如何利用特殊而妥適的體裁，透過資料的剪裁與安排，來呈現該地方的文化的特質。傳統方

1　本文原發表於喜瑪拉雅基金會、中國哲學與文化研究基金會、史丹福大學亞洲語言學系合辦「第二屆中華文明的二十一世紀新意義學術研討會」（美國史丹福大學，2001 年 3 月 31 日至 4 月 1 日）。

志的功能,一向是在中國大一統思想的指導下,以表現「特殊性」為主的。面對二十一世紀的來臨,在過去二十年全球資訊和交通技術突飛猛進的影響下,整個世界的距離縮短了,許多原本頗能「遺世獨立」的住民,尤其是偏遠地區少數民族,其獨特的語言文化和生活方式,都受到全球化趨勢的嚴重衝擊,而致不容易保存。在這種情況下,方志如何能夠繼續發揮「保存特定地域文化特質」的功能,而又能同時透顯此特質與中國文化之間的關係;亦即使具「特殊性」的地方志與具「普遍性」的中華文化主流維持一種既有區隔性又有連繫性的關係,成為非常重要的課題。而這也是本文要討論的重點之一。

個人早年讀書治學,偶翻閱方志書,亦僅視為可供利用的參考資料而已。及至研究清代史學家兼方志學專家章學誠,才開始涉獵方志學。1994-1995 年我赴西雅圖華盛頓大學訪問,隨康達維教授(Professor David R. Knechtges)做研究,期間發見文學院東亞圖書館(East Asian Library)庋藏許多中國西南地區的地方志,塵封於書庫內,幾無人聞問。於是逐一檢讀,並與清代方志專家的理論相印證,獲得許多啟發,訪問結束時,並將整理之目錄交給副館長吳燕美女士。1996 年第十三屆國際亞洲史學家學會(13th IAHA)於曼谷舉行,我在會議中宣讀了"The Influence of Chang Hsueh-cheng's theory on the study of gazetteers in the early 20th century China"一文,第一次討論到方志學跨世紀(十九世紀至二十世紀)的問題。來自英國、日本史學界的朋友在會後都對我表示於中國方志學感到很高的興趣。然而,自愧平生未曾編纂過一部志書,缺乏實務經驗,僅藉本文以獻一得之愚,非敢謂於方志學有所發明。讀者幸諒之。

二、清代方志學的兩個基礎問題

　　本文從中國文化的觀點討論中國方志學，而首論清代方志學。現存於世界各庋藏單位的方志計約八千餘種，其中有六千餘種編修於清代，約佔方志書總數百分之八十。方志學的奠立，就在清代。討論現今及未來方志學發展許多相關的問題，都不能不追溯到清代。

　　另方面，本文以「跨世紀的展望」為題。「跨世紀」者，既指二十世紀邁入二十一世紀；而就方志學而言，則又不能不回顧到十九世紀邁入二十世紀的前一個「跨世紀」階段。原因在於，方志學的奠基固在清代，真正成為一門具獨立性的學科，卻是在二十世紀初。因此，以二十、廿一世紀之交的方志學發展，與十九、二十世紀之交作一對照，是可以給予我們若干重要的啟示的。

（一）方志的本質

　　我們時常提及「方志」，究竟「方志」是什麼呢？未來我們若仍要編纂方志、研究方志、提倡方志學，那麼我們應該視「方志」為什麼性質的書籍呢？關於這個問題，我們必須從一個歷史發展的角度，先了解方志在中國傳統文化中所扮演的角色。關於方志的來源，歷來有很多種不同的說法，就宏觀而言又可以歸納為三種，即方志為古國史、方志為地理書、方志為地方政書。

　　關於第一種「方志」源出於古國史說。按：《周禮‧春官》稱「外史掌四方之志」，又稱「小史掌邦國之志」；《地官》稱「誦訓，掌道方志，以詔觀事」，孫詒讓《疏》稱：

　　方志即外史所掌四方之志，所以識記久遠掌故，外史掌其書。

《周禮》一書固然不是全部周朝制度的紀錄，其中也有包含若干理想色彩，但其中所反映的必然也有周朝制度的部分。照孫詒讓的解釋，方志是地方史，但在古代封建社會，地方史也是國家史官的職責。就如劉知幾《史通·六家》引《墨子》佚文有所謂「百國《春秋》」，百國各有其《春秋》，相對上周天子也有其《春秋》。可以說，古代中國的方志，若從「地方史」的觀念理解，所謂「地方」與「中央」的觀念是既相對而又有聯繫的，方志與朝代史是維持緊密關係的。

　　關於第二種認為方志源出於地理書或地圖的意見，1978 年河北平山縣出土了距今兩千二百多年的戰國時代中山國的銅質圖版，其形體長九十五公分，寬四十八公分，厚一公分，上有金絲縷嵌的線劃、符號和數字，大陸的方志學家稱之為「兆域圖」，認為這是目前現存最早的地圖。不過該圖版並沒有文字，和先秦經史文獻在本質上還有一段距離。過去若干方志學家指出《尚書·禹貢》等於是一篇古老的全國性區域志，這是較合理的理解。除了《禹貢》外，《漢書·地理志》也受到許多地理派的方志學家所重視，尤其《地理志》中發揚了古老傳統的「星野」觀念，將地理分佈與天文（星座）分佈視為彼此相關的整體，更成為後世方志所恪遵的要點。方志書中往往有「星野」、「分野」一門，即承繼這個傳統而來。漢以後至於魏晉時期，地理書的撰著十分蓬勃。《隋書·經籍志》載錄了一本已佚失的地理書《畿服經》，說：

　　晉世，摯虞依《禹貢》、《周官》，作《畿服經》。其州郡

及縣、分野、封略、事業、國邑、山陵、水泉、鄉、亭、城、
道里、土田、民物、風俗、先賢、舊好，靡不具悉，凡一百
七十卷，今亡。

《畿服經》既源出於《禹貢》和《周官》，則可見古代中國對於紀
錄方域地理資料是十分重視的。較《畿服經》更早的有《山海經》，
原書應該有圖，《隋書·經籍志》載錄《山海經圖讚》二卷、以及
陶淵明詩有「流觀山海圖」一語可證。爾後還有《太平寰宇記》一
書，被視為後世方志之祖。《四庫全書總目》稱：

古之地志，載方域、山川、風俗、物產而已，其書今不可見。
然《禹貢》、《周禮·職方氏》，其大較矣。《元和郡縣志》
頗涉古跡，蓋用《山海經》例。《太平寰宇記》增以人物，
又偶及藝文，於是為州縣志書之濫觴。元明以後，體例相沿，
列傳侔乎家牒，藝文溢於總集，末大於本，而輿圖反若附錄。

依照紀昀的講法，古之方志是以地理輿圖為「本」，史書的主體如
列傳、藝文一類反為「末」。這是典型的地理派的觀點。根據《隋
書·經籍志》的記載，早在南齊時代就有陸澄編成《地理書》一百
四十九卷，稍後梁朝任昉又在這基礎上增加了八十四家，編成《地
記》二百五十二卷。陳朝時，顧野王「抄撰眾家之言」，作《輿地
志》。至隋朝時這一類著作更多：

隋大業中，普詔天下諸郡，條其風俗物產地圖，上于尚書，
故隋代有《諸郡物產土俗記》一百三十一卷，《區宇圖志》

一百二十九卷，《諸州圖經集》一百卷，其餘記注甚眾。[2]

《隋志》所記的這些地理書，大部分都沒有流傳下來。但中國傳統重視地理的意識並未稍減。元世祖至元二十三年（1286）大學士札馬拉鼎奏請編輯《一統志》，是中國歷史上首次編纂《一統志》，凡五年而書成，共 755 卷，名為《大一統志》。後又得《雲南圖志》、《甘肅圖志》和《遼陽圖志》，因又重修，至成宗大德七年（1303）書成，共 1,000 卷，易名為《大元大一統志》，其中就包括了不少的《圖志》，突顯地圖的重要性，可見其時方志書的重視地理。方志涉及地方，而中國傳統人文學科又極重視地理，我們試觀覽歷朝正史《藝文志》以及《文獻通考》、《通志·藝文略》及各種私人編輯的書目，地理類通常都置於史部類目之中，則史、志和地理書之間關係之密切可知。

第三種意見認為方志是一方之政書。此種意見在清代亦屬常見。原本中國傳統的儒者就認為方志與地方風俗教化有重大關係，如王源《居業堂文集》〈再與康孟謀論修部志書〉即稱方志的九個重要性：

> 山川土田之高下具焉，遠近險易之形勢辨焉，建國分疆畫井之道存焉，生齒之數詳焉，物產之宜別焉，風俗之剛柔、美惡、勤惰、文野分焉，控制四方之權術寓焉，戰守奇正之兵法生焉，溝洫畎澮川浸湖海之用備焉。[3]

2　《隋書》卷三十三「經籍志二」。

3　王源：《居業堂文集》，卷8，頁18。

王源這種實用的觀點，基本上已經將方志對施政實務的重要性很周延地說明了。方志對行政如斯重要，毋怪乎清朝廷認為它是地方官員必須戮力從事的工作，甚至修志績效卓著的官員也可以得到更好的升遷機會。如雍正六年（1728）十一月二十八日上諭，其中提到各地修志的問題，說：

> 本朝名宦人物，各省志書既多缺略；即有采錄，又不無冒濫，必詳查確核，采其行義跡卓然可傳者，方足以勵俗維風，信今傳後。……如所纂之書，果能精詳公當，而又速成，著將撫等官，俱交部議敘；倘時日既延，而所纂之書，又草率濫略，……亦即從重處分。……其本朝人物一項著照所請，將各省所有名宦、鄉賢、孝子、節婦一應事實，即詳查確實，先行匯送「一統志館」，以便增輯成書。

在我個人檢讀的許多方志中，大部分修纂者都是地方官員。他們在〈敘〉、〈跋〉或〈凡例〉中往往都提及他們蒞任後為了解當地風土物產人情鄉曲，都須覓既有的方志閱讀，亦往往因舊志無法反映新的情況，而必募款集資，編修新志，以作為其個人在任的政績。因此我們可以說，在歷史派和地理派強烈對立，爭論不休時，「方志」為一方政書的意見，反而反映了大部分修志官員的心態。

以上三種意見，時而引起關於方志的本質問題的爭議。爭議是良性、正常的現象，反映了方志學發展趨於成熟的階段。

（二）方志的體例

方志學奠基於清代乾嘉時期，距今已有三百年左右。在這三百

年間方志的體例，一直是最重要的問題之一；未來方志學繼續發展，體例也將是重要的課題。

傳統中國方志的體例名稱很多，單單「志」本身，即有「一統志」、「總志」、「通志」、「郡縣志」、「合志」、「鄉土志」、「都邑志」、「邊鎮志」、「府志」、「廳志」、「山志」等十餘種。至於方志的名稱，則計有「風土記」、「略」、「志略」、「記」、「繫」、「考」、「圖經」、「乘」、「舊聞考」等。體例方面，最常被採用的有「門目體」、「綱目體」、「紀傳體」、「三寶體」、「三書體」、「編年體」等。

中國自明初即有政府頒訂的方志體例。永樂十六年（1418）朝廷頒〈纂修志書凡例〉，列十六門目。「門目體」基本上是平行地區分類別，所有材料按門目名稱歸類。不過明朝的方志並不都遵守這種體式，顯然永樂十六年所頒〈凡例〉並沒有強制性。到了清朝順治十八年（1661）河南巡撫賈漢復修成《河南通志》，共五十卷，分為三十門目，幾乎為明頒志例的兩倍。[4] 這部《河志》被朝廷訂為省志的統一體式。稍後於雍正十三年（1735）由田文鏡、嵇曾筠繼修完峻的《河南通志》，雖然只增為八十卷，門目卻增加至四十三個。[5] 較賈漢復《志》多十三門，幾乎是明初方志〈凡例〉

4　賈漢復撰《河南通志》，共五十卷，三十門目，幾乎為明頒志例的兩倍，分別為：圖考、沿革、星野、疆域、山川、風俗、城池、河防、封建、戶口、田賦、物產、職官、公署、學校、選舉、祠祀、陵墓、古跡、帝王、名官、人物、孝義、列女、流寓、隱逸、仙釋、方技、藝文、雜辨。

5　雍正十三年（1735）由田文鏡、嵇曾筠繼修完峻的《河南通志》，雖然只增為八十卷，門目更增加至四十三，分別為：聖制、輿圖、沿革（附表）、

的三倍。[6]門目愈來愈多，表示內容的分類愈來愈細。這種型態的
方志既成為當時省志的程式，新修的府、州、縣志也多沿用，成
為一股潮流。但其中存在著兩個問題。其一是門目繁多，無所統
攝；[7]第二是類別區分不合理。門目體使讀者從所列的門目名稱直

星野、疆域、山川、城池、禮樂、兵制、河防、水利、封建、田賦、戶口、
漕運、鹽課、郵傳、風俗、物產、職官、公署、倉庾、學校、選舉、祠祀、
陵墓、寺觀、古蹟、帝王、名宦、人物、理學、儒林、忠烈、孝義、文苑、
隱逸、列女、流寓、仙釋、方伎、藝文、辨疑。

6　《中國方志大辭典》提到賈漢復《河南通志》有圖三十一，例二十（頁
　　285）。來新夏著《方志學概論》第二章第四節「清代的方志」所列出賈
　　漢復《河南通志》四十三門目的名稱，其實是田文鏡雍正十三年增修本的
　　門目，而不是賈漢復本的體例。一般方志都會將當地修過的方志名稱、纂
　　修者、卷數略作介紹，而田氏增修本竟並沒將嘉靖本、順治本和康熙本（纂
　　修於康熙三十四年，由顧汧據賈漢復本修訂而成，亦是五十卷三十門目）
　　的《河南通志》稍作介紹，是其缺點。又據《中國方志學大辭典》「康熙
　　陝西通志」條，賈漢復本《陝西通志》為三十二卷，卷首三卷，共四十三
　　門目（頁183）。這也可能是來新夏將賈本《河南通志》誤為四十三門的
　　原因之一。參來新夏：《方志學概論》，頁86。
7　來新夏《方志學概論》說：「『門目體』，其典型代表是順治年間賈漢復
　　纂修的《河南通志》。……由於康熙間開館修《明史》，特命督撫各修省
　　志，規定以賈志的成式為準；雍正間又重申前令，所以各省、府、州、縣
　　志，模仿賈志的體例，一時成為風尚。如錢見龍、吳樸的《泰興縣志》，
　　章曾印、曾卓的《常熟縣志》、……都一脈相承。這樣並列門目，無所統
　　攝，其缺陷是很顯然的。所以，發展到清中葉以後，這種體例，自然地漸
　　被淘汰。」來新夏《方志學概論》第二章第四節「清代的方志」，頁86。
　　傅振倫《中國方志學通論》批評賈漢復《河南通志》說：「駢列名目，無
　　所統攝，體近簿書，非著作之體，所修《陝西通志》亦然。然清初諸府縣
　　志，多奉為法式，率不總以綱。」（頁34）

接了解到該部分的實質內容，是其長處。這可能是明清兩朝朝廷取為定式的原因；但門目的數目一多，全書結構就鬆散。而其中的不合理處，以賈漢復和田文鏡兩部《河志》為例，「人物」以外，又有孝義、列女、流寓、隱逸，則孝、列、義、隱之流，豈能說不是「人物」？被列入「人物」的人仕又豈能說都不配稱孝、列？[8]雍正九年（1731）始編、乾隆元年（1736）成書的《江南通志》（雄按：即江蘇省省志），共六十八門目，較賈漢復《河志》又多出一部有餘。由於門目過多，編修者也意識到其中的缺失，遂建立輿地、河渠、食貨、學校、武備、職官、選舉、人物、藝文、雜項等十「志」來統轄這六十八門目，成為綱舉目張的綱目體。其中各類的人物都列入「人物」一門中，解決了兩《河志》存在的缺失。[9]

　　門目體在清初發展了一段時間後，學者窮極思變，開始採用新的形式，例如改用綱目體（即設立少數的綱領統轄多數的門目）。[10]

8　傳統所稱「列女」或作「烈女」，義不相同。依照《後漢書》的本義，「列」是敘列而非節烈之意；後世方志則多以節烈訓解「列女」的「列」字。

9　朝廷的命令其實並無強制性，如雍正九年（1731）始編、乾隆元年（1736）成書的《江南通志》（即江蘇省志），就建立了輿地、河渠、食貨、學校、武備、職官、選舉、人物、藝文、雜類等十「志」（即十綱領）來統轄六十八門目，和《河南通志》並不相同。

10　來新夏《方志學概論》：「清代方志的體例主要有三類：一是門目體，其典型代表是順治年間賈漢復纂修的《河南通志》。……第二類是紀傳體，分紀、表、志、傳、略、錄等門，記帝王用紀，人物用傳，宦績用錄，輿地、藝文用志，輔之以略，其他細碎之事，用表來標明。如光緒年間李鴻章主修的《畿輔通志》三百卷。……第三類為三書體，創始人為章學誠。章學誠主張將方志分為志、掌故、文徵三部分：志是著述，採用紀傳體；掌故和文徵是資料匯編，分別匯輯簿書案牘和各體詩文。另外，將異聞雜

門目體一變而為綱目體，綱目體的種類也很多。如嘉慶十六年（1811）姚鼐總纂的《江寧府志》，立二十一門，門數略少於《河南》、《陝西》等志，以「建置」統領城池、行宮，以「武備」統領兵制、江防，以「人物」統領儒林、敦行、忠義、仕績、隱逸、流寓、列女等，既不襲用正史紀傳的名稱，亦稍可減低門目體繁雜的毛病。

門目體以外，還有紀傳體，如光緒十年（1884）李鴻章修、黃彭年修《畿輔通志》三百卷，為紀傳體之鉅著，以紀、表、志、傳、略、錄，統領十八門。紀傳體的出現，引起了一個問題：方志的體裁，是否應該與正史有所區別，而不應襲用紀傳體的名目？其實從《畿志》的〈凡例〉來看，編纂者直率表示他們接受謝啟昆《廣西通志》的體式。《廣西通志》並沒有立「紀」而《畿志》則有之，主要是因為該地區為「畿輔」，是國家的首都所在，編纂者顯然藉此故意襲用正史體裁，來提高其地位與形象。

就門目體而言，目類繁多的情況既被方志學家注意，則除了改良為綱目體外，沿用門目體的方志，也盡量減少目類，以求簡明。

說編為『叢談』。三書體的代表作是章學誠的《湖北通志》。」（頁86-87）
按：來新夏謂《畿輔通志》與正史「紀傳體」一樣，不確。《畿輔通志》所立的「紀」，包括詔諭、宸章、京師、陵寢、行宮等，和正史的紀實不相同，其餘立表、志、傳、略、錄等名稱，是因為《畿志》範圍屬於京畿，故僭用正史的名稱，提高其書的形象地位而已，模仿正史並不等於是正史，故不宜舉《畿志》為例，特立紀傳體為一類，此其一；《畿志》所用的體例頗特殊，並沒有其他的方志採用，沒有理由獨立為一類，此其二。《畿志》實用綱目體，而以「紀傳」作為綱領的名稱。再者，綱目體可以包括紀傳體，而紀傳體卻不能包括綱領不稱紀傳的綱目體方志。

如乾隆八年（1743）纂修成的《大清一統志》，全書統一體例，各
省府州縣除圖表外，均立二十一門[11]，較賈漢復《河南通志》的四
十三門減去超過一半。其他如《口北三廳志》（成於乾隆二十三年
〔1758〕）有十八門、《汾州府志》（成於乾隆三十六年〔1771〕）
有二十九門、《熱河志》（成於乾隆四十六年〔1781〕）有二十門、
《大同府志》（成於乾隆四十七年〔1782〕）有二十二門。嘉慶、
道光以後，堅持用門目體的方志仍然是有的[12]，雖然為數不少，並
沒有像來新夏所說的「漸被淘汰」，但也顯示在清中葉以後大勢衰
減。至於門目的數量，編撰者也知有所縮減，如《吉林通志》（成
於光緒二十三年〔1897〕）二十三門，同治十年（1866）俞樾
（1821-1906）所纂著名的《上海縣志》立二十門目[13]，都沒有超過
三十個門目的[14]。這充分顯示了方志學在清代的進步。

---

11 《大清一統志》：「是書初於乾隆八年纂輯成書，每省皆先立統部，冠以
    圖表，首分野，次建置沿革，次形勢，次職官，次戶口，次田賦，次名宦，
    皆統括一省者也。其諸府及直隸州，又各立一表，所屬諸縣繫焉。皆首分
    野、次建置沿革、次形勢、次風俗、次城池、次學校、次戶口、次田賦、
    次山川、次古蹟、次關隘、次津梁、次堤堰、次陵墓、次寺觀、次名宦、
    次人物、次流寓、次列女、次仙釋、次土產，各分二十一門，共成三百四
    十二卷，而外藩及朝貢諸國，別附錄焉。」（光緒丁酉夏杭州竹簡齋石印
    本，頁1）

12 《濟南府志》〈凡例〉：「山東省郡縣志百餘部，體例不一，以施愚山《登
    州府志》為善本。其例言謂『直列條目，不用更立綱領，較為近古』。」
    較為近古，似乎不是很強的理由，但卻說明了某些學者對門目體的偏好。

13 圖說、疆域、建置、水道、田賦、物產、學校、祠祀、兵防、職官、名宦、
    選舉、人物、藝術、游寓、列女、藝文、名跡、雜記、敘錄。《中國方志

前引姚鼐《江寧府志》立二十一門，固然較一般繁雜的門目體志書為佳；但以門目統轄門目，名稱錯雜，亦未臻完善。真正針對門目體有所改善的，是出現在乾嘉時期的綱目體，率先運用在實務之上、而又有精嚴理論創發的是章學誠。章氏視方志為「古國史」，以史學的觀點，而有〈方志立三書議〉一文，提出方志應該立「志」、「掌故」和「文徵」三書，所謂「仿紀傳正史之體而作志，仿律令典例之體而作掌故，仿《文選》、《文苑》之體而作文徵」[15]。這種特殊的意見被方志學家稱之為「三書體」。三書體是綱目體的另一種變體，依章氏的見解，除三書外尚有「叢談」，實不止三書而已。

由於乾嘉時期考據學大盛，以考據取向為主的地理派也成為方志學的主流。章學誠的方志學理論以歷史觀念和方法為主，以文獻而不以地理沿革為重，因此在當時的認同者也不多。然而章氏的理念在清末民初卻引起極大的影響，方志學者如傅振倫、黎錦熙等甚至認為章氏為中國方志學的奠基者。其實在章氏同時的廣西巡撫謝啟昆，已經受到章氏的影響。謝啟昆在廣西時編成《廣西通志》，成為清中葉名氣最大的方志。卷首有一篇很長的〈敘例〉，詳細地討論了方志義例的相關問題，言之有物。它設立一典、四表、九略、二錄、六列傳，統轄共二十二個門目，既避免了門目體平列門目的

大辭典》評為：「為清代最後一部上海縣志，出自名家之手，體例賅備，搜羅豐富。」（頁 139）

14　惟重修於宣統二年的《陝西通志》和《河南通志》，前者有三十二目，後者四十三目，呈現倒退的現象，不過此二志並非出於名家。

15　章學誠：《方志略例》，《章氏遺書》卷十四，頁 274-277。

瑣碎之病，又沒有紀傳體僭用正史體例之弊，較諸《江寧府志》以
門目統門目為進步，是一種綱舉目張、分門得當的體裁。難怪阮元
修《廣東通志》時，明白宣稱沿用謝氏《廣西通志》的體例。

三、二十世紀中國方志學的分期與分途

（一）第一期（1949 年以前）：新方志學的奠基

　　清代纂修方志的名家很多，但窮畢生之力浸淫於方志實務、又
有系統的學術理論者，當以章學誠居首席。二十世紀初適值中國新
方志學的奠基，史學界（如胡適、梁啟超）和方志學界幾乎一致地
推崇章氏為中國方志理論的奠基者。其時方志學家或承繼發揚章氏
的理論，或有意與章氏別異，但大家不約而同的是：論方志不能不
提及章氏的理論。這顯示二十世紀初的方志學，基本上是可以向上
和清代的優良傳統接軌的。

　　方志學的傳統雖古老，但如前文所述，它真正奠立是在清代，
因此嚴格來說是一門年輕的學科。二十世紀初的方志學家一方面努
力地承繼清代方志學的成果與傳統，如蔣夢麟於民國十八年在浙江
省政府提議方志新體例時，提出廢止舊例，建立「省史」、「年鑑」、
「專門調查」三書。這個意見，被認為是從章學誠「方志立三書」
的觀念轉化出來的。

　　在承繼傳統之餘，方志學家又努力地想擺脫清人的範疇，以因
應中國於二十世紀初急遽改變的社會政經形勢，建立新的典範。這
種心情體現在方志學理論的開展上，就是學者勇於批評章學誠方志

理論，突顯與章氏之「異」。如黎錦熙[16]於 1938 年編修《城固縣志》在「城固續修縣志委員會」領導下主編《城固縣志續修工作方案》，後輯為《方志今議》一書。該書「八」「纂修總例」說：

> 每篇之首，宜冠「小序」（原注：民國《川沙縣志》名曰「概述」，其〈導言〉云：「有類實齋所為〈序例〉，而實不同。蓋重在簡略說明本志內容之大要，而不盡闡明義例也。將使手此書者，讀「概述」後，進而瀏覽全文，其繁者可以用志不紛，其簡者亦將夫闕焉而有得，或竟不及讀全文而大致了了。」今採此例），篇成乃作，一人為之，務能提要鉤玄，不蔓不枝，文采斐然，雅俗共賞。

每篇篇首冠以「小序」或「概述」的方式確實是源於章學誠〈序例〉的構思。黎氏既承認受到章學誠的啟發，又強調自己與章氏「實不同」，其實「將使手此書者」以下的一段文字，基本上仍然沒有脫離章學誠理論的範疇。他在《方志今議》中又批評章氏「乘二便、盡三長、去五難、除八忌、立四體以歸四要」的理論，認為時移世異，已不適用，而自己另提出「明三術，立兩標，廣四用，破四障」等原則。黎氏提出新的理論，我認為其主要的用意原不在於想打倒章學誠，而是為了要強調建構方志學為屬於新時代的獨立學科而已。

---

16 黎錦熙字劭西，湖南湘潭人，曾在陝西主持編修《城固縣志》、《同官縣志》、《洛川縣志》、《黃陵縣志》、《宜川縣志》。1949 年後任北京師範大學教授、文學院院長。

　　二十世紀初著名的方志學家輩出，其中主流的觀念，是一方面
著意於突顯清人修志的業績、又進而提倡建構方志為獨立學科。這
方面的代表人物是梁啟超，其著作除了《中國近三百年學術史》中
「整理舊學之總成績——方志學」一節外，又有〈說方志〉、〈龍
游縣志序〉等。另一人則是傅振倫。二十世紀方志學的發展中，傅
氏的影響頗大。他曾編著《新河縣志》，有實務經驗，又著《中國
史志論叢》、《中國方志學通論》[17]等，此外尚撰有舊方志提要、
新編方志序跋和方志學論說等文章計三百餘篇，其中已發表的有百
餘編。已出版的論著計有《中國方志學》、《傅振倫方志文存》、
《傅振倫方志論著選》等。他的《中國方志學通論》，全力提出方
志學為一門獨立的具有科學方法的學科。他仔細地追溯傳統地理
派、歷史派、政書派等各種方志學的意見，探尋方志在中國古代的
各個源頭，並精細地分別討論方志的性質、功用、體例、流變等各
方面的問題。對於方志學範疇的確立，貢獻很大。

　　使方志學成為獨立學科是當時方志學界的一個大方向。在這個
大方向下，出現了很多核心的議題，第一個最重要的議題是「史志
異同」，凡討論方志學的學者必不能迴避。究竟方志和史書、方志
學和史學彼此之間的關係應該如何認定呢？梁啟超認為「史之縮
本，則地志也」[18]，又認為方志可以看出「各地方分化發展之跡」[19]。
瞿宣穎認為歷史本就「非如幾何之直線，但有長度而無寬度」，方

17　上海：商務印書館，1935 年。後增訂出版，易名為《中國方志學》。

18　梁啟超：《清代學術概論》十四，頁 45。

19　梁啟超：《中國近三百年學術史》十五「清代學者整理舊學之總成績」，
　　頁 441。

志強調地方，具備「縱貫與橫剖之象」[20]。傅振倫認為「方志為記
述一域地理及史事之書」。黎錦熙「立兩標」的理論，即「地志之
歷史化，歷史之地志化」，將章學誠「志乃史體」的概念，轉化成
「方志為物，史地兩性，兼而有之」，此一主張其實明顯地是要在
清代歷史派與地理派之間，作出折衷，亦不完全是要修正章學誠的
意見。又如王葇著《方志學》，承繼章學誠的「志乃史體」的前提，
主張「志乃史之支流」，從大的方面先確立地方志是地方史的原則。
但王氏同時也強調「史志之異」，著眼的是包括書法、褒貶，和典
故是否注明出處等，在這些細微的地方嚴格劃清志與史的界限。這
在方法上是較為合理的。王葇《方志學》一書精采的地方還有很多，
例如提出「修志之法，首在徵文，文足而獻自足」等建議，以及對
於編纂方法上，提出編次、改并、增刪、名實、闕疑五例[21]，都可
看出他既尊重傳統，而又能有所創新。同樣在史志異同的議題上，
曾修《廬山志》、《江西通志》並撰《方志論叢》的吳宗慈，見解
和王葇基本近似。他亦認為方志雖稱地志，但應該特重人文地理，
「惟人文地理隨時代演進甚繁，故只以史跡為言」，這亦是接受章
學誠突顯「一方之文獻」的意思。

　　第二個核心問題是關於志書應建立新門類如經濟志、貿易志的
問題。受到十九世紀西方工業革命、以及洋務運動的影響，中國社
會經濟環境丕變，舊方志「食貨」一門已不足以涵括。如吳宗慈就
認為，舊志中星野、祥異等門類宜刪除，代之而設的是經濟、財政

20　氏著《方志考稿·序》。
21　見《青田縣志·凡例》。

等門類。另一位方志學家余紹宋編《浙江通志》立二十九編，其中記載財經貿易交通方面的有物產略、財務略、計政略、糧政略、交通略、實業略等。受到改革開放的進一步影響，近二十年來中國大陸的方志編纂學中，經濟、貿易、交通等志都特受重視。在相關的著作中，這些類目的編纂方法與原則都被仔細地討論。

除了財經貿易方面外，方言志也是二十世紀方志學的一個新門類。過去如阮元在《雲南通志》中已充分用反切的方法，標示西南地區少數民族的語言，作出新嘗試。二十世紀初則有黎錦熙運用國際音標來準確地標示少數民族方言。五十年代大陸的中國科學院語言研所與河北昌黎縣志編纂委員會合作，編纂《昌黎方言志》，按語音、詞匯、語法三大體系進行方言紀錄[22]。事實上大陸地區於五、六十年代方志學界對於「方言志」的編纂問題，曾有許多廣泛而深入的討論。當代大陸方志學家基本上都同意以國際音標為唯一的注音標準。這些成果基本上是得力於像黎氏那樣的方志及語言專家的開拓與嘗試。

（二）第二期（1949 年以後）：海峽兩岸方志學的分途

自 1949 年後中國大陸十分重視方志的編纂。1958 年國務院科學規劃委員會建立了地方志小組，推動各地方新志編修和舊志整理的工作。其後於文革時期中斷。1978 年改革開放，為中國大陸學術研究重新起步的一年，也是方志學再度活躍的開始。這一年以後，方志學家的著述重新受到重視。方志學朝幾個方向繼續新的發

22　黃葦：《方志學》，頁 817。

展。其中繼往開來、值得一述的，計有方志目錄學的建立、傳統方志的研究、方志的體例屬性等問題的討論、新方志編纂學的創發等幾方面。

首先在方志目錄學的建立方面，二十世紀最早的奠基者繆荃蓀於民國二年編《清學部圖書館方志目》，餘有萬國鼎（編《金陵大學圖書館方志目》）、譚其驤（編《國立北平圖書館方志目錄》）、何澄一（編《故宮方志目》）等。這些學者為二十世紀方志目錄學奠定了深厚的基礎。專注時間最長、貢獻最大的為朱士嘉。朱氏於民國二十四年出版《中國地方志綜錄》三冊（商務印書館），為最早期的貢獻。第二期是四十年代他在美國國會圖書館搜集目錄，於1942 年編成《美國國會圖書館藏中國方志目錄》，收錄方志 2,939種。改革開放以後，朱氏雖已老年，仍編了《地方志提要》以及明代、清代、民國等幾種《地方志索引》等目錄書。

大陸方志學界傳統方志的研究和實際的方志編纂工作往往是結合一起的。金毓黻〈普修新方志的擬議〉[23]、傅振倫〈整理舊方志與編輯新方志的問題〉[24]都反映出這一點。關於方志體例屬性的問題，以及史志關係的問題，是編纂新方志的時候必然面臨的第一個重要問題，涉及實務的操作，因此在大陸方志學界是被許多學者長期而深入的討論的。至於整體纂修方志理論的建立，基本上還是承襲五十年代以前老一輩方志學家的理論架構。其中較有代表性的

---

23 刊《新建設》1956 年第 5 期。
24 刊《新建設》1956 年第 6 期。

學者可能是南開大學的來新夏[25]。他曾著《近三百年人物年譜知見錄》、《方志學概論》、《古典目錄學》、《中國地方志》、《志域探步》等書，其中以《方志學概論》一書，是來氏長年領導各地區方志研習會的經驗累積之作，較具代表性。他對於傳統方志學的源流有較為全面而深入的了解，如認為方志可區分為「著述體」與「編纂體」，就明顯繼承了《文史通義・書教》篇「撰述」、「記注」的觀念影響，但又自有新的詮解。另方面在實務上他也有豐富的經驗。他在論述方志體例時，較能針對各地方的特性提出建議。這一點是很重要的。他在《中國地方志》一書第三章第四節論述「當代對方志與方志學的研究」中，就將大陸方志研究分為「綜合性研究」和「分區性研究」。分區性研究的重要性絕不在綜合性研究之下。因為中國地大物博，各地的人文與自然地理條件不同，經濟發展程度差異更大，譬如少數民族聚居的地區如雲南、廣西等地的方言志、江蘇浙江地區經濟貿易高度發展地區的經濟志等等，都必須特別研究編纂的方法。像吳貴芳在〈關於纂修上海方志新志的體例問題〉[26]一文中提出編寫新志體例建議十條，就是因應上海特殊的經濟人文地理環境而提出的。因此各地所編修的方志，往往需要用不同的結構體例來呈現。這種情況是符合地方志反映區域特性的基本屬性的。

---

25 來教授為中國當代著名文獻學家，浙江蕭山人，畢業於北京輔仁大學歷史學系，曾任南開大學圖書館館長，南開大學教授、地方文獻研究室主任、南京大學民國史研究中心客座教授、中國近現代史史料學學會副會長等。

26 刊《上海史研究通訊》1981 年第 2 輯。

　　大陸方志學成果較突出的還表現在方志編纂學方面。由於二十世紀初的方志學名家大多於 1949 年後留居大陸，因之大陸年輕學者亦得以延續其理論與實務各方面的經驗。黃葦《方志學》十一章中最後四章詳細地分門別類討論方志編纂方法和體例。林衍經《方志學綜論》十章之中，更有七個專章討論地方志編纂技術以及方志學前瞻的問題，書後更有附錄輯存當代地方志文獻，甚具參考價值。餘如吳奈夫《新方志編纂學》、王復興《省志編纂學》等，都是重要的專著。

　　臺灣方面，方志「學」的研討和發展雖然遠不如大陸地區的蓬勃，方志學專書亦寥若晨星，但亦纂修完成不少志書。據林玉茹〈知識與社會：戰後臺灣方志的發展〉[27]一文指出，康熙二十三年（1683）劃歸清朝版圖之初，翌年即有蔣毓英《臺灣府志》的編纂。此後歷經九次修志活動，至少修成三十三部方志。政府方面，臺灣省文獻委員會和各縣市文獻委員會為主要推動修志的機構。民間方面，也有方志研究會一類的組織參與。

　　林玉茹又將臺灣方志的發展區分為三期。第一期自 1949 年至 1959 年，為中國型全面修志期；第二期自 1960 年至 1975 年，為停滯期；第三期為 1976 年至 1989 年，為萌芽期與醞釀期。1985 年 4 月國立中央圖書館在臺北市舉辦「方志學國際研討會」。從這次會議可以看出，臺灣在 1980 年代以前的方志學研究，仍然不脫以中國傳統為主的論述。會議中宣讀的二十九篇論文中，只有五篇

27　引自《五十年來臺灣方志成果評估與未來發展學術研討會論文集》，頁 26。

和臺灣直接有關。五篇之中,有三篇論及清代,一篇論及日據時期,論及當代臺灣的僅一篇。這顯然是因為當時臺灣本土化的風潮未興的緣故。至於臺灣地區以方志學為主要研究範疇的學者有宋晞、高志彬、陳明終、毛一波等。其中宋晞是以史學兼治方志學而有成的,新著《方志學研究論叢》集合了作者多年來的研究論文;高志彬曾主編多種族譜、家譜,並發表多篇討論方志的專文;毛氏有《修志方法論集》、《古今臺灣文獻考》、《方志新論》等書,是實務與理論兼備的專家。

整體而言,臺灣以島嶼的地形,方志以鄉鎮志為最多。據王良行〈鄉鎮志體例另論〉[28]一文指出,鄉鎮志是當前臺灣方志的主流,但一般方志學論著所探討的體例問題,主要「以轄區較大的省和縣的志書為對象。轄區較小的鄉鎮,則相對地受到冷落」。他也指出許多方志學者主張述而不論或是少議論,影響所及,許多鄉鎮志「纂而不撰」,形成未經消化的「資料匯編」。事實上,我認為這是受限於方鎮志先天的本質,因為方鎮幅員較小,若非具有特殊風貌或人文地理條件,即修纂者欲多作議論,恐怕亦無甚可議。正如中國邊陲地帶的方志,數百年來的修志工作也面臨相同的困難。

《臺灣通志》總共纂修過四次:第一次為 1965 年出版的《臺灣省通志稿》凡十一卷五十九篇;第二次為以 1961 年為收錄內容之下限增修的《臺灣省通志》;第三是 1973 年出版的《臺灣省通志》,共十二卷七十五篇;第四次是近年陸續出版、以 1981 年為下限的《臺灣省通志》,凡十二卷五十四篇。

28　《五十年來臺灣方志成果評估與未來發展學術研討會論文集》,頁 297。

至於臺灣方志的編纂方法，早期的如《臺灣省通志稿》基本上是沿用民國初年志書的舊規模。據謝國興〈近年來臺灣與大陸纂修地方志之比較〉[29]一文指出，臺灣近年來由學者所主導的新修縣市志或鄉鎮志，均或多或少呈現「論著」的性質。我認為這一點和臺灣近十五年「本土化」日趨強烈有密不可分的關係，因之地方志往往被視為社區研究與族群研究，具有保存地方文化意識的功能。在這種觀念的推動下，臺灣方志自然會向「史書」的型態傾斜。然而另方面，由於近二十年來臺灣經濟發展迅速，方志學者亦注意到必須設立更多部門納入諸如統計圖表、經濟數據等各項新資料，因之他們又不能不重視「資料匯編」的功能。於是產生了像謝國興所提的問題：

> 方志體例的一大論爭是志書應視為「資料」或是「歷史書」，換句話說，是限於資料的收集排比即夠，還是可以加上纂修者對資料的適度（原注：甚至高度）解讀與引申？[30]

他提出的這個問題，其實頗反映出臺灣方志學並未全面地承繼二十世紀初的方志學傳統。史志關係這個議題，在民國初年已經被方志學界廣泛地討論過。而後來在社會形態急遽改變的情況下，大陸方志學家長期探索，終於正式奠立出「地方綜合百科全書」這個新的定義。換言之，臺灣方志學者只須對於十九至二十世紀方志學成果

29　《五十年來臺灣方志成果評估與未來發展學術研討會論文集》，頁70。
30　《五十年來臺灣方志成果評估與未來發展學術研討會論文集》，頁75。

略作涉獵，即不難按照地區的特殊條件，在「資料收集排比」與「適度解讀引申」之間找出折衷點。

方志目錄方面，金恩輝、胡述兆合編《中國地方志總目提要》三冊，承繼了朱士嘉所開創的方志目錄學傳統，其著作亦甚具參考價值。

四、二十一世紀方志學的展望

（一）方志的文化功能

我們在上一節討論清代方志學兩個基礎問題，一方面是作為一種背景說明，另方面與方志學跨世紀的展望，甚至與中國文化未來的展望都有密切的關係。中國方志傳統的形成以及方志學的建立，是在中國文化演進與演變的大背景下逐漸產生的。未來的方志學與中國文化的發展有什麼關係呢？這個問題，可以從兩方面討論。

第一是傳統方志與中國文化的關係。中國是農業社會，人民安土重遷，國家區域又極遼闊，各地人民生活狀況不同。正因如此，「大一統」這個課題從古到今一直是中央政府最關懷的事。無論是西元一千年前西周時期周天子派採詩官到十五國去蒐集「國風」，與皇畿的「雅」、「頌」合編成《詩經》，抑或二千餘年以後的明清時期由各省州縣各自修其方志，中央政府再合編為《一統志》，他們的目的是一樣的：在重視保存地方文化民情的同時，又強調貫徹了「中國」、「大一統」等意識。大一統意識雖然是政治概念，但讀者亦不可忘記一點：由於方志的編修者大都是讀過《四書》《五

經》的讀書人，彼輩深受儒家思想洗禮，在編修方志的過程中，自
然而然地不斷將儒家思想文化體系的各種觀念，或有意或無意地灌
輸到方志書當中，就像西周採詩官蒐集地方歌謠後用統一的語言體
裁重新撰寫成四言詩，編成《詩經》定本，用於政教之上一樣。中
央的「教化」與地方的「文化」始終維持一種既暢通又區隔的關係。
地方官員修志，其中忠義、節烈所收人物若能翔實，固可以反映其
政績而有實際的效益；但忠義、節烈這些觀念本身，卻又確確實實
是傳統儒家的核心理念。因此從文化的觀點論，我們可以說方志既
包含個別地方的獨特文化內容，也貫徹了中國傳統泛儒家思想文
化；換言之，它既有獨特性，亦有普遍性。

　　第二是方志體例的發展。傳統學者費盡心思去討論方志的本質
問題，思考方志究竟是地理書、行政書，抑或歷史書。到了二十世
紀初新方志學的奠立，因為交通事業發展迅速，中國受到列強侵略
而加速改革，方志也隨著工商業的興盛，朝著綜合性的方向發展，
漸漸被普遍認為是既是地理書，也是行政和歷史書的綜合性著作。
三十年代的方志學家如傅振倫即在《中國方志學通論》中提出方志
為獨立而綜合的學科。民國二十年一月《學風》第一卷第四期刊出
江暐〈復潛夫書論志書性質〉一文，提出：

　　惟方志之綜合性，似為任何學術所未有。如以科學目之，或
　　稱為綜合科學可也，或稱為近代社會學之鼻祖亦可也。

傅、江等學者對於方志學性質的意見，最後漸漸演變為「地方性綜
合百科全書」這個定義，而為中國大陸方志學界普遍接受，來新夏
《方志學概論》為「方志」一詞下定義，就說：

　　　方志，或稱地方志，是記載一定地區（原注：或行政區域）
　　自然和社會各方面的歷史與現狀的綜合性著述。

甚至臺灣的方志學者也認同，如王世慶就說：

　　　方志猶如一個地區的百科全書，現代志書所包含的時、空，
　　以及文明的進步，其內容之廣泛已非清代方志得以比擬。[31]

來新夏所謂「記載一定地區」六個字解釋了「方志」的「方」字，
「自然和社會各方面的歷史與現狀的綜合性著述」一句話解釋了
「志」字。「一定地區」云云，固然強調了橫向的涵括面及其中所
突顯的區域特殊性，但我們還應注意所謂「歷史與現狀」一詞，其
中的含義在於此一區域的特殊性，必然縱向地與歷史傳統、以及橫
向的其他地域有密切的關係。換言之，在一個有深厚文化累積，並
有交通、貿易以及人民遷移的動態的環境下，該「一定地區」的文
化特性必不可能完全與前一時代、以及其他地域的主流文化思想與
價值觀念完全隔絕。當我們稱方志為「地方性綜合百科全書」時，
上述此一觀念是不可或缺的。

　　認知上述這個悠遠的方志學傳統，對於我們未來探索方志應該
以什麼樣的形式保存文化，是有絕大幫助的。近年臺灣方志學界多
強調以多元化的觀念，靈活地運用不同的體例來撰著方志。劉益昌
認為甚至可以用「專史」的方式呈現。他在〈人與土地的歷史──
正視方志史前部分〉一文中說：

31　參劉益昌：〈人與土地的歷史──正視方志史前部分〉，收入《五十年來
　　臺灣方志成果評估與未來發展學術研討會論文集》，頁 127。

> 方志需要更多不同專精的學者參與編纂，同時也需注重現代
> 學術發展帶來的新分科趨勢，因此定型化的志書實有其不合
> 時宜之處，近年來高雄縣、宜蘭縣、台東縣均突破傳統志書
> 的限制，改以專史的方式呈現。省文獻會亦從客家、原住民
> 的立場編纂族群史，打破原來同胄志的格局。[32]

他提出邀請不同專精的學者參與編纂方志，是正確的；認為定型化
的志書實有其不合時宜之處的意見，也沒有錯。但我並不確知他所
謂「定型化」所指為何。事實上方志的體式從未有定型過。前文已
經舉例證明，歷代除《一統志》具有特殊統一規格的要求外，從明
朝到清朝中央政府雖然多次頒訂方志的體例，而各省府州縣都沒有
嚴格遵守；而各特殊地區所編修的方志，其體例與內容安排，一直
保持高度的靈活性，此所以方志體例有門目、紀傳、三寶、三書等
多種體裁。因此首先必須認知：方志原本就沒有「定型化」的體裁。
它可以被寫成「專史」，當然也可以被寫成「百科全書」，也可以
被寫成「地理書」，但我們應該高度意識到方志應保持一種靈活性，
應該高度意識到方志既保存地方特色，又保存其與主流文化之間的
互動關係。若說方志只能是百科全書，或只能是專史，或只能是族
群史，恐怕都會有「舉一廢百」的危機。

　　從方志學的發展本身來看，傳統方志有時被認為是地理書，有
時被指為一方之史，有時被指為一方之政書。二十世紀初方志學家
辛勤奮鬥，好不容易將方志從地理、歷史、地方政治中解放出來，

32　同前注。

建構成一個既涵括地理歷史行政、但又不隸屬於任何一個領域的獨立學門，界限始趨清楚。志書若被視為某一種性質之書，或堅持某一種體例，方志與其他學科之間的界線會很容易地被模糊掉。我的意思是，方志原本就是一方之書，其內容必然與該地區的風土習俗文化文明內容一致，因此各地區的方志必然會突顯反映各地區之間的「差異性」，這一點是沒有問題的。然而從一個文化的觀點考慮，在地域的差異性之上，我們仍然必須承認有一個可以貫通其間的「共通性」。我們若從一個更寬廣的視野去看方志與文化，則各地的風土習俗文化文明又必然有一個更大的文化背景。無論是在中國各省，抑或歐洲的各國，這種情況都是近似的。

（二）方志如何反映地域人文風土的特殊性

中國幅員廣闊，不同地區自有其本身的特殊性，修志自有不同的偏重和考慮。如呂耀曾等擔任總裁、乾隆元年（1736）成書的《盛京通志》，〈凡例〉稱「盛京為發祥之地，體有特尊」，所謂「發祥之地」，是指盛京為努爾哈赤開始南進的首要根據地。一般志書都以建置沿革、星野、山川為首，但由於盛京的特殊，《盛志》在典謨之後，列京城、壇廟、山陵、宮殿、苑囿等門目，於備列盛京的皇家建築，特別加詳。又如和珅領銜、錢大昕參與纂修乾隆四十八年（1781）刻本《欽定熱河志》，亦先列「天章」（雄按：相當於「聖製」或「聖訓」）、巡典、徠遠、行宮、圍場等門目。熱河是清帝行宮所在，天章、巡典、行宮、圍場等部目廣收御製詩文等皇室資料，至四十八卷之多，幾乎抵得上一部賈漢復《河南通志》。

上舉兩例是與皇室具有特殊淵源的區域。至於邊疆地區志書所

偏重的內容，和《盛京通志》一類的體例絕不相同，亦不待言。如《土默特志》的「台站」、「要隘」和「理藩則例」等項目，便不為《盛志》甚至其他一般的省府縣志所需了。又或偏遠的地區，像四川的劍州、犍為等志，地處荒僻，更形特殊。同治十二年（1873）重修《劍州志》楊端〈序〉說：

> 端承公（雄按：謂知府李梅賓）之命不敢辭，乃復周游乎州之四境。山也，必陟其顛；崖也，必探其腹。禪林道院之中，荒祠古墓之側，凡有文之可讀、有字之可辨者，罔不留意焉。越期年而成書若干卷。[33]

此可見在修志的過程中，蒐尋文獻往往和考覈古蹟同時進行。這種特殊的情境與辛勤的過程，是中原其他地區的人士所不容易了解的。

此外，如揚州太守伊秉綬曾發起修《揚州府志》，商請阮元編《揚州圖經》，焦循編《揚州文徵》。揚州為人文高度開發的地區，工商業亦興盛，設立《文徵》自無問題。長江以南沿江沿海的城市要修志，自可以採用焦循、章學誠等所秉持的重視文獻的基本觀點，效果亦必佳；但在人口密度不高、文化發展亦不高的偏遠地區就較不容易。偏遠地區的纂修者實不得不避重就輕，擇其緊要的、可表現的特性加以發揮。如《屏山縣志》〈序〉：

> 縣之有令也，必周知一縣之土地、人民、政事，而勤思乎興

33　楊端：《劍州志》，劍州學宮藏本，卷一〈序〉，頁7-8。

利除害，以馴致乎化民成俗也，而其所取資而考證者則莫如
志。……爰於莅掌之時，遍歷乎熊咆虎嘯之山、猿愁鳥絕之
徑、密箐深林之內、驚濤駭浪之間，凡一碑一碣，悉錄之，
以資參考；又於簿書之暇，博覽載籍，廣搜見聞。凡前言往
行，有可以昭勸懲而備典故者，損益參稽，彙稿成帙。[34]

依纂修者張曾敏所述，不但特別重視該地的文獻遺跡，也很重視人
文表現。但全書八卷之中「藝文志」佔了兩卷，而「人物志」（包
括忠義孝友、宦業、儒行、文學、善行、隱逸、列女、流寓、優老、
藝術、仙釋等十一類）只佔卷五的一半，全書的十六分之一。這是
因為屏山縣位於四川省的南部，什噶溪的旁邊，接近少數民族的聚
居地，並不是一個人口很多、文化很昌盛的地方。由此可見，地域
的地理位置和方志體例之間的關係，也是論方志者所不可不知的。

就以臺灣而言，方志既多以鄉鎮志為主，編纂者在選擇體例，
建構全書骨幹的時候，宜適當地從當地的特殊性去思考決定採用何
種體式，倒不必處處圍於本土或族群的意識。如台中港、高雄港等
對外貿易的重要地點，交通志、貿易志應特別加詳；又如國家公園
所在地的縣市志，則照片、附圖可以增列；又如科學園區所在地，
則應詳各項生產數據。餘如文獻豐富的地方，則可詳列文徵、藝文；
農業為主的縣鎮，可特詳農村改造的經驗。不過在突顯各地人文風
土的特殊性中，亦必須同時兼顧不同地區不同族群在歷史文化上的
共享共有的部分。這些部分在方志之中是較容易被忽略的。它既是

34　張曾敏：《屏山縣志·序》，頁 314-315。

歷史文化的事實，同時也可以反映文化動態的變遷。特別是現今交通發達，人民遷移容易，上述涉及族群遷移的情況以及經由遷移而引起的文化內容的改變，包括習俗、慶典、信仰等各個方面，地方志均宜詳細反映。

五、結論

　　本文主要分為三部分。第一部分敘述清代方志學的基礎問題，以助明瞭此一學門的歷史背景；第二部分敘述二十世紀方志學發展的兩個階段，以助明瞭方志學在跨入二十一世紀前的既有趨向；第三部分是二十一世紀方志學展望的兩個問題，不以敘述為主，而是以討論為主的。最後本文的結論有四點：

1. 「文化」是層累而成，不是一朝一夕可成的；一門學問也必須經歷深遠的文化洗禮與歷練，才能發展成為成熟、周延而又具有深度的學門。因此，凡論及文化的議題，或論及某一種學問，都必須追溯歷史，才可以掌握到該門學問所蘊藏的源遠流長的文化內涵與菁粹。方志學的奠基與發展，恰好證明了這一點。未來研究新的方志學，必須從舊方志傳統中深層地汲取資源。臺灣具有方志編修實務經驗的人頗不少，但政府宜成立長期的專責單位，培育專門人才，整理文獻，研究方志學，俾此一學問重新在臺灣植根。

2. 清代以前，方志體例未精；入清以後，儒者有感於「四國多虞」，於是頗有考論郡國利病、歷代攻戰的書籍，漸而使地理著述蔚為

大國。吾人由《清人文集地理類匯編》七大冊[35]，就可以窺見清代地理研究的豐碩成果。有了這個歷史背景，再加上清政府銓敘的方法，往往以方志作為地方官員陟降升遷的參考，由是地方官員遂紛紛積極邀約名家修志。從清代方志學的歷史背景，可知一種學問的興盛，不是單靠少數有心推動的專家學者即可，還要得到政治、制度、社會等各種因素互相結合，始能成功。文化發展與學術研究之間密切而相依存的關係，於此可見。

3. 文化是人類具體生活的表現。方志紀錄了地方人民的生活，也就反映了中國文化極為繁複的面相。隨著世界科技、資訊、交通的發展，現今文化的區域侷限已經大大降低。就全世界而言，中國大陸的中國人，和居住在臺灣、東南亞、北美洲、歐洲的中國人的生活型態，彼此環境各有不同；就中國大陸而言，東南沿海的中國人，和居住在陝西、黑龍江、甘肅、貴州等各地的中國人生活的型態，也各自有相異之處。二十一世紀新方志的編纂和方志學的發展，如何將這些彼此區隔、而又不斷彼此交流的地區之間文化內容的同與異，以及其文化內容的動態變化勾劃出來，是方志學家的重責大任之一。這項工作，對於中國文化如何轉化、發展、重生，都有重要的啟示作用。

4. 就方志學而言，我們需要思考的問題，不是說我們將方志視為歷史書，然後將地理派的意見貶抑，或者反過來接受地理派而揚棄歷史派。這不能算是對傳統文化有所交待和繼承，也絕不是對文化表示負責任的態度。真正對文化負責，是要一方面客觀地研究

35　譚其驤主編，杭州：浙江人民出版社出版，1984 年。

方志學傳統流傳下來的每一派意見，並予以尊重，予以客觀的解釋與評價。同時我們也應按照各個地方的風俗文化特質，來決定各個地方採用那一類的體例，以最適合該地方的體裁與方法，來編輯該地區的志書。這兩條途徑可以並行而不悖。最不好的做法，是過度強調方志的某一種屬性（如以「百科全書」之定義強調蒐羅資料周延的重要性），並視之為金科玉律。這樣一來，勢必截斷眾流，使其它具有深遠而寶貴的其他部分的傳統（如方志的歷史、經世等各項精神價值）被輕易地遺忘。傳統地理派和歷史派的爭端，今日是「可以休矣」。今天人類的文明技術已經發展到清代學者無法想像的地步，中國人的生活條件也有長足的進步，二十一世紀已經到來，該是我們用全新的態度來利用方志以保存中國地方文化的時候了。

陸、讀《清史列傳》對吳偉業 仕清背景之蠡測[1]

題吳偉業　　1994年冬作者賦，時旅居於西雅圖

蕭瑟江關寂寞身，誰憐白髮染春塵。

無端風雪長安路，能把新蒲問故人？

一、前言

吳偉業字駿公，號梅村，江南太倉人。崇禎四年（1631）進士，曾任實錄纂修官，亦是晚明詩壇和政壇的名人。入清以後，於順治十年（1653）受薦復出，以原官復任，至順治十四年（1657）乞罷。因仕二姓而被列於《清史列傳·貳臣傳》。

---

1 本文改寫自 1990 年的一篇舊稿，當年我對遺民思想發生很大興趣，因讀《清史列傳·貳臣傳》，寫這篇論文時，自然而然就將吳偉業的資料和《貳臣傳》結合一起思考，而發現了這個問題。論文寫成後，1994 年 10 月 8 日寫了「題吳偉業」這首詩；論文則於 1998 年刊《臺大中文學報》第 10 期，頁 273-297。

　　中國傳統史書的體例，人物在一書中的位置歸屬即包含褒貶，《清史列傳》亦不例外。一個人是否為「貳臣」，只論其是否「仕二姓」，並不論其出仕動機如何。偉業的仕清本非他所願，這從他的許多詩中都可以窺見委曲之情，[2]然而一旦出仕，即成定論；尤其偉業以後被列於《貳臣傳》乙卷，論者甚至評偉業為「身名交敗」。[3]可見「受薦仕清」一事，實是偉業一生遭遇及身後品藻的大關鍵，是關心偉業的學人一定會注意的大問題。

2　《編年詩集》卷六〈途中遇雪即事言懷〉（節錄）：「有道寧徵管，無才卻薦嵇。北山休誚讓，東觀豈攀躋？令伯親垂白，中郎女及笄。離程波渺渺，別淚草淒淒。」（吳偉業撰，程穆衡原箋，楊學沆補注：《吳梅村先生編年詩集》卷六。）雄按：此詩為偉業作於赴京途中，其以嵇康自況，即可見其不欲出仕之意。管寧字幼安，見《三國志·魏志》卷十一，曾數次獲薦於魏文帝。嵇康則因忠於故主，不與新朝合作而被鍾會、司馬昭所害。《晉書·嵇康傳》記鍾會憾康而譖之於晉文帝曰：「康、安等言論放蕩，非毀典謨，帝王者所不宜容。宜因釁除之，以淳風俗。」文帝既昵聽信會，遂並害之。王應麟《困學紀聞》卷十三「考史」：「嵇康，魏人，司馬昭惡其非湯武，而死於非辜，未嘗一日事晉也。《晉史》有傳，康之羞也。後有良史，宜列之《魏書》。」（卷十三，頁722。）

3　參後文林時對《荷鋪叢談》條引。林時對以「身名交敗」四字形容偉業，並不奇怪，借用李學穎《吳梅村全集》「前言」的講法：「仕清，對梅村自身來說，比亡國還要可怕，他成了『兩截人』，喪失了士大夫立身之本的氣節，再也直不起脊梁來了。」（頁7）《貳臣傳》在《清史列傳》第七十八、七十九卷，前者為甲編，後者為乙編，有褒貶之意，按〈錢謙益傳〉云：「（乾隆）諭曰：『錢謙益素行不端。及明祚既移，率先歸命，乃敢於詩文陰行詆謗，是為進退無據，非復人類。今與洪承疇等同列《貳臣傳》，不示差等，又何以昭彰癉？錢謙益應列入乙編，俾斧鉞凜然，合於《春秋》之義焉。』」

　　近年研究吳偉業的學者中，我並沒有見到專門探究他仕清原因的論文，可能是因為材料有限、可提供新結論的可能性不大的緣故。同時，偉業的詩寄託遙深，用典繁複，語意晦暗，往往難詳所指，這也增加了研究的困難。[4]不過並不是說研究吳偉業的學者對這個問題就含糊其事。我接觸到的材料，近年學者的研究，認為偉業在入清後熱中於社黨活動，因而引人注目，受薦出仕可說是受盛名所累，亦等於是自招的災禍。[5]這個說法本身的對錯，在這裡暫且不論，我真正想弄清楚的是舊史記載中一個令人大惑不解的地方，就是順治朝中推薦偉業進京者，竟然有馮銓和孫承澤二人。我

4　章炳麟〈楊顏錢別錄〉：「初，明之亡，有合肥龔鼎孳、吳偉業皆以降臣善歌詩，時見憤激，而偉業稍深隱，其言近誠。」（《檢論》卷八，頁3。）偉業的「深隱其言」，從他好幾首〈七夕〉詩可見一斑，不過這並非本文主題，暫置不論。但就如陳寅恪《寒柳堂集》「詩存」有幾首以〈七夕〉為題的詩，亦頗稱隱晦，可能是受到吳偉業的影響。

5　《吳梅村全集》「前言」說：「乙酉之後，梅村自知『虛名在人』，閉戶著書，猶自『惴惴莫保』，『每東南有一獄，長慮收者在門』。幸而他『生平規言矩行，尺寸無所逾越』，安分守己，得以無事。而他名心未除，『危疑稍定』，便忘記了韜晦，以前輩的身分，去為各立門戶、互相攻訐的吳中同聲、慎交兩社作調解。順治十年春，大會於虎丘，『九郡人士至者幾千人』，這是繼崇禎六年張溥虎丘大會之後最盛大的一次社集，會上『奉梅村先生為宗主』，主持兩社合盟。正趕上清廷已在加緊進行禁止社盟活動的部署，第一步先由禮部頒天下學宮，禁生員『立盟結社』。這樣，梅村在和解社局的同時，就把自己放到了一個極引人注目的位置上，自然首當其衝。」上冊，頁7。雄按：林昌彝《海天琴思續錄》：「順治七年庚寅，太倉吳偉業於嘉慶南湖立十郡大社，萃十郡名士賦詩，連舟數百艘。」（錢仲聯《清詩紀事》三引，頁1418。）可見退隱後的吳偉業確實長期主盟詩壇，熱中於黨社活動。又王勉《吳偉業》亦有分析，可並參。

們在史傳中可知，馮銓曾經是魏忠賢的乾兒，名列「十狗」之一，是東林黨的宿敵；至於孫承澤則可謂東林的叛徒。[6]他們二人又都是北方人，竟會推薦為復社名流的南方文人吳偉業，照傳統社會的倫理習慣，以及當時漢族士大夫的價值標準來說，這是完全違悖常理的。對於此一怪現象，即使舉出再多偉業活躍於吳中社黨活動的證據，恐怕亦不能解釋。

　　我在讀《清史列傳·貳臣傳》時，偶然注意到當時滿漢大臣衝突的史實，似乎頗有可與偉業出仕滿清的問題相參證的地方，但嚴格來說，這些材料用以描述事件的背景是足夠的，用以碻實而確切地證明偉業出仕的全部原因則仍嫌不夠，所以題目特別用「蠡測」二字，表示間接推斷的意思。學術界的博雅高明如有指正，是我所深盼的。

6　《清史列傳·馮銓傳》：「銓與錦衣衛都督田爾耕、左都御史崔呈秀、給事中李魯生等並諂事忠賢，又引其所取主事曹欽程為忠賢養子，列十狗之一。」可見馮銓是東林黨的宿敵。孫承澤有《考正晚年定論》二卷，論陽明的《朱子晚年定論》，用王莽、司馬懿比喻王守仁，指他惟智術籠罩。《四庫總目》云：「承澤初附東林，繼降闖賊，終乃入於國朝，自知為當代所輕，故末年講學，惟假借朱子以為重。」東林重名節，源出於陽明致良知實踐之教（按：章學誠《文史通義·浙東學術》：「浙東之學，雖源流不異，而所遇不同，故其見於世者，陽明得之以為事功，蕺山得之為節義，梨洲得之為隱逸。」《章氏遺書》卷二，頁33。）孫氏投降李自成，繼而為貳臣，自知不見容於氣節之士，故必然反對陽明。紀昀亦主此意。

二、順治初年滿漢大臣之衝突

《碑傳集》四十三顧湄〈吳先生偉業行狀〉云：

> 易世後，（先生）杜門不通請謁。每東南獄起，常懼收者在門。如是者十年。本朝世祖章皇帝素聞其名，會薦剡交上，有司敦逼，先生抗辭再四，……乃扶病入都。[7]

《清史列傳》卷七十九〈吳偉業傳〉云：

> 本朝順治九年，兩江總督馬國柱遵旨舉地方品行著聞及才學優良者，疏薦偉業來京。十年，吏部侍郎孫承澤薦偉業學問淵深，器宇凝弘，東南人才，無出其右，堪備顧問之選。十一年，大學士馮銓復薦其才品足資啟沃。俱下部知之。尋詔授祕書、侍講。[8]

順治元年至順治九年間，偉業閉門隱居，至九年馬國柱疏薦，十年孫承澤再薦，遂於十年至十一年間啟程入都。同年而馮銓再薦，世祖「俱下部知之」，於是出任祕書、侍講等職。本文主要認為，若僅有馬國柱的疏薦，未必能造成如此大的壓力。程穆衡《吳梅村先生編年詩集》卷六錄「起癸巳入都，盡甲午途中至京作」的詩，收錄偉業順治十年至十一年的作品，其中有〈下相極樂庵讀同年北使時詩卷〉：

7　錢儀吉編：《碑傳集》卷四十三，頁1202。

8　《清史列傳·吳偉業傳》，頁6552。

蘭若停驂灑墨成，過河持節事分明。上林飛雁無還表，頭白
山僧話子卿。[9]

按：蘇武，字子卿，傳見《漢書》卷五十四。蘇武生平為人熟知，
不必贅論。這首詩表達了絕無轉圜餘地的不出仕的決心，以蘇武自
喻，又說「過河持節事分明」，偉業似乎有十足的決心能堅持不作
貳臣。然而同卷又有〈將至京師寄當事諸老〉四首，寫在即將抵達
京師時，是向在當時在朝的「當事」者[10]正式表達了不希望再出仕
的願望，其中有「淒涼詩卷乞閒身」，「早放商山四老歸」等句。
依照《清史列傳》的說法，「當事諸老」便是孫承澤和馮銓。至於
孫、馮二人的推薦偉業，其怪異不合理，正如前所述，但究其底裡，
我推測和順治初年朝廷的黨爭有密切關係。所謂黨爭的情事，可以
從三方面加以分析：

（一）漢族貳臣之操守問題。

（二）滿漢大臣相互間之不合。

（三）漢族大臣相互間之不合。

茲分論如下。

（一）漢族貳臣之操守問題

清初制度，貳臣所任的職位，與他們在崇禎朝（非南明福王朝

9　詩題下程穆衡箋：「同年者，辛未進士萊陽左懋第也。《明詩綜》：懋第
　　以兵部右侍郎，兼都御使，督師河北，充通問使，不屈誅。」程穆衡：《吳
　　梅村詩集箋注》，頁369。

10　按：「當事」即今所謂「管事」的人。

廷）的職位相同，有功者甚至可得擢升，主要是因為滿洲人要仰賴漢族士大夫的政治經驗的緣故。這是一般治清史的學者都知道的，不遑多論。貳臣除非因罪謫降，或者得罪權貴，捲入政爭，否則多能貴顯，如洪承疇、陳名夏、馮銓、謝陞等皆是。[11]

派系鬥爭是古今政治圈最常見的事，而這些「仕二姓」的貳臣重新立足朝廷，又必然會形成更激烈的鬥爭局面，主要原因有三：一般來說，貳臣本來就鮮有故國之思，才能立足新朝，自不會有同族在朝、勢須團結的認知，因之易成傾軋局面，此其一。明末政壇本來就是被東林黨與非東林黨對立的局面所主導，黨同伐異，以迄明亡，而今滿洲所用的又是明廷舊臣，黨爭自然就與之而俱，此其二。滿清朝廷，漢臣既多，滿洲貴族自不能不深相結納，對抗漢族士大夫殘餘勢力，於是滿漢之間又成對立局面，此其三。

漢族貳臣既多出自晚明政壇的濁流，彼此間又不合作，清世祖正式登位的第二天，孫承澤（時任給事中）奏言「朝賀諸臣，班行錯雜，禮節粗疏，皆由內院漫無主持」。大學士謝陞、馮銓以及洪承疇乞罷。世祖諭令「益殫忠藎，以襄新治，不必合同請引」，[12]平息了這件事。可見早在順治初年，貳臣們已經為了奉忠獻媚，而互相攻訐。到了順治三年（1646）四月，發生了「倪先任事件」。原來另一位貳臣李元鼎早年曾推薦倪先任予順天巡撫柳寅東，其後劫盜劉傑被捕，劉宣稱倪先任是其同黨，鞫實，先任正法，元鼎、

---

11 餘如劉昌於順治四年至八年任工部左侍郎，六年八年兩詔晉太子太保，十年遷工部尚書；梁清標於順治十年以前任編修，後累遷侍講學士。

12 《清史列傳·馮銓傳》，頁 6556。

寅東亦遭革職。[13]後至順治八年（1651）閏二月，多爾袞死後被奪封追論，[14]依附多爾袞的權臣譚泰（滿人）和陳名夏再推薦李元鼎，元鼎遂起原官（兵部右侍郎），但不久終於又在任珍（亦貳臣）案中，以受賄的罪名而被罷免。按：任珍，河南宜陽人，明河州副將，降清後累官至左都督加太子太保授三等子爵。順治十年（1653），因為對家人淫亂擅殺，家中的奴婢為首告，遂下三法司鞫訊，論斬決，諭免死，徙置遼陽。李元鼎曾受任珍的賄賂，並議絞，諭免，以杖刑抵贖。[15]當時漢族貳臣之中，身敗名裂的，固然以李元鼎和任珍為主角，但像龔鼎孳、馮銓、陳名夏等，其名聲亦甚狼籍，《貳臣傳》中歷歷可見。如〈龔鼎孳傳〉云：

> 先是給事中許作梅莊憲祖等交章劾大學士馮銓，睿親王集科道各官質問。鼎孳曰：「馮銓乃背負天啟、黨附魏忠賢作惡之人。」銓曰：「流賊李自成陷害明帝，竊取神器，鼎孳反順逆賊，竟為北城御史。」鼎孳曰：「豈止鼎孳一人？何人

13　《清史列傳・李元鼎傳》，頁6601。按：《貳臣傳・柳寅東傳》：「初，寅東與侍郎李元鼎善，其出為巡撫也，元鼎薦其門下人倪先任才堪使令，寅東遂給以參將牌箚。四年，部臣以先任曾為盜黨，寅東濫給牌箚，請逮訊。鞫實，與元鼎並罷職歸。」頁6611-6612。

14　順治七年十二月初九，多爾袞病逝於喀喇城。八年正月初七日，以蘇克薩哈、詹岱為議政大臣。二月十五日，蘇克薩哈等告發攝政王多爾袞不法事，旋追奪所得封典。二十一日世祖即追論多爾袞罪狀，昭示中外。其中有「凡伊喜悅之人，不應官者濫升，不合伊者濫降」之狀，可見世祖對於多爾袞實隱忍已久，而朝臣中何人屬多爾袞之黨，世祖亦已了然於胸。

15　並參《清史列傳・任珍傳》，頁6584。

不曾歸順？魏徵亦曾歸順太宗。」王笑曰：「人果自立忠貞
然後可以責人。鼎孳自比魏徵，而以李賊比唐太宗，可謂無
恥。似此等人，祇宜縮頸靜坐，何得侈口論人？」[16]

睿親王多爾袞領兵入京師，等於是親手奪取明室江山的首腦，故貳
臣之中投降睿親王的特別多，亦等於因依附睿親王而得貴顯。這些
人之中，除了龔鼎孳外，其餘如張若麒、李元鼎、薛所蘊、劉昌、
劉餘祐、孫承澤、熊文舉等人，又都曾經投降闖王李自成，入福王
時之從賊案。鼎孳在眾人面前直言「何人不曾歸順」，等於引述在
座者共同經歷，實有所指，所言非虛；多爾袞羞辱他，即等於同時
侮辱其他在座的貳臣，這些人又豈能沒有兔死孤悲之感？這樣難堪
的情景，根本的原因是漢族貳臣大多出身濁流，行跡卑劣，為蠅營
狗苟之輩，被羞辱可謂實至而名歸。這是本文所稱的「漢族貳臣之
操守問題」。

（二）滿漢大臣相互間之不合

〈馮銓傳〉云：

（順治十年）四月，九卿等會勘刑部擬斬之歸旗原任總兵任
珍，為家婢首告怨望及醜行，滿洲官皆如刑部所擬，管吏部
事。陳名夏與戶部尚書陳之遴等漢官二十八人擬任珍應勒令
自盡。[17]

---

16 《清史例傳‧龔鼎孳傳》，頁6594。
17 《清史列傳‧馮銓傳》，頁6558。

陳寅恪《柳如是別傳》第五章「復明運動」引林時對《荷鍤叢談》三「鼎甲不足貴」條云：

> 吳偉業，辛未會元榜眼，薄有才名，詩詞甚佳。然與人言，如夢語囈語，多不可了。余久知其謎心。鼎革後，投入土撫國寶幕，執贄為門生，受其題薦，復入詞林。未有子，多攜姬妾以往。滿人詢知，以拜謁為名，直造內室，恣意宣淫，受辱不堪，告假而歸。又以錢糧奏銷一案，褫職，慚憤而死。所謂身名交敗，非耶？

陳氏案語云：

> 林氏之語過偏，未可盡信，然藉此亦得窺見當建州入關之初，北京漢族士大夫受其凌辱之情況。[18]

〈陳名夏傳〉：

> （順治）十一年，大學士寧完我列款奏劾名夏曰：「……（名夏）包藏禍心以倡亂，嘗謂臣曰：要天下太平，只依我兩事。臣問何事。名夏推帽摩其首云：留髮復衣冠，天下即太平。……」[19]

18　《柳如是別傳》下冊，頁849。雄按：林時對的說法甚可疑。從偉業赴京時所寫的詩看，他出發時根本沒有準備要出仕，更沒有準備在北京逗留，所以多攜姬妾以往的可能性不大。

19　《清史列傳·陳名夏傳》，頁6615。

由上述的記載，可以略見當時滿漢大臣間旳關係。任珍任職興安總兵時，對家奴淫亂擅殺，於順治十年事發，本來已經向兵刑二部大臣行賄[20]，卻竟然因區區一小婢的訐告，遂致「滿洲官皆如刑部所擬，管吏部事」，正是因為當時的吏部尚書是陳名夏而非滿洲貴族官員。受株連的李元鼎的復出，原本出自權臣譚泰和陳名夏的推薦，名夏本依附的譚泰既已在順治八年正法，所推薦的元鼎亦已獲罪。名夏為求自清，遂不得已主動集合陳之遴等漢官二十八人擬任珍「應勒令自盡」。此一事件充分暴露出滿漢官員之間的緊張形勢。至於林時蔚所敘述的故事，雖然未可盡信，但正如寅恪先生所說，亦足以窺見滿漢大臣之間的衝突。我的意思是，滿漢衝突，緣起於種姓之別，而漢族貳臣以卑污的品格高居要津，也有以促成。因為根據史籍如《東華錄》所記，建州部落早已知道明季政局混亂，多半肇因於官僚的腐敗；明亡清興，貳臣的卑劣行徑實有以促成之。滿洲人既親眼目睹了導致明朝滅亡的主因，面對貳臣，又豈能不倨傲以對？另方面滿洲大臣若要打擊貳臣，最方便的方法當然從「非我族類，其心必異」一點下手，就是指他們為包藏禍心以倡亂。其實陳名夏所說的兩句話，就種族政策來說固然是大逆不道；但從統治的實效而論，亦未嘗沒有道理，這從當年清兵入浙，浙東士民的反應，即可略知。[21]滿州大臣固然卑視漢族士大夫，但反過來，對

---

20 《清史列傳·李元鼎傳》：「（任珍）至是事敗，兵刑二部株連得罪者十餘人。」頁6601。

21 參司徒琳：《南明史》，第三章，頁63。

於久歷黨爭的漢族貳臣來說，他們又豈能對滿洲貴族長期隱忍？
〈龔鼎孳傳〉云：

> 上以鼎孳自擢任左都御史，每於法司章奏，倡生議論，事涉
> 滿漢，意為輕重，敕令回奏。[22]

〈陳之遴傳〉：

> 十二年正月，奏請照律例以定滿州官員有罪籍沒家產、降革
> 世職之法，下所司議行。[23]

陳之遴的建議被採納了，鼎孳卻被世祖訓斥。以漢人而立足於滿人
盤據的朝廷，又豈能印首信眉？史家都知道清中葉官場諭媚，漢族
學者埋首故籍。其實從清初滿洲政權用漢族貳臣的實際情況看，重
滿輕漢，則漢族士人的外王之學必然無用武之地；朝廷中沒有清流
（指漢族士大夫之清流）的優良傳統，則官場風習必然諭媚。所以
清中葉呈露的種種積弊，早在清初已經種下惡因。清世祖屢申訓
戒，顯然亦深知滿漢衝突會危及朝綱。〈陳名夏傳〉云：

> 上嘗幸內院，閱會典及經史奏疏，必與諸臣講求治理，兼訓
> 諸臣以滿漢一體，六部大臣，不宜互結黨與。[24]

《列傳》作者用「必」、「兼訓」等字，特別指出了「滿漢一體」

22　《清史列傳·龔鼎孳傳》，頁6595。
23　《清史列傳·陳之遴傳》，頁6571。
24　《清史列傳·陳名夏傳》，頁6614。

是世祖時時刻刻不忘訓示諸臣的話語，則讀者亦不難明白當時滿漢大臣的關係了。這就是本文所稱「滿漢大臣相互間之不合」。

（三）漢族大臣相互間之不合

　　所謂漢族大臣間的不合，前文所述順治元年孫承澤攻擊馮銓、洪承疇及謝陞，是漢族大臣之間第一次衝突，所牽涉的人物都是貳臣。第二期則是前朝黨爭的延續，亦即馮銓遭受非貳臣的漢族士大夫交章疏劾。原來馮銓自從於天啟年間以諂媚魏忠賢而得勢後，屢屢假藉魏的威權殺害忠良。[25]順治二年八月，御史吳達疏劾馮銓曾為明季逆黨魏忠賢乾兒，仕清以來，攬權納賄，故習不移。同時，給事中許作梅、莊憲祖、杜立德，御史王守履、羅國士、鄧孕槐、李森先等亦交章劾銓，一時之間朝臣對馮銓的攻擊紛至沓來。多爾袞以「明季諸臣，黨害無辜，以致明亡。今科道各官，仍蹈陋習，申戒之」[26]論定，杜塞眾口，維護了馮氏的地位。這件事同時亦說明了明季黨禍在清初政壇的延續。馮銓遭劾一事雖然暫時平息，但黨爭實愈趨激烈，代表性事件之一，是譚泰一黨勢力的崩潰，其二則是南人北人的衝突。

　　譚泰是滿州正黃旗人，頗立戎馬之功，曾犯死罪，因立誓效忠，

25　《清史列傳·馮銓傳》：「副都御史楊璉劾忠賢二十四罪，忠賢懼，求助外廷。銓具書於忠賢姪良卿，言外廷不足慮，且教之行廷杖、興大獄。銓與錦衣衛都督田爾耕、左都御史崔呈秀、給事中李魯生等並諂事忠賢，又引其所取主事曹欽程為忠賢養子，列十狗之一。」頁6554。

26　同前注。

重新被多爾袞拔擢，[27]權傾朝野，與祖籍南方的貳臣即陳名夏（江南溧陽人）、陳之遴（浙江海寧人）及洪承疇（福建南安人）等深相結納。順治八年（1651）二月，多爾袞已遭奪封，浙江道御使（兼掌河南道事）張煊（亦貳臣）即上疏，言「文武兩途，全才難得，近以武職改任督撫，恐政體民瘼，未必曉暢，請還本職，以全器使」，其中「文武兩途，全才難得」二語，頗觸譚泰、洪承疇等忌諱，因為他們都出身於沙場之上、立功於戎馬之中。時洪承疇為大學士，議煊應調離京師。於是煊又上疏論陳名夏十罪兩不法，並指控名夏與承疇、之遴「於火神廟屏左右密議，不知何事」，等於暗指他們密謀造反。疏入，適逢世祖不在京師，由議政王大臣鞫議。鞫議中譚泰「力祖名夏，於廷議時咆哮起爭」，指張煊「誣忠臣以死罪，應反坐」，於是煊竟被處死。[28]世祖追論多爾袞後，即表揚張煊摘奸發伏，論令將譚泰正法，等於剷除了多爾袞的殘餘勢力。譚泰死後，名夏等三人失去多爾袞和譚泰的支持，形勢益蹙。

至於所謂「南人北人之衝突」，馮銓（順天涿州人）、孫承澤（順天大興人）等是北方人，與陳名夏、陳之遴、洪承疇及龔鼎孳（安徽合肥人）等南方人一直不合。前文所述馮銓和龔鼎孳交相指摘事，正是明證。順治八年（1651）世祖以大學士馮銓受賄，失大臣之體，且在任七年，「毫無建明，毫無爭執」，著令致仕。陳名

---

27 參《清史列傳·譚泰傳》：「譚泰，滿州正黃旗人，姓舒穆祿氏，揚古利從弟也。……崇德六年，隨睿親王多爾袞等征明……前後十三戰皆捷。……」

28 並參《清史列傳·張煊傳》。譚泰與陳名夏等在朝中互為聲援事，〈陳名夏傳〉：「初，睿親王多爾袞專擅威福，尚書公譚泰剛愎攬權，名夏既掌銓衡，徇私植黨，揣摩執政意指，越格濫用匪人，以迎合固寵。」頁6614。

夏和陳之遴旋即取代馮氏的相位，相繼入內院（參馮銓傳）。十一年（1654）銓復原官，世祖詢翰林官賢否，銓即奏云：

> 人有優於文而無能無守者，有短於文而有能有守者；南人優於文而行不符，北人短於文而行或善。今取文行兼優者用之可也。[29]

馮銓這番話，無異盡斥名夏、之遴等南方人為「無能無守」，行為與言語不符。繼而任珍事起，名夏、之遴被滿州官員迫逼，於是馮銓趁機會再度於奏對時面議名夏。世祖斥責說：

> 爾馮銓曩不孚於眾論，廢置業已三載，以爾才堪辦事，不念前怨，特行起用，以期自新。自召至以來，讜論未聞，私心已露。如前日面議陳名夏等一事，爾之所對，豈實心忠良之言耶？

銓受責後，即上疏請罪。世祖又說：

> 馮銓與陳名夏素相矛盾，朕所習知，因言不合理，是以有責問之旨。今馮銓既已知罪，再觀自新，仍照舊辦事。以後諸臣有如此懷私修怨、不公不平者，急宜改省。[30]

世祖當時年紀雖輕（十六歲），然而豈不知貳臣既可以不忠於明，亦可以背叛於清的道理？而為什麼他親睹貳臣們屢以權謀相軋，仍

29　《清史列傳・馮銓傳》，頁 6558。
30　同前注。

然隱忍訓斥呢？我想，其實他亦深切明白到滿洲以部落崛起，未嘗有統治大帝國的經驗；貳臣品格雖然卑下，但卻熟知舊章故典，是滿洲人不得不依賴的。從其他種種跡象，亦可以窺見滿清統治者這種矛盾心情。像在平反張煊一案中，廷臣審訊陳名夏，世祖雖然直指名夏為「輾轉狡詐之小人」，將他革職，但俸米得照支，而且不久又恢復他吏部尚書的職位。[31]又如馮銓雖於八年閏二月受諭著令致仕，三年後復以原官起任。當張煊、譚泰的事件發生後，世祖下旨：「凡譚泰干連之人，一概赦免」，[32]等於為名夏等人留下餘地。名夏被革後，孫承澤又向世祖奏薦他。〈孫承澤傳〉：

> 承澤奏言：吏部尚書，權衡所寄，得人為難。伏見大學士陳名夏在吏部時頗能持正，請以名夏分理部事，必能仰副澄清之治。上覽奏，謂閣臣曰：「朕見承澤此疏，洞其隱微，代為含愧。彼意允其所請而用名夏，則於彼有利；否則又將使朕猜疑名夏。」[33]

〈陳名夏傳〉：

> 時吏部尚書員缺。左侍郎孫承澤請令名夏兼攝。上以侍郎推舉大學士，有乖大體，責令回奏。復諭名夏曰：「爾可無疑懼。」越翼日，仍命署吏部尚書。上嘗幸內院，閱會典及經史奏疏，必與諸臣講求治理，兼訓諸臣以滿漢一體，六部大

---

31 《清史列傳·陳名夏傳》，頁6614。

32 《清史列傳·張煊傳》，頁6502。

33 《清史列傳·孫承澤傳》，頁6597。

臣，不宜互結黨與。[34]

世祖懲於明末黨爭誤國，恐怕重蹈覆轍，因此屢次申誡漢臣「不宜互結黨與」。此所謂「漢族大臣相互間之不合」。

三、受薦出仕的背景

程穆衡《詩集箋注》卷六〈將至京師寄當事諸老〉其一：

> 柴門秋色草蕭蕭，幕府驚傳折簡招。敢向煙霞堅笑傲，卻貪耕鑿久逍遙。楊彪病後稱遺老，周黨歸來話聖朝。自是璽書修盛舉，此身只合伴漁樵。

其二：

> 莫嗟野老倦沈淪，領略青山未是貧。一自弓旌來退谷，苦將行李累衰親。田因買馬頻書券，屋為牽船少結鄰。今日巢由車下拜，淒涼詩卷乞閒身。

其三：

> 匹馬天街對落暉，蕭條白髮悵誰依？北門待詔賓朋盛，東觀趨朝故舊稀。雪滿關河書未到，月斜宮闕雁還飛。赤松本是留侯志，早放商山四老歸。

---

34 《清史列傳·陳名夏傳》，頁6614。

其四：

> 平生蹤跡儘繇天，世事浮名總棄捐。不召豈能逃聖代？無官
> 敢即傲高眠？匹夫志在何難奪，君相恩深自見憐。記送鐵崖
> 詩句好，白衣宣至白衣還。[35]

根據這幾首詩，偉業在即將抵達京師時，就知道自己受召出山，必
定和朝中顯貴「諸公」有密切的關係，他未來的命運，也很可能操
縱在他們的手中，於是他寫下這幾首詩，表明不願出仕之志，祈能
白衣而還。詩中哀懇之情，溢於言表。[36]第一首「逍遙」句下程穆
衡《箋注》說：

> 同時諸公彈冠而起者，後先致通顯。咸疑公獨高節全名，故
> 必欲強起之，不得不如此先破其積見。[37]

---

35 《吳梅村詩集箋注》上冊，頁 387-389。

36 雄按：「楊彪病後稱遺老，周黨歸來話聖朝」二語，無異向諸貳臣直表心
志。《後漢書·楊彪傳》：「彪見漢祚將終，遂稱腳攣不復行，積十年。」
同書《周黨傳》：「周黨字伯況，太原廣武人也。……及王莽竊位，託疾
杜門。……建武中，徵為議郎，以病去職，遂將妻子居黽池。復被徵，不
得已，乃著短布單衣，穀皮綃頭，待見尚書。及光武引見，黨伏而不謁，
自陳願守所志，帝乃許焉。……（光武）詔曰：『自古明王聖主必有不賓
之士。伯夷、叔齊不食周粟，太原周黨不受朕祿，亦各有志焉。其賜帛四
十四。』」偉業以楊彪、周黨自喻，等於希望清世祖能效法光武帝，尊重
不受帝祿者。

37 《吳梅村詩集箋注》上冊，頁 387。

《箋注》卷六收錄偉業自啟程入都至京師途中所作。偉業在順治十年癸巳（1653）九月出發往北京，依「雪滿關河」二句，他在「將至京師」時，正是該年冬天。古時候交通不便，秋天通常是比較不利於遠途旅行的，這就可見偉業赴京時內心的迫切和抑鬱。所謂「彈冠而進」，典出《楚辭》〈漁父〉「新沐者必彈冠，新浴者必振衣」，是指「新沐皇恩」的仕清明臣。但程穆衡並未具言「同時諸公」的姓名。如果我們據顧湄〈行狀〉和《清史列傳》本傳，認為「諸公」一詞，只指孫承澤和馮銓二人的話，我們可以想像一下：當時朝廷中像陳之遴、洪承疇等南方人對推薦偉業都默默不置一辭，獨獨兩名和東林復社不和的北方政客上疏推薦，豈非不可思議？此其一。如前文所述，馮銓在順治十一年復任後，就提出「人有優於文而無能守」和「南人優於文而行不符」的說法，又隨即推薦偉業，豈非立即否定自己所說過的話？按常理說這是斷斷不會發生的事。此其二。以下我根據前文的分析，嘗試分析推測如下。

當順治八年（1651）多爾袞遭追論以後，依附睿親王的貳臣失去依靠，於是譚泰伏誅，孫承澤、陳名夏、馮銓，都先後見責於世祖，而且名夏、馮銓先後被罷黜（名夏旋復任，馮銓亦於順治十一年復原官），順治十年，任珍、李元鼎獲罪。漢族貳臣既自相傾軌，又不斷遭受打擊，勢力大挫。自甲申（1644）以降，其相互間的爭鬥、顏面的墮落、以至於滿族大臣對他們的種種不滿，均於順治九年、十年至於極點。順治九年（1652）馬國柱的推薦偉業，是依據朝廷所頒薦舉山林遺老的法令辦理，並無特別之處；但對於朝廷漢族貳臣而言，偉業受薦出仕，實符合他們的利益，因為投效滿清的漢族士大夫，幾無一人身屬清流，像擅於臨陣逃竄的兵部侍郎張若

麒、[38]跪求魏忠賢的馮銓、[39]投降李自成的龔鼎孳、劉餘祐等，這些人之所以居高位而屢遭皇帝責辱，又被滿州貴族所鄙所逼，完全和他們的物望名聲有關。偉業久在社黨，名重詞林，出處清謹，在福王的小朝廷任官兩月，即與馬士英、阮大鋮不合而拂袖離去，出身及清譽與當時的貴顯諸公可謂有天壤之別。侯方域稱偉業為「海內賢士大夫領袖」，[40]固不無誇大之處，但畢竟偉業居於清流文壇，是具有非常地位的。漢族貳臣的推薦偉業，對朝中漢族士大夫集團實有幫助，這是遠因，亦是第一個推測。漢族貳臣素來有南北矛盾，若以北方政客推薦南方文人，則既有團結勢力的具體作用，亦有南北和好的象徵意義，於是而有順治九年孫承澤的推薦。這是第二個推測。順治十年（1653）馮銓復任，又因為面議陳名夏而遭世祖訓斥，十一年（1654）遂與名夏聯名薦舉人才，[41]其中即有吳偉業在

38　《清史列傳·張若麒傳》：「十四年我太宗文皇帝圍錦州，總督洪承疇集諸鎮兵來援，未敢決戰。兵部尚書陳新甲遣若麒往商於承疇，欲分四路夾攻。承疇慮兵分力弱，議主持重；若麒以圍可立解入告，新甲益趣承疇進兵。若麒屢報捷，薦加光祿寺卿。既而諸軍自松山出戰，我師擊敗之，殲殪各半，若麒自海道循還，新甲庇之，復令出關監軍。十五年二月松山城破，若麒復自寧遠遁還。……於是若麒論死繫獄。及流賊李自成陷京師，縱出，受偽職為海山防禦使。」

39　《清史列傳·馮銓傳》：「（銓）父盛明，官河南左布政，被劾歸。……天啟四年，魏忠賢進香涿州，銓跪謁道左，泣訴父為東林黨陷害。忠賢憐之，起官。」

40　侯方域：《與吳駿公書》，王樹林校箋：《侯方域集校箋》卷三，頁157。

41　《清史列傳·馮銓傳》：「十一年正月，與大學士陳名夏、成克鞏、張端、呂宮合疏薦舉原任少詹事王崇簡、巡按御史郝浴、給事中向玉軒、中書宋徵璧、知縣李人龍可擢任；前明翰林楊廷鑑、宋之繩、吳偉業、方拱乾，

內。這樣的作為，不但加強南北之嫌已經平息的印象，亦含有馮陳和好、黨爭結束的象徵作用。這是第三個推測。我初讀《清史列傳》〈吳偉業傳〉，見孫、馮薦舉偉業，感到大惑不解，後來追憶漢族貳臣之間的衝突，才開始懷疑薦吳一事，似乎經過籍貫南方的貳臣的默許，而程穆衡所謂「彈冠而進」之「諸公」，除馮、孫二人外，恐怕還應該包括陳名夏、陳之遴、洪承疇及龔鼎孳等人。然而，偉業身處江南，恐怕並不很清楚朝廷中滔滔不斷的黨爭。他在〈上馬制府書〉中說：

> 偉業少年咯血，久治不瘥。今夏舊患彌增，支離床褥，腰腳瘈瘲，胸腹膨脹，飲食難進，骨瘦形枯，發言喉喘，起立足僵，困劣之狀，難以言悉。豈有如此疾苦，尚堪居官效力，趨蹌執事者耶？偉業自辛未通籍後，陳情者二，請急者三。

中書陳士本、知縣黃國琦，可補用。」這次薦舉共十一人，原任職滿清朝的五人中，唯王崇簡、郝浴《清史列傳》中有傳，王原為崇禎進士，戶部觀政，未正式為明朝官員，故不列於《貳臣傳》，自順治三年補選庶吉士後，逐年晉升至禮部尚書加太子太保，仕途可稱順遂；郝在順治十年平定孫可望、李定國亂事中固守保寧，原應有功，因此得到馮銓等人的舉薦，但郝因不接受吳三桂賜冠服，更劾吳擁兵觀望，而反遭吳疏劾「欺罔冒功」，被革職論死，後免死流徙奉天。至於馮銓、陳名夏等補用的六個明朝舊臣，只有吳偉業出仕，其餘五人在《清史列傳》中無傳，此可見清初受到朝臣推薦明臣，並不一定得到滿清皇帝的授官。同為前明翰林，楊廷鑑、宋之繩既可得免，何以獨吳偉業不能？豈不是由於「當事諸老」的緣故？

歸臥凡踰十載，其清羸善病，即今在京同鄉諸老，共所矜諒。[42]

〈辭薦揭〉（即〈上馬制府書〉中所稱「撫按兩臺，偉業已具揭請之矣」的「揭」）說：

> 偉業稟受尫羸，素有咯血之證。每一發舉，嘔輒數升，藥餌支持，僅延殘喘。不意今春舊疾大作，竟成虛損。胸膈脹滿，腰腳虛寒。自膝以下，支離攣蹶……沈痼已甚，療治無功，奄奄一息，飲食短少，待盡床褥，不能行立。……偉業自辛未通籍後，在京止有四載，臥病迺踰十年，其清羸困劣，當塗諸老，見聞共悉。[43]

以病辭薦，是勝朝遺老不仕新朝慣用的理由，然而偉業哀懇「當事諸老」見憐，希望「白衣宣至白衣還」，實是絕無可能的事，因為形勢已成，就不是他主觀意願所能左右的了。

四、從吳偉業的兩首詩看他赴京時之心情

癸巳以前，偉業的志節絕無可疑，甲申（1644）之變，王鰲永、王正志等迎降清兵於北京；乙酉（1645）之變，錢謙益迎多鐸於南京，偉業都不在其列。上文描述偉業出仕滿清的客觀背景，本節討論他的主觀心境。他在赴京途中所作的詩，除了前文〈將至京寄當

---

42 吳偉業：《上馬制府書》，四部叢刊本《梅村家藏稿》。

43 吳偉業：《辭薦揭》，《梅村家藏稿》。

事諸老〉四首外，還有〈言懷〉一首、〈新蒲綠〉兩首，都可見其
赴京時的心情。謹作分析如下。

七律〈言懷〉一首，程穆衡《詩集箋注》置於卷二，即「乙酉
五月至丁亥遊越」所作。但我認為這首詩應繫在卷六，亦即癸巳受
薦後、甲午赴京前。詩曰：

> 苦留蹤跡住塵寰，學道無成且閉關。只為魯連寧蹈海，誰云
> 介子不焚山？枯桐半死心還直，斷石經移蘚自斑。欲就君平
> 問消息，風波幾得釣船還。[44]

《史記·魯仲連鄒陽列傳》：

> 魯仲連曰：「彼秦者，棄禮義而上首功之國也，權使其士，
> 虜使其民。彼即肆然而為帝，過而為政於天下，則魯連有蹈
> 海而死耳，吾不忍為之民也。」[45]

《春秋》僖公二十四年《左傳》：

> 晉侯賞從亡者，介之推不言祿，祿亦不及。……其母曰：「亦
> 使知之，若何？」對曰：「言，身之文也。身將隱，焉用文
> 之？是求顯也。」其母曰：「能如是乎？與女偕隱。」遂隱
> 而死。

《新序·節士篇》：

44　《吳梅村詩集箋注》上冊，頁118。
45　《史記·魯仲連鄒陽列傳》，頁2461。

　　（晉文公）求介之推不能得，以謂焚其山宜出。及焚其山，
　　遂不出而焚死。[46]

〈言懷〉第三、四句是自我表白，意謂寧蹈海而死，亦不甘於仕清；
但正如介之推母子偕隱遭焚而死，清廷為徵召他出山，又不無禍及
其慈親的可能。第五句靳榮藩《吳詩集覽》及吳翌鳳《梅村詩集箋
注》都引枚乘〈七發〉「龍門之桐，其根半死半生」注釋，[47]其實
偉業這一句典故應該是用庾信〈枯樹賦〉「桂何事而銷亡，桐何為
而半死」。〈枯樹賦〉又云：

　　況復風雲不感，羈旅無歸。未能採葛，還成食薇。沈淪窮巷，
　　蕪沒荊扉。既傷搖落，彌嗟變衰。[48]

庾信晚年羈旅北方，每多「鄉關之思」。〈枯樹賦〉通篇的主旨，
即在這八句，亦即針對篇首「何事銷亡，何為半死」二問句的答語。
偉業寫下這二句，顯然是預見了羈旅北方，還鄉無日，貞節遭毀，
白璧生瑕的歲月，即所謂「斷石經移蘚自斑」。而末二句暗喻前途
未卜、禍福無定，在極度惶惑之餘，只希望於風波之中終得還家也。

46　〔漢〕劉向編，石光瑛校釋《新序校釋》卷七，頁962。又春秋僖公二十
　　四年《左傳》記介之推與其母「遂隱而死」（《春秋左傳注疏》卷十五，
　　頁255），其說稍異。

47　《吳詩集覽》（臺灣大學圖書館藏凌雲亭藏版）卷十一，頁12a及《吳詩
　　集覽》（光緒二十二年新化三味堂刊本）卷十一，頁8b。

48　庾信：《枯樹賦》。〔梁〕庾信著，倪璠集注：《庾子山集注》卷一，頁
　　53。

偉業赴京途中，著詩常以庾信自況，不但因為庾信羈旅北方，更因
為他受命於外族政權。像《詩集箋注》卷六〈過淮陰有感〉其一：

> 落木淮南雁影高，孤城殘日亂蓬蒿。天邊故舊愁聞笛，市上
> 兒童笑帶刀。世事真成反招隱，吾徒何處續離騷？昔人一飯
> 猶思報，廿載恩深感二毛。[49]

前引〈言懷〉的意旨和這一首是很一致的。顧湄〈吳先生偉業行狀〉
說：

> 乙亥入朝，充纂修官。[50]

偉業在崇禎八年（1635）充纂修官，時廿七歲，下距順治十一年
（1654）四十六歲恰為二十年，故謂「廿載恩深」。又庾信〈哀江
南賦序〉云：

> 粵以戊辰之年，建亥之月，大盜移國，金陵瓦解。....信年始
> 二毛，即逢喪亂，藐是流離，至於暮齒。[51]

梁武帝太清二年戊辰（548）八月侯景舉兵反梁。十月辛亥至建業。
據倪璠《庾子山年譜》，庾信時年三十六歲。崇禎十七年（1644）
甲申，偉業亦三十六歲，故借用庾信詩意，以古喻今。末二句意謂
昔人猶知一飯之德必報（典出《史記·淮陰侯列傳》），自己獲故

---

49 《吳梅村詩集箋注》上冊，頁 360。
50 錢儀吉編：《碑傳集》卷四十三，頁 1201。
51 庾信：〈哀江南賦序〉。《庾子山集注》卷二，頁 94。

主知遇，卻因為甲申年大盜移國之故，而不得一報，因此而有悲愴
奈何之感也。〈離騷〉有忠君思想，因此第七、八句即上承第六句
而來。偉業遠赴北方，以庾信自況，因此清代學者亦每以二人並稱。
四部叢刊《梅村家藏集》首頁載同治年間六人題詩。秦緗業詩云：

> 哀江南賦通天表，愁殺前朝侍從臣。苦被人呼吳祭酒，自題
> 圓石作詩人。

施補華詩云：

> 蕭瑟真憐庾子山，空餘詞賦動江關。白衣難結漁樵侶，青瑣
> 重登侍從班。吳地親朋移日下，淮王雞犬望雲間。滋蘭樹蕙
> 無窮意，憔悴聊看畫裡顏。[52]

可知從前讀梅村集者，實頗知以庾信譬況偉業，亦了解偉業的仕
清，其內心是有無窮的抱恨的。

馬導源《年譜》明永曆七年即清順治十年（1653）五月有〈新
蒲綠詩〉，其一云：

> 白髮禪僧到講堂，衲衣錫杖拜先皇。半杯松葉長陵飯，一炷
> 沈煙寢廟香。有恨山川空歲改，無情鶯燕又春忙。欲知遺老
> 傷心處，月下鐘樓照萬方。

其二云：

52　《梅村家藏集》四部叢刊本，卷首。

甲申龍去可悲哉，幾度東風長綠苔。擾擾十年陵谷變，寥寥
七日道場開。剖肝義士沈滄海，嘗膽王孫葬劫灰。誰助老僧
清夜哭，只應猿鶴與同哀。[53]

這首詩題曰〈新蒲綠〉，典出杜甫〈哀江頭〉：

少陵野老吞聲哭，春日潛行曲江曲。江頭宮殿鎖千門，細柳
新蒲為誰綠？[54]

杜甫〈哀江頭〉第四句字面的意義是：蒲柳未解山河變色，不管人
離樓空，仍展新綠，而實不知為誰而綠。偉業用杜甫詩意，譬喻明
亡以後，國亂已久，景物依舊，人事全非。所謂「白髮禪僧」，「白
髮」、「白頭」是明末遺老通用的語彙，用以表示忠貞志節。《詩
集箋注》卷六〈自信〉：

自信平生懶是真，底須辛苦踏征塵？每逢墟落愁戎馬，卻聽
風濤話鬼神。濁酒一杯今夜醉，好花明日故園春。長安冠蓋
知多少？頭白江湖放散人。[55]

同卷〈臨清大雪〉：

白頭風雪上長安，袒褐疲驢帽帶寬。辜負故園梅樹好，南枝

53　馬導源：《吳梅村年譜》，頁59。
54　仇兆鰲：《杜詩詳註》，第一冊，頁329。
55　《吳梅村詩集箋注》上冊，頁371。

開放北枝寒。[56]

〈自信〉中所謂「長安冠蓋」，即指朝廷的貳臣，偉業自謂「頭白江湖」，是他在途中仍然希冀能全身而退，保全名節。又顧亭林《詩集》康熙八年（1669）「亡友潘節士之弟耒遠來受學兼有投詩答之」有「為秦百姓皆黔首，待漢儒林已白頭」，[57]傅山《霜紅龕集》卷十「與某令君」有「民今病瘲深紅日，私念衰翁已白頭」[58]句，「白頭」、「白首」其義皆同。《編年詩集》卷五卷六之詩中往往有「白髮」、「白頭」、「白首」等詞語，都是偉業自視為前朝遺老的證據。[59]偉業所感慨者，是國事已去，故友殉節，[60]唯有偷生者獨自哀鳴於人間。偉業希望能持節而終不能，錢澄之《田間詩集》〈寄梅村詩〉其一云：

> 曾記陪京謁後塵，爭看天上謫仙人。清姿對雪遙相映，彩筆當筵捷有神。已向南廂悲舊史，誰憐東閣有殘賓？當時末座今頭白，爭怪先生髮早新。[61]

56　同前注，頁379。

57　顧炎武：《亭林詩集》卷四，《顧亭林詩文集》，頁389。

58　傅山：《霜紅龕集》卷十，上冊，頁272。

59　參《編年詩集》卷六〈下相極樂庵讀同年北使時詩卷〉：「蘭若停驂灑墨成，過河持節事分明。上林飛雁無還表，頭白山僧話子卿。」蘇武字子卿，為匈奴囚禁，持節不屈，參《漢書》卷五四。

60　「剖肝義士沈滄海」謂陳子龍投水殉節事。

61　錢澄之《客隱集·辛亥》，《田間詩集》卷十七，頁468。雄按：所謂「南廂」「東閣」者，均指偉業於崇禎時所任的職位。《箋注》卷二〈過南廂

錢氏未仕清，故自稱「今頭白」；謂偉業「髮早新」，即指他變節出仕。至於「禪僧」一語，明末遺老針對滿清「薙髮」、「易服」的命令，往往剃青絲、著袈裟，以表示消極抵抗。或者在絕命時，亦作僧人打扮，以表示不肯易服隨時。祝芸堂《純嘏編》「孤忠後錄」：

> 順治四年丁亥黃毓祺起兵海上，謀復常州。……六年己丑，黃毓祺死於金陵獄。……作絕命詩，被衲衣，趺坐而逝。[62]

「衲衣」就是僧人穿的衣服。又顧湄〈吳先生偉業行狀〉說：

> （偉業）乃自敘事略曰：「吾一生遭際，萬事憂危，無一刻不歷艱難，無一境不嘗辛苦，實為天下大苦人。吾死後，斂以僧裝，葬吾於鄧尉靈岩相近，墓前立一圓石，題曰詩人吳梅村之墓。勿作祠堂，勿乞銘於人。」[63]

可見「白髮禪僧」的意思，是很明顯的。至於其一稱「無情鶯燕」，應該是指仕清薦己的貳臣，即陳名夏、孫承澤及馮銓之徒。燕子是歷看人間盛衰興亡的象徵，典出劉禹錫詩「舊時王謝堂前燕，飛入

園叟感賦八十韻〉引陳沂《金陵世紀》云：「洪武十四年建國子監於雞鳴山之南，……東廂為祭酒燕居，南為司業廟。顧湄〈梅村先生行狀〉：『崇禎己卯，陞南京國子監司業。』」

62　祝芸堂《純嘏編》「孤忠後錄」，中國歷史研究社編：《三朝野記》，頁226、228。

63　錢儀吉編：《碑傳集》卷四十三，頁1203。

尋常百姓家」。[64]「鶯」則是小人的象徵。孔尚任《桃花扇》〈餘韻〉「秣陵秋」：

> 陳隋煙月恨茫茫，井帶胭脂土帶香。駘蕩柳綿沾客鬢，叮嚀
> 鶯舌惱人腸。中興朝市繁華續，遺孽兒孫氣燄張。只勸樓臺
> 追後主，不愁弓矢下殘唐。[65]

陳隋煙月，喻福王的「一年天子小朝廷」。「秣陵秋」第三、四句
承上啟下，指出弘光朝因馬、阮而傾覆。其中「柳綿」、「鶯舌」，
即是下文的「遺孽兒孫」，指認魏忠賢為乾爹的阮大鋮。所謂「無
情鶯燕又春忙」，偉業深恨忘故國、迎新朝的貳臣口舌招搖，正是
陷他於不義的罪魁禍首。

　　第二首謂「甲申龍去」，指思宗自縊事。「龍去」出自黃帝乘
龍而去，小臣攀髯無從的典故。[66]偉業是復社主要人物之一，復社
一向被視為東林黨的延續。東林黨所擁護的是潞王常淓而不是福王
由崧，[67]因此偉業雖然曾經立足弘光朝，但他所感歎的國變，都是
指甲申北京之變而不指乙酉南京之變。「十年陵谷變」，就是由甲
申年計算至本年（順治十年）。

64　《全唐詩》「劉禹錫」條。又周邦彥〈西河〉：「想依稀、王謝鄰里，燕
　　子不知何世。入尋常巷陌人家，相對如說興亡，斜陽裡。」周邦彥詞好用
　　唐人唐詩故實，充分證明了「燕子」的象徵意義。

65　孔尚任《桃花扇》，頁146。

66　《帝王世紀》，參馬驌：《繹史》卷五「黃帝紀」。

67　參《柳如是別傳》第五章「復明運動」，下冊，頁842。

五、結論

如「前言」所說的，本文只說明了吳偉業仕清的部分原因，並不是全部。本文最主要的工作，是推測孫承澤和馮銓推薦偉業的背景與動機。結論認為：孫、馮兩位北方政客之所以推薦吳偉業這個南方復社名流，可能經過在朝漢族士大夫取得一致共識，而特意由北方人疏薦，等於向清世祖表示南北對立已不復存在，可以說是一種政治的表態。客觀地分析，吳偉業被視為「海內賢士大夫領袖」，他的出仕，既可以提振在朝漢族士大夫的聲譽，亦可以增加貳臣們的勢力，應該是當時在朝所有貳臣共同願意的。既有這樣的背景，偉業便自然受到更不尋常的壓力，使他不得不在赴京途中向「當事諸老」寫下四首哀鳴乞憐的詩，亦使他注定無法「白衣宣至白衣還」。

用古人氣節的價值標準衡量，仕清一事，固然是偉業一生不可磨洗的污點，但各人的處境自有其不得已。偉業受在朝漢族貳臣的推薦，迫於形勢，又有「誰云介子不焚山」的顧慮，[68]如果他想事君（明朝之君主）以忠，就必不能事親以孝，故不得已而出山，又有什麼辦法能夠不留蹤跡於塵寰呢？或者有人會說：偉業剛勇不

68　顧湄：〈吳先生偉業行狀〉云：「本朝世祖章皇帝素聞其名，會薦剡交上，有司敦逼，先生抗辭再四，二親流涕辨，嚴攝使就道，難傷老人意，乃扶病出山。」（《碑傳集》卷四十三，頁 1202。）又錢仲聯《清詩紀事》三「順治朝卷」「吳偉業」條引沈德潛《國朝詩別裁集》：「梅村故國之思，時時流露。〈遣悶〉：『故人往日燔妻子，我因親在何敢死？不意而今至於此。』」（頁 1412）亦可作為他出仕心境的另一佐證。

足，不能像傅山、李顒等拒薦時所表現的堅毅勇決。[69]我則認為人的性格剛柔，自有分限，不可勉強，尤其當人生大關節之際，非當事者實難體會抉擇時的痛苦。古往今來，人們對易代之際的殉節持節者，產生特殊的尊崇，正是因為殉節持節實不易為。活在太平盛世之中衣食無憂的讀書人，固不難誇談高論自己如何傲骨崚崚；但「士窮乃見節義」，到了天崩地解、大難臨頭的一剎那，那些平時自誇硬骨頭的人，又未必真能堅持到底了。陳寅恪先生論錢謙益、馬士英及阮大鋮的關係，說：

> 世情人事，如鐵鎖連環，密相銜接，惟有恬淡勇敢之人，始能衝破解脫。[70]

這幾句話引自《柳如是別傳》（陳寅恪晚年的著作），是寅恪先生從他的人生磨難中體悟出來的道理，可謂發人深省。平情而論，偉業固然不是一位勇者，但他未嘗迎降，亦未嘗獻媚，相對於那些追逐功名、獻策運籌予異族政權的貴顯貳臣，即使有罪，亦應當從輕考量，不應將他和一般晚節不保、身名交敗的漢族士大夫相提並論。[71]〈言懷〉與〈新蒲綠〉都是典型的遺民詩，著作時期恰好在他受薦和赴京之際，都是可以證明其心跡的。

69　李顒以死拒出仕，參全祖望《李二曲先生窆石文》，《鮚埼亭集》卷十二，頁150。又《鮚埼亭集》《傅青主傳》記傅山被迫受薦接受博學鴻儒之事甚詳。

70　陳寅恪：《柳如是別傳》第五章「復明運動」，下冊，頁835。

71　錢仲聯《清詩紀事》引趙翼《甌北詩話》：「梅村當亡國時，已退閒林下。其仕於我朝也，因薦而起，既不同於降表僉名，而自恨濡忍不死，踽天蹐地之意，沒身不忘，則心與跡尚皆可諒。」（頁1414）

柒、龔自珍與晚清改革思潮[1]

梁啟超說「晚清思想之解放，定盦確與有功焉」，[2]這句時常被學者引用的話，籠統地指出龔自珍是晚清思潮的重要啟導者之一。但我還想進一步問：自珍究竟怎樣啟導了晚清思潮？他的「功」究竟有多大？而要如何定位？本文試圖為自珍與晚清思潮之間，勾劃出一個輪廓。

本文擬從四個論點，逐步切入問題，分別是：

一、論自珍標誌了清中葉至晚清學術思潮的轉化；

二、論自珍的影響應為一集團而非僅個人的影響；

三、論晚清變局激烈非自珍歷史循環論所能解釋；

四、論自珍影響晚清思潮者為尊史的思想。

一、論自珍標誌了清中葉至晚清學術思潮的轉化

（一）對前期學風的承繼

1　本文原發表於 1997 年 3 月國立中央大學中文系主辦「近代中國學術研討會」，未在期刊刊行發表。

2　梁啟超：《清代學術概論》二十二，《梁啟超論清學史二種》，頁 61。

自珍受兩位學者的影響極深，一為戴震、一為章學誠。戴、章二人，一治經學一治史學，宗旨各不相同，標誌了清代學術的兩大方向：一者為經學思潮，重點在於古代禮樂文化的探源與闡發；一者為經世思潮，重點在於當代人倫制度的經緯與改革。錢穆先生指出「東原、實齋乃乾嘉最高兩大師」，[3]戴震的經學終極關懷為「理」，章學誠經世思想亦重視人倫日用之「道」。我曾指出戴震與章學誠的學術關係並非對立而是由「戴」向「章」的延伸發展。[4]然而就經術考據與史學經世兩途而論，同時學者如焦循、凌廷堪都曾指出考據學的弊端；章學誠提倡「史學所以經世」，[5]亦僅止於提倡方志學而已。當然這不是要究責於戴、章二人。原本歷史環境就是在不斷變易之中，乾嘉以降，變化尤其激烈而快速。在這種情形下，戴、章二人所建立的學術規模，經數十年之後，豈能沒有有待於轉變與發展之處？亦即說，乾嘉之際的經學風氣要轉變，史學風氣也要轉變。龔自珍對於戴震和學誠的學術思想，都是有所承繼，亦有所轉變。關於自珍承繼章學誠的學術思想，錢先生《中國近三百年學術史》中早已指出。[6]學誠從古代經史典籍中特別意識到人倫事物的重要性，這是他了不起之處；他畢生治方志學，希望透過提倡

3　氏著：《中國近三百年學術史》第十章，頁475。

4　說詳拙著：〈論戴震與章學誠的學術因緣——「理」與「道」的新詮〉，刊《文史哲》「創刊六十周年紀念專號」總324期，頁163-175。

5　章學誠：《文史通義·浙東學術》，《章氏遺書》卷二，頁33。

6　氏著：《中國近三百年學術史》：「定菴學問志趣似不屑屑為經生，而頗有取於其鄉人實齋章氏文史經世之意也。」又：「至定菴之學，雖相傳以常州今文言之，而其最先門徑，則端自章氏入。」下冊，頁534。

方志來鼓勵儒者了解人民生活，這也是他的成就。然而，從清初諸
儒遺老建立的「經世」傳統看，「經世」思想的終極，必實踐於改
革政治社會，而學誠重「器」重「變」的思想，雖闡發了學術改革
時代問題的價值，但受限於乾隆時期文網的嚴密，政治言論的不自
由，他還未能推擴到提倡政治改革的地步。打個比方說，他拉滿了
弦，卻還未將箭射出。這就是我所說的有待於轉變與發展之處。學
誠晚年（嘉慶四年〔1799〕）有〈上執政論時務書〉，深切地指出
國家社會的危機，講出了一輩子不敢講的話，才算是直接觸及當
前政治問題，達到他年少時已倡言的「經世」的標準。[7]自珍提倡
「尊史」，[8]可說是承接著他的端緒，而大力鼓吹改革、考覈掌故、
慷慨論天下大事，這些固是學誠思想啟導的結果，但也在學誠的思
想上更轉進一層。簡而言之，章學誠主張切人事、重視及身之史和
轉變風氣的精神，具體表現於編纂方志和方志學的研究上；自珍則
進一步從人事歷史遷移遞換的「變」的理念中，推衍出全面改革國
家社會的思想。

　　自珍除了承繼學誠的歷史觀念，又特別受到戴震思想覈實精神
和自由主義的影響。章太炎指出乾嘉考據學中吳和皖兩大派。[9]吳

7　章學誠《文史通義》的理論，部分指向清代的科舉制度，而有所批判。說
　　詳拙著：〈章學誠「官師合一」說對科舉制度的批判〉，刊《國學學刊》
　　第 4 期，頁 38-47。

8　《龔自珍全集》原題為〈尊史〉的文章共有三篇。

9　章太炎：《清儒》：「其成學著系統者，自乾隆朝始。一自吳，一自皖南。
　　吳始惠棟，其學好博而尊聞；皖南始江永、戴震綜形名、任裁斷，此其所
　　異也。」《檢論》卷四，頁 23。

派代表人物為惠棟，崇古代而主漢學，即梁啟超所謂「凡古必真，凡漢皆好」；[10]皖派代表人物即為戴震，以小學為根柢，講求證據，太炎稱之為「綜形名、任裁斷」。錢大昕稱許戴震，認為「實事求是，不主一家」，[11]啟超認為戴震具有「思想解放之精神」、「實可以代表清學派時代精神之全部」、「此種研究精神，實近世科學所賴以成立」。[12]其實章太炎和胡適都曾先後指出，戴震著《孟子字義疏證》，撻伐「以理殺人」的思想，而直指清世宗《大義覺迷錄》以政治強權污辱真理的悲劇。[13]然則，戴震亦不是單純的考古媚古的考據家，而是一個具有獨立自由思想、並且批判時代風氣的勇者。自珍為戴震高第段玉裁的外孫，年少時已接受正統小學教育，建立起「以字說經，以經說字」[14]的治學風格。我們在《定盦文集》中，不難發現自珍曾舉出「知」、「覺」、「隱」、「史」、「心」、「賓」等概念，推究本義，引申及於今古，並且據以批判嘉道時期的社會現狀、政治危機和糜爛風氣。這種方法，是錢穆先生所謂「往往僅摭古書一兩字，引申說之，極於今古」，[15]亦即我

10　氏著：《清代學術概論》十，頁26。

11　錢大昕：《戴震傳》，《潛研堂文集》卷三十九，頁672。

12　梁啟超：《清代學術概論》十一，頁30、28、29。

13　見章太炎：〈悲先戴〉及胡適：〈戴東原的哲學〉。

14　龔自珍《己亥雜詩》「張杜西京說外家」自注：「年十有二，外王父金壇段先生授以許氏部目，是平生以經說字、以字說經之始。」《龔自珍全集》，頁514。

15　《中國近三百年學術史》第十章，下冊，頁489。其實自珍對於這種演繹的方法，已經做過清楚的註解。《與人箋一》：「古人文學，同驅並進，

所說的「演繹」的方法。這與戴學「綜形名、任裁斷」的治學方法和哲學的批判色彩是有承繼關係的。

戴、章二氏在世時，彼此宗旨歧異而不能合一。經學考據風氣如日中天，學誠終不能與戴震、錢大昕等人抗衡；然而在乾隆末年內憂外患日趨嚴重的形勢下，埋首故籍的考古工作終不能滿足豪傑之心，學誠所預期的風氣轉變呼之欲出。自珍以他雄奇瑰偉的文筆，將學誠畢生提倡的掌故之學和經世之學，和戴學樸實自由的精神結合一起，高舉「改革」的大纛，掀起誦史鑒、考掌故、慷慨論天下事的風氣。此所以我認自珍是標誌清中葉至晚清學術思潮的轉化的重要人物。

（二）對乾嘉學風的轉化

清初學者如顧炎武、黃宗羲、毛奇齡、萬斯大等，儘管治學的精神意趣各不相同，但都以《六經》為主要研究對象是一致的。[16]隨著遺老們的逝世，清初經學研究中的亡國之痛與民族精神日漸消減，但踏實於具體文獻分析，卻日益成為學者的共同價值標準。乾嘉學術以經學為大宗，以考據為手段，是前有所承的。自毛奇齡大

於一物一名之中，能言其大本大原，而究其所終極。」《龔自珍全集》，頁336。

16 清初諸老中，以毛奇齡遍注群經，著述最夥；萬斯大亦專注於經學，可惜早卒。黃宗羲曾有遍注群經的想法，顧炎武著《音學五書》，提出「讀經自考文始，考文自知音始」，更為乾嘉經學考據預示了規範。

張漢學門戶，¹⁷而乾嘉學者治經學、考據學，以漢儒最為近古，因而以漢儒經說為基本依據，故又有「漢學」之名。¹⁸經學考據學的最終目的，是要得古代聖賢之道；其基本精神，則是尊聖信古。風氣至於乾、嘉，已為極盛，但衰象也漸生。著名學者如焦循、凌廷堪等意識到漢學和考據學的流弊，亦頗思對當時學術風氣提出針砭，¹⁹但在尊聖信古的大前提下，始終不能突破據守古代經典的途轍。²⁰激進者如許宗彥，則直接認為經學研究沒有前途希望：

---

17 《四庫全書總目·經部·易類六·易小帖》稱毛奇齡「申明漢儒之學」、「實奇齡開其先路」。（頁145）凌廷堪《與胡敬仲書》說：「固陵毛氏出，則大反濂洛關閩之局，掊擊詆訶，不遺餘力，而矯枉過正，武斷尚多，未能盡合古訓。元和惠氏、休寧戴氏繼之，階聲詁字，必求舊音，援傳釋經，必尋古義，蓋彬彬乎有兩漢之風焉。」《校禮堂文集》卷二十三，頁206。

18 阮元：〈漢學師承記序〉：「兩漢經學，所以當尊行者，為其去聖賢最近。」《揅經室集》，頁248。

19 焦循：《雕菰樓集》卷十三《與孫淵如觀察論考據著作書》批評「考據」：「自周秦以至於漢，均謂之學，……無所謂考據也。……趙宋以下經學一出臆斷，……王伯厚之徒習而惡之，稍稍尋究古說，摭拾舊聞。此風既起，轉相仿效，而天下乃有補苴掇拾之學，……不知起自何人，強以考據名之。……本朝經學興盛，……其自名一學、著書授受者，不下數十家，均異乎補苴掇拾者之所為，是宜當以經學名之，烏得以不典之稱之所謂考據者混目其間乎？」《雕菰集》卷十三，頁212-214。凌廷堪《與胡敬仲書》：「宋以前學術屢變，非漢學一語，遂可盡其源流。即如今所存之《十三經注疏》，亦不皆漢學也。」《校禮堂文集》卷二十三，頁204。

20 說本錢穆：《中國近三百年學術史》。錢先生認為凌廷堪「十年治《禮》，考覈之精，固所擅長」，但要盡排宋儒，一以「禮」為依歸，所見偏狹，未能超越戴震。（下冊，頁493-499）至於焦循，則說：「然里堂雖力言

宗彥以為經誼之大者十數事，前人聚訟數千年未了，今日豈
復能了之？就今自謂能了，亦萬不能見信當時，取必後世。

而批評經學考據、形名訓詁不是大學問：

如僅僅校勘文字同異偽脫，或依傍小學，辨析訓詁形聲，又
或掇拾零殘經說，所得蓋小，私心誠不欲為之。

甚至指出復古考古為不可能：

三代去今遠，書籍散亡，典章制度，誠有不可考實者，自西
漢之儒，已不免望文為說，況又二千載下乎？……使孔子生
於今日，其所學者，不過由明溯宋而止耳，當不遠追三代，
為無徵之言，而施諸當世，無一可用也。[21]

專守古籍者終於只能在古籍上安身立命，對漢學反感者如許宗彥之
流又近於過度悲觀。儒學發展至此，幾幾乎已出現無出路的態勢。

　　根據焦循、章學誠等學者的批評，「漢學」的困境，簡而言之，
一在於據守文獻，脫離現實；一在於支離破碎，各守封域。而自珍
轉化乾嘉學風，我認為可從三方面說。其一為經史合一，乾嘉時期

變通，而里堂成學格局，實仍不脫據守範圍，凡其自所創通之見解，必一
一納之《語》、《孟》、《周易》，里堂雖自居於善述，然自今觀之，與
當時漢學據守諸家，仍不免五十步之與百步耳。」（下冊，頁475-476）

21　轉引自錢穆：《中國近三百年學術史》下冊，頁510。許周生為浙江德清
　　人，以文學書畫鳴世。但據王昶〈許積卿字說〉，許宗彥十一歲就能讀《五
　　經》、《史記》和《漢書》，著有《鑒止水齋集》，集中文章涉及經學、
　　算學、天文及小學等領域。

戴震、章學誠一主經學一主史學，自珍則史學掌故及今文經學並重；其二是經術經世，自珍上承乾嘉經學考據學正統，卻能據今文經學提倡改革思想，則經學不再是無用於當世的學術；其三是展望未來，乾嘉時期學者幾乎全以博識古代為務，而自珍提倡「開風氣」，探討里史世務的變化，其前瞻精神，和過往學者一意於考古大不相同。

（三）「器」觀念的轉變

我所謂自珍標誌清中葉至晚清學術思潮的變化，關鍵在於「器」觀念的轉變。「器」和「形」、「質」有關，《周易·繫辭上》「形而上者謂之道，形而下者謂之器」，孔穎達《正義》釋「器」為「形是有質之稱」，[22]「器」指的是具形而有質的事物。清初學術界許多學者熱烈研討經書史籍、歷史制度、地理山川、經濟政策、民族關係等事物，都不是無形而抽象的玄理，而是實實在在「有質」的事物，王夫之用「器」字來涵括它們，提出「天下唯器」，認為學者應以「器」為研究對象，而不要一味盯著「道」字不放。[23]這個

22　《周易注疏》：「道是无體之名，形是有質之稱。凡有從无而生，形由道而立……自形外已上者謂之道也，自形內而下者謂之器也。」《周易注疏》卷七，頁158。

23　宋明理學時期理學家求形而上的「道」，王夫之則強調「器」先於「道」，認為「道」是依附於「器」之上的，沒有「器」就沒有「道」。夫之對於「器」的意見，大致可歸納為幾點：一、「器」先於「道」，「道」依附於「器」。他說：「未有弓矢而無射道，未有車馬而無御道。」二、「器」是具體的事物，如「弓矢」、「車馬」、「牢」、「醴」、「璧」、「幣」、「鐘」、「磬」、「管」、「絃」、「子」、「弟」等。三、聖人治器而

觀念指出清代學術的一個大方向，就是喜歡分析現實事物、不為抽象玄談的精神。不過正如傅斯年所說，清儒是要「求諸《六經》，而不是要求諸萬事萬物」，[24]清初學者的共同方向，都以經書的研究為多。自清初學者確立以經學為研究重心的大方向，學者重視「器」即以經書所記的古代文化內容為主，並取得了輝煌的成果，包括有經義（如惠棟《九經古義》）、訓詁（如戴震《方言疏證》、《爾雅文字考》）、校勘（如全祖望、趙一清、戴震等諸家校注《水經注》）、輯逸（馬國翰《玉函山房輯佚書》）、宮室（如毛奇齡《明堂問》、焦循《群經宮室圖》）、制度（萬斯同《讀禮通考》、沈彤《周官祿田考》）、服飾（任大椿《弁服釋例深衣釋例》）、地理（如胡渭《禹貢錐指》、朱右曾《詩地理徵》）等。綜合而觀，可謂精深博大，但究其內容，實以「經」為中心；其意趣則在於「考古」；其最具代表性的成果，則見於阮元和王先謙先後編訂的兩部《皇清經解》。

乾嘉時期學誠提出要轉變風氣，認為當時學者太偏重於古代的形質之器，卻忽略了眼前的形質之器，所以他提出「人倫日用」，希望學者不要只懂得考覈古代之「器」，而應從實實在在的生活中，注意當前的「器」的轉變。他提出的「六經皆史」的命題，主要關

不能治道。意思是「道」是抽象的，不能治；「器」是具體的，治了「器」，「道」就得到彰顯。四、天下無永恆不變的「道」。器不斷改變，道也不斷改變，謂「洪荒無揖讓之道，唐虞無弔伐之道，漢唐無今日之道，則今日無他年之道者多矣。」見王夫之：《周易外傳》卷五，〈繫辭上傳〉第十二章。《船山全書》第一冊，頁 1027-1028。

24　傅斯年：《清代學問的門徑書幾種》，《傅孟真先生集》第 4 冊，頁 409。

鍵仍在於「器」的觀念，亦即〈原道〉篇所說的「六經皆器」。原來理學家和經學家專主《六經》所載之「道」，學誠則認為「道」「器」是相須成立的概念：論「器」不能忽略「道」，論「道」亦不能忽略「器」。「器」是什麼呢？學誠用「可形其形而名其名」一語形容，凡有形狀、有名稱的具體事物都是「器」。例如「三人居室」是器，「部別班分」是器，「刑政禮樂」也是器。至於「道」，則是「器」不斷轉變的背後的「所以然」。[25] 從這個觀點論「器」，《六經》之「器」就只能是普遍事物之「器」中的一個階段，《六經》之「道」就不能擴張為普遍事物之「道」。有了這個觀念，由「經」擴而為「經史」的理論才能有依據；亦即說，有「六經皆器」之論，才有「六經皆史」這個命題。「六經皆器」者，主要意義是勸學者做學問應該注意現實中的具形而有質的事物，並推衍出「經世」、「事功」、「變」、「切人事」等精神。學術研究和現實世界是有密切關聯，而不是遺世獨立的。換言之，學誠「器」的理念向上呼應了王夫之的「器」思想，向下則提出了「變」的大方向，所可惜的是他的學術畢生不為同時代學人認同。[26]

學誠卒後，自珍承繼他重視歷史的思想，放眼當代，提出「尊史」、「尊心」，認為做學問應該治「天地東南西北之學」，要提倡「改革」。自珍所研究的當代掌故、西北地理、禮制、治獄、安邊綏遠，以及所著的〈上大學士書〉提出的人材、法、勢、風氣、

---

25 參《文史通義‧原道》，拙著《論章學誠的道與經世思想》有詳細的分析。

26 關於清代經世思想中的「器」觀念，讀者可詳先師何佑森教授〈中國近三百年「經世思想」中的一個基本觀念——「器」〉，《清代學術思潮》，頁 89-101。

則例，〈乙丙之際塾議〉中討論的田賦、本朝之學、世變等，無一不著眼於當前人文世界中的形質之「器」及其變化，可以說實踐了章學誠的理念。他還結合《公羊春秋》的歷史哲學，探討歷史演變的規律，借用夫之和學誠的觀念說，就是思考「器之道」的變化與走向。這種精神在當代和後代都產生很大的影響。自珍的好朋友魏源和賀長齡合編了一部《經世文編》，後繼者踵武前人，以迄民國，共計有三十三部以「經世」為主題的《文編》編輯完成，[27]數量達數千卷，其中多涉及變法、自強、實業、軍備等各種項目，是清代經世思想的寶藏。借用麥仲華《皇朝經世文新編·序》的話，這些《文編》所討論的是「新器」，[28]和以前學者討論經史禮制天文地理的「舊器」不同。這前期和後期之間的大轉變，實由章學誠啟其端緒，而完成於龔自珍及其同志之手。

二、論自珍的影響應為一集團而非僅個人的影響

梁啟超認為晚清思潮受到自珍思想的影響。我卻認為，當時與自珍交往從游的學人，和自珍之間的相互影響，尤其是這些學人的共同關懷、共同興趣所漸漸形成的一種風氣，更值得吾人注意。第一個要提及的就是與自珍並稱「龔魏」的魏源。按自珍於二十八歲始與魏源交往，二人即成為摯友。魏源亦主今文經學，但他在歷史

---

27 書名均詳列於拙文〈論清儒經典詮釋的拓展與限制〉，《戴東原經典詮釋的思想史探索》，頁 355-356。

28 氏著：《經世文新編·序》。該書共二十一卷，編成於 1898 年。

學、地理學上尤其有巨大的成就與深遠的影響。他撰《元史新編》九十五卷、《聖武紀》十四卷，奠定了他史學上不磨的地位。鴉片戰爭結束後，受到西方國家入侵刺激，他著成了講述外國地理的《海國圖志》六十卷，後增為一百卷，在〈自序〉中提出著名的「師夷長技以制夷」的口號，呼籲向西方學習科技，輸入西方文明，同時維護民族尊嚴與國家獨立。道光二十四年（1819）他受賀長齡延聘，輯《皇朝經世文編》，影響而後，學者編輯《文編》不輟。有清一代的十多部《文編》，幾乎網羅了清代學者所關心的政治與社會問題，而「經世」也成為清代的重要思潮。

其次是對「變」亦深有所感的包世臣，他是自珍詩文酬唱活動的朋友之一。[29]按世臣在《再與楊季子書》中曾提及時局「殆將有變」。[30]針對一個「變」字，世臣畢生最關切的是改革，而最著意的是漕運和農業。嘉慶十六年（1811）他受兩江總督百齡的邀請充任幕僚，此後二十年，他不斷往來於沿大運河的各省之間，為漕運和治河籌劃，曾提出「海運漕糧」，並細列實施的方法，後著成《中衢一勺》三卷，就是講漕運的著作。道光六年（1826）曾與魏源合力改革淮北鹽政的陶澍任江蘇巡撫，因大運河被洪水沖毀，於是在世臣的建議下，成功地由海路將該年漕糧由海上北運至天津，可見他的理論並非空言。他又著有《齊民四術》十二卷，匯集了他就農業、教育、斷獄和軍事等問題所撰寫的文章。

29　參郭延禮：《龔自珍年譜》道光十二年條，頁 155。又《龔自珍全集》錄有〈投包慎伯詩〉。

30　包世臣：《藝舟雙楫》，頁 10。

世臣在三十歲以前曾一度寄居在李兆洛家。[31]兆洛為江蘇陽湖人，是歷史家及地理學家。曾著《讀綱目條記》二十卷，曾輯《皇朝文典》，編纂過《鳳台縣志》、《懷遠縣志》、《東流縣志》、《江陰縣志》和《武進陽湖合志》。《清史列傳》稱他：

> 尤嗜輿地學，備購各省通志，較互五千餘年來水地之書，證以正史，刊定顧祖禹《讀史方輿紀要》之與原史不符者。[32]

他在地理學最重要的貢獻是編纂《歷代地理志韻編今釋》二十卷，又針對清朝著成《皇朝輿地韻編》二卷和《皇朝一統輿圖》一卷。值得一提的是，兆洛曾在廣東接觸過歐洲人，對認識西方國家產生興趣，後根據吳蘭修所著的《海錄》著成《海國紀聞》二卷，後又翻檢官修諸史中有關異域邦國的記載，著成《海國集覽》一書。可見李兆洛的興趣，和撰著《海國圖志》的魏源頗相近同。然則兆洛治地理學，不但精於中國地理，興趣抑且延伸至海外，這又顯然是因為西方文明傳入中國的緣故。[33]

和龔、魏深有淵源的人士中，最為人熟知的應該就是林則徐。道光十八年（1838）十一月林氏受命赴廣東查禁鴉片，自珍欲隨林

31 恆慕義：《清代名人傳略》「包世臣」條，中冊，頁473。

32 《清史列傳》記載李兆洛輯《駢體文鈔》的動機，是認為研治「古文」的學者，「知宗唐宋而不知宗兩漢。《六經》以降，兩漢猶得其遺緒，而欲宗兩漢，非自駢體文入不可，因輯《駢體文鈔》」（頁5993），認為明瞭了兩漢唐宋駢文和古文的關係，可以「知文」、「知世」。可見他編輯這部《文鈔》，不但秉持歷史觀念，亦頗懷有經世思想。關於李氏的生平，可參《清史列傳》卷七十三及蔣彤《清李申耆兆洛先生年譜》。

33 恆慕義：《清代名人傳略》「李兆洛」條，中冊，頁455。

氏南下而未成行，曾贈林氏硯台一方。禁煙之議，是道光八年黃爵
滋向宣宗上奏提議，疏下各省大員商議，林則徐立即復奏贊同，並
提出具體措施。根據《龔定盦年譜》道光十年的記載，黃爵滋、林
則徐、魏源等學者與自珍的吟詠唱酬活動（發起人為黃爵滋），就
不難了解自珍和這些官吏學者之間的關係，所以郭延禮稱：

> 這種約會，名為賞花，實帶有政治色彩，即志同道合者集合
> 研討學問，議論時政。[34]

自珍曾著〈東南罷番舶議〉、〈最錄平定羅剎方略〉，意識到外侮
必須抵抗的重要性，[35]這種積極尋求民族尊嚴的思想，可以說和林
則徐、包世臣、魏源、湯鵬、黃爵滋等人是有共鳴的。林則徐於道
光二十一年（1841）曾奉命協同王鼎治黃河水患，王鼎最後竟以死
諫林則徐「大可用」。[36]王鼎與龔自珍亦有淵源，自珍二十八歲那
年曾赴其家宴，《全集》〈飲少宰王定九丈鼎宅，少宰命賦詩〉
一詩即記此事，稱讚王鼎「閱世雖深有血性，不使人世一物磨鋒

34　參《龔自珍年譜》道光十年條，頁147。

35　龔自珍《最錄平定羅剎方略》：「羅剎者，謂俄羅斯國之人也。俄羅斯以
　　順治時擾黑龍江、踞雅克薩、尼布楚二城而有之，至是三十年（雄按：指
　　康熙二十一年），我聖祖仁皇帝命將克復，逐其人，首尾七年而定。……
　　仁皇帝諭之曰：『逐之而已。』不戮一人，如天之仁也。又諭曰：『渠所
　　竊踞，距我發祥之地甚近。』此逐之之意也。」自珍顯然注意到這部書沒
　　有被《四庫》收錄，所以特為最錄，即有維護國家領土完整的意識。〈東
　　南罷番舶議〉已佚，但從題目看，應該是主張限制讓外國商船靠泊貿易。

36　此據《清史稿》卷三百六十三《王鼎傳》，頁11415。

芒」。[37]王鼎、林則徐、龔自珍與道光年間的權臣穆彰阿均不合。穆氏是排斥林則徐、在鴉片戰爭中主和派的首領。[38]

提到抗禦外侮，有一人是不能不提及的，即梁章鉅。梁氏歷任中央及地方要職，政聲卓著，道光十六年（1836）任廣西巡撫。出都以前，自珍曾與友人宴請他，並著〈送廣西巡撫梁公序〉贈別。道光二十一年（1841）梁氏調任江蘇巡撫，正在上海籌備駐防，準備迎擊英軍。該年八月正值自珍逝世前不久，自珍寫信給梁氏，稱「即日解館來訪，稍助籌筆」，可惜壯志未酬。此事梁氏在所著《師友記》中記載。[39]章鉅亦是深切關懷當時中國農業水利的官員。他在淮海道任職兩年，改善漕運，又訂定治河計畫。任江蘇布政使期間，則致力於改善水利灌溉及抗洪救災。他關懷世務所致意著眼之處，和包世臣、魏源等都是相同的。

---

37 《龔自珍全集》，頁 499。

38 咸豐元年十月，文宗硃筆降罪穆彰阿和代表清政府簽訂《南京條約》的耆英，其中提及：「從前夷務之興，穆彰阿傾排異己，深堪痛恨。……潘世恩等保林則徐，伊屢言『林則徐柔弱病軀，不堪錄用』。及朕派林則徐馳往粵西剿辦土匪，穆彰阿又屢言『林則徐未知能去否』。偽言熒惑，使朕不知外事，其罪實在於此。」（《清史列傳》「穆彰阿」條，第 10 冊，頁 3169）《清代名人傳略》「林則徐」條說：「據某些史料，他（按：王鼎）其實死於自殺，以示他對朝廷對英政策持有異議並反對流放林則徐。據說他身上有呈給皇帝的遺摺（原注：即屍諫），但因畏懼不可一世的穆彰阿反對集團，王的兒子未敢遞呈。」（下冊，頁 44）自珍晚年離京以及暴卒，都被認為與穆彰阿有關，不是沒有原因的。此尤可見穆彰阿所針對的可能不僅止自珍一人，而是與自珍相交的一個士大夫集團。

39 郭延禮：《龔自珍年譜》道光二十一年條，頁 221。

　　以上約略舉出數位和自珍有往還的學人和官吏，以見自珍並不僅僅心儀今文經學家如劉逢祿、莊存與而已。我的意思是，自珍固然驚服於今文經學經世致用的理論體系，終身不違，但從自珍畢生所關懷、所致意、所交遊去看，更能讓我們了解他已不再是斤斤致辯於古籍家法、門戶異同的漢學家，而是一位關切世務時事的知識分子。尤有進者，和自珍交往的學人，好些是風骨稜稜、不隨流俗的士大夫。如一句話讓龔自珍燒盡所著二千餘篇功令文的姚學塽，《清儒學案》引湯伯述稱其人：

> 先生自仕始，一蔽裘，至老不易。出乘蹇車，或矯首臯壤，浩然有以自得也。[40]

陸以湉《冷廬雜識》卷七：

> 歸安姚鏡堂兵備學塽，學問贍博，品尤高卓。官京師數十年，寓破廟中，不攜眷屬。趨公之暇，以文酒自娛，朝貴罕識其面。曾典貴州鄉試，門下士饋贄金者，力卻之；惟贈酒則受。因是貧特甚。出不乘車，隨一僮持衣囊而已。所服皮衣冠，毛墮半，見其醇，每彳亍道中，群兒爭指笑之，兵部夷然自若也。[41]

又如他少年時的忘年交王曇，李元度《國朝先正事略》卷四三稱其：

40　徐世昌：《清儒學案·鏡塘學案》，卷一百二十四，頁 4937。

41　郭廷禮：《龔自珍年譜》，頁 78 引。

> 好游俠，通兵家言，善弓矢，上馬如飛，慷慨悲歌，不可一
> 世。[42]

陳文述〈王仲瞿墓志〉亦稱王曇「性慷慨，好奇計，每發一論，出
人意表，即營一器、制一衣，必別出新意。所為詩文，不循恆蹊。
海內識與不識，皆曰奇才。好談經濟，尤喜論兵」，[43]他的性格和
嗜好與龔自珍是非常相近的。王芑孫曾經致書自珍舉王曇與惲敬為
例，勸自珍勿作狂士，說：

> 海內高談之士如仲瞿、子居皆顛沛以死；僕素卑近，未至如
> 仲瞿、子居之驚世駭俗，已不為一世所取，坐老荒江老屋中。
> 足下不可不鑒戒，而又縱其心以駕于仲瞿、子居之上乎！[44]

王氏深知自珍實即王曇、惲敬一流人物，亦心相傾慕，故有這一番
話；卻不能了解對於自珍、王曇等人來說，絕大部份的世人都是隨
波逐流之輩，其為狂士自有其不得已。自珍即批評世俗中人為：

> 遂乃縛草為形，實之腐肉，教之拜起，以充滿於朝市。風且
> 起，一旦荒忽飛揚，化而為沙泥。[45]

這些實為腐肉的世俗之人，當然主要是〈明良論二〉所批評的年輕
時受八股文教育、出仕後以資格累進的平庸的士大夫。然則自珍以

42　同前注，頁 24 引。

43　同前注，頁 25，註 4 引。

44　同前注，頁 48 引。

45　龔自珍：《與人箋五》，《龔自珍全集》，頁 339。

及他所敬佩的許多文士，其實正是用方內之士所側目與不齒的狂狷
行為，來突顯世俗的橫逆無知，其志亦可悲矣！

因為篇幅的關係，以上僅能舉幾位學者簡介。綜上所述，和龔、
魏交往的學人，大多是關懷世務、能踏實地改革時弊、或至少為不
隨世俗的豪傑之士；他們所關切的問題，包括了政治、歷史、地理、
天文、西洋文化、方志、農業、漕運、水利等各方面；他們的基本
立場，是希望國家自立自強，抗禦外侮。這些學人所致力的事業，
應該是稍後的自強、變法甚至革命諸運動的先聲。我的意思有二，
其一：自珍注意西北地理問題，注意風氣的升降，注意農田水利的
問題，《己亥雜詩》中討論社會各種問題，都和他「書生挾策」的
性格有關，和他生平的交游師友亦有關；其二：促成自強運動、維
新變法和民族革命這些歷史運動的思想理念，不是突然冒出來的；
晚清在喔咿嚅唲的風氣之中出現許多能大聲鏜鞳的豪傑之士，也不
是偶然的。早在嘉道時期，就有一批沒有將全部精神放在古籍爬梳
工作的學者士大夫，透過長期實際接觸國家社會問題，鋒芒畢露，
引起了整個風氣的轉變。[46]

46　當時這些學者士大夫，都是喜交游、重師友弟子相講論的人，而不是閉門
　　造車之輩。《清史列傳》記載的李兆洛，就是從事過教育工作的：「主江
　　陰書院講席幾二十年。其間治經術、通音韻、習訓詁、訂輿圖、考天官曆
　　術，及治古文辭者，如承培元、宋景昌、謬尚誥、六嚴輩，皆兆洛所授也。」
　　（第十九冊，頁 5993）

三、論晚清變局激烈非自珍歷史循環論所能解釋

自珍生於乾隆五十七年（1792），清朝開始由盛轉衰，最主要的徵兆有兩個，一在朝，一在野，都發生在自珍十歲以前：在野的是白蓮教、天理教和貴州苗民的亂事先後爆發，大廈始崩，亦為太平天國（1850-1864）的興起埋下伏線；在朝的則是和珅被抄家，頓時暴露了全國官場嚴重的貪污風氣。至於外國侵華，也漸露端倪。乾隆五十八年（1793）英國遣使請求開放寧波、天津、舟山諸口岸互市；嘉慶四年（1799）俄國政府成立俄美公司，開始策劃侵略中國黑龍江流域。[47]道光二十年（1840），亦即自珍逝世的前一年，終於爆發了鴉片戰爭，正式揭開了列強侵華的序幕。自此以後，中國的形勢每下愈況，對外屢戰屢敗，內部則亂事紛起。就內部而言，清朝經歷白蓮教和天理教之亂、以及回捻之亂後，爆發了太平天國之亂，成為晚清國家的致命傷。就對外而言，鴉片戰爭以後，又有中法越南戰爭（1884-1885），因此自 1862 至 1884 年，清政府實行（第一期）洋務運動（又稱「自強運動」）。光緒十年至光緒二十年（1888-1897）是洋務運動的第二期，清政府繼續發展軍備、採礦、貨幣、紡織、交通、通訊等建設；同時對外則因為日本對朝鮮、琉球，法國對越南，英國對西藏、緬甸的干預而備受戰爭的壓力。最後在甲午戰爭中對日戰敗（光緒二十年，1894），等於洋務運動終於宣告失敗。簡而言之，1840 年以後中國國家社會在

47　引自郭延禮《龔自珍年譜》乾隆五十八年（1793）條，頁 9；及嘉慶四年條，頁 14。

縱和橫兩方面都迭遭激烈的衝擊,而且衝擊愈來愈強,世界的變化也愈來愈劇烈。

在這種情況下,思想界求「變」的呼聲愈來愈高,對西方的文化制度思想的接受也愈趨急迫。光緒十八年(1892)以前,康有為已完成《大同書》及《孔子改制考》等著作,為變法理論的依據;嚴復又於五年後(1897)創辦「國聞報」,介紹西洋學術思想,鼓吹變法。麥仲華曾於光緒二十四年(1898)及二十八年(1902)兩次編訂《經世文新編》,錄康有為、梁啟超、譚嗣同等主變法者的文章,在〈序〉中提倡「新器、新法、新治」,意味著要革掉舊器、舊法、舊治。

值得注意的是,清初的學者講政治改革的如顧炎武著《日知錄》、黃宗羲著《明夷待訪錄》,都是以經術為體,用現代的話說,就是要依據三代的禮樂文化,來改革當代政治社會風氣與制度。換言之,清初遺老講政治改革,普遍都具有一種「復古」的精神,連激進的顏習齋亦不能例外。此即啟超所指出的「以復古為解放」。如我在前文所說的,清初遺老大師的治學傾向為後來清代學術發展定下基本的方針,「三代」、「古聖賢」、「古禮」等成為學術研究價值依存的指標。而《經世文新編》以及後期學術界編訂的《經世文編》所提的「新」,卻不再是一種以「復古」為目的的「新」改革,而是要以脫離那些不適用於現代的古代價值為目標。光緒二十六年(1900)中國經歷義和團之亂及八國聯軍,國勢愈蹙。何良棟的《經世文四編》中「學術」七卷講儒家思想的只有一卷,討論翻譯的一卷,其餘則全部是西洋算術、測繪、天文、地理、聲光電化及醫學的論文。另方面,甘韓編《經世文新編續集》於光緒二十

八年，其中「君德」所收的文章，都是講西方國家的君主和憲法原理；「官制」中也討論了議院、領事等問題；另又闢「法律」一卷。這些《文編》都可以說是擱置中國傳統，宣揚西洋政治制度的先聲。[48]

上述近代中國史的激烈變化是學者所熟知的，我之所以不憚煩複地再講一遍，主要是要指出晚清變局之激烈，實際上已非自珍所推闡的歷史循環論所能解釋。

龔自珍宗《春秋》公羊學的思想。公羊家有「張三世」、「存三統」等學說，「三統說」為董仲舒所創，《春秋繁露》〈三代改制質文篇〉說：

> 湯受命而王，應天變夏作殷號；時正白統，親夏、故虞，絀唐，謂之帝堯，以神農為赤帝。……文王受命而王，應天變殷作周號；時正赤統，親殷、故夏，絀虞，謂之帝舜，以軒轅為黃帝，推神農以為九皇。……《春秋》應天作新王之事，時正黑統；王魯，尚黑，絀夏、親周、故宋。[49]

基本上白、赤、黑三統往復循環，永無終止。以周朝為例，周是新的「統」，應該親殷故夏，保存殷和夏二統，與周統並立為三。以《春秋》為例，孔子以素王立新統（即「以《春秋》當新王」），[50]應該存周與殷二統，故謂「親周、故宋」。「三統說」非本文的重

---

48 參《經世文新編》及《經世文新編續集》。

49 董仲舒著，蘇輿義證：《春秋繁露義證》卷七，頁186-189。

50 徐彥《春秋公羊經傳解詁》「隱公第一」下標題《疏》云：「三科九旨者，新周、故宋、以《春秋》當新王。」《春秋公羊傳注疏》卷一，頁6。

點，故僅解釋到此為止，我主要認為「三統說」所闡述的是一種歷史循環論，講的是一種圓足的往復循環的天命演變模式，其中含有很濃厚的展望未來的意味，亦是《春秋》學者主張承續傳統開展未來的理論依據。

自珍有「三世」論，亦有「三時」說。他著〈五經大義終始論〉和〈五經大義終始答問〉九篇所闡發的「三世」思想，和董仲舒「三統說」著重點有所不同，主要在於自珍強調歷史文化的自然發展。「三世」由早至晚分別是：「所傳聞世」、「所聞世」和「所見世」。自珍認為所傳聞世是「人倫未明」、「無禮」、「刑不若是重」的據亂世；所聞世是「人倫甫明」、「司徒司寇司空治升平之事」、「刑亦不若是重」的升平世；所見世則是「人倫已明」、「刑法重」、有「禮」有「賓師」的太平世。[51]自珍認為《禮》是純太平之書，而太平世則是大一統、無內外之世。既云大一統無內外，則不必有「夷夏之防」，故自珍又批評宋明的「山林偏僻士言夷夏之防比附《春秋》」，[52]這是由於自珍有「尊賓」的思想，認為滿州政權和漢族文化可以合而為一的緣故。[53]「三世說」最重要的一點，就是：

51　龔自珍：《五經大義終始答問三》：「周法，刑新邦用輕典，據亂故，《春秋》於所見世，法為太平矣。世子有進藥於君，君死者，書曰：『弒其君。』蓋施教也久，用心也精，責忠孝也密。假如在所傳聞世，人倫未明，刑不若是重；在所聞世，人倫甫明，刑亦不若是重。」《龔自珍全集》，頁47。

52　龔自珍：《五經大義終始答問七》，《龔自珍全集》，頁48。

53　「尊賓」說或稱「賓賓」說，「賓」指的是懷抱前一朝代禮樂圖籍的師儒，認為新的朝代應該對這些師儒予以尊重，說見龔自珍《古史鉤沈論四》，《龔自珍全集》，頁27。

> 通古今可以為三世，春秋首尾亦為三世。大橈作甲子，一日
> 亦用之，一歲亦用之，一章一蔀亦用之。[54]

據亂、升平、太平三個時期的發展，並不是絕對而是相對的。每一
個歷史時期不論長短都有三個階段，細分每一個階段中又可分三個
階段，擴分則曆算之學中一章一蔀亦可分作三個階段。《禮》既是
「純太平之書」，[55]其內容就應該隨著歷史遞移而續有損益發展。
既云「通古今可以為三世」，只要宇宙不滅，歷史發展就永無窮，
所以「致太平」是不會有終點的，因為今日的「太平」，到了明日
即可能成為「升平」甚至「據亂」，就像「三統說」一樣，永遠有
一個朝代要被「絀」：殷絀唐，周絀虞，「《春秋》應天作新王之
事」則絀夏親周故宋。所以，自珍的三世說基本上是一種重在前瞻、
強調歷史進化的思想。

此外自珍又著〈尊隱〉，提出「三時」的觀念，顯然是受到公
羊家「三統說」的啟發。[56]自珍所謂「三時」，是用的一「日」之
中的「早」、「午」、和「昏」等三時來作譬喻，基本意圖是要指
出嘉道時期清朝進入「日之夕矣，悲風驟至」的衰亡時期，同時也
暗示了在這時期山中隱者會細察「時」的「變」，使「天地為之鐘

54　龔自珍：《五經大義終始答問七》，《龔自珍全集》，頁48。

55　龔自珍：《五經大義終始答問九》，《龔自珍全集》，頁48。

56　定盦自稱「少年尊隱有高文」，郭延禮訂《尊隱》為嘉慶十九年（1814）
二十三歲之作。今按：自珍《尊隱》一文用「三時」觀念預期國之將亂，
應該是本於今文經學的三世思想的。他在嘉慶二十四年（1819）二十八歲
那年始從劉逢祿習《公羊春秋》，我頗懷疑傳世的〈尊隱〉一文是二十八
歲以後的自珍修訂過的。

鼓，神人為之波濤」，掀起革命浪潮。「日」復一「日」，歷史的治亂也遞換無已，自珍無異認為，「昏時」之後再下來又是另一日，永遠循環不已。這和黑白赤「三統」循環理念是頗相近同的。不過公羊經學家以善於據「變」的觀念來講政治改革，重在實踐，如康有為的變法理論；自珍則以「變」的觀念解釋政治社會的推移演變，所提出的是歷史循環的理念，故史學的意味較濃而經學的意味較淡。

無論如何，自珍的歷史循環論是建築在《春秋》公羊學以及傳統中國歷史經驗之上的。它是一種自足的理論：「三統」是循環往復不已的，「三世」也一樣。基本上它沒有考慮外來衝擊的問題，所以自珍才會說「入其門奴僕鵠立，登其庭子姓秩然，奴僕無不畏其家長者，子姓無不畏其父兄者。然則外來者舉無足慮，而其家必不遽亡」，[57]認為中國之受外國威脅是因為不能自立自尊；只要自立自尊，則「外來者無足慮」而「其家必不遽亡」。我們可以大膽地說：只要中國的政治、經濟和倫理這三個互相依存的制度結構不改變，自珍這個理論確能自足地對三千年來中國自身的變化——治亂興衰的循環不已——提出持之有故而言之成理的解釋。然而回顧晚清激烈的變局，中國所面對的並不僅是內部因天災人禍或民族矛盾而起的暴動或起義，亦不是文化文明較為落後的邊陲民族的干擾與入侵而已，而是一個被多個歐美強國文化和文明、以強權強勢全面入侵的振盪局面。西方國家透過鴉片、貿易、工業技術、堅船利砲、民主制度、自由風氣等改變中國，影響的層面涉及經濟、政治、

57　龔自珍：《與人箋八》，《龔自珍全集》，頁341。

社會、軍事、科學和文化思想等各個範疇，使得中國不斷向「新」和「變」靠攏；能「新」能「變」就具有正面價值，反之則不然。用自珍的「三時」觀念來講，「天地為之鐘鼓，神人為之波濤」的日子是始終會到來的，「變法」和「革命」也果然先後發生了，照道理「昏時」過後不久應該就要進入另一個「早時」的階段；然而自珍恐怕料想不到，一日之中的「昏時」在中國一直不肯結束；民國成立以後，中國還要不斷在西方文化文明的衝擊下面臨惶惑，不斷像個新生嬰兒學習新事物一樣，跌跌撞撞地適應西方文明的種種規範。

四、論自珍影響晚清思潮者為尊史的思想

自珍《定盦文集》有三篇題為〈尊史〉的文章，提出「尊史」的觀念。從表面上看，這兩個字指的是「尊重歷史」，但這只是泛解；若回歸自珍自己的意思，應該用〈尊史〉篇中「務尊其心」四個字講，[58]才能得其正解。「尊」指的是尊嚴、尊重。學者論自珍思想，每注意《定盦文集》中〈農宗〉、〈平均〉及〈乙丙之際箸議〉幾篇文章，其實自珍論「改革」的深刻而全面，遠非這幾篇文章中的幾個論點所能夠代表。從理論上講，「改革」的根源是什麼？自珍注意到事物的「變」的本質，以及人「心」的力量。〈壬癸之際胎觀〉九篇，就是以「心」為中心，討論人類文化進程的一系列

---

58 龔自珍《尊史》：「史之尊，非其職語言、司謗譽之謂，尊其心也。」《龔自珍全集》，頁80。

文章。自珍提出「尊心」的觀念，主要認為：人類有形的活動乃從「意志」而來，「意志」是主導人類生存生活的基本動力，也主導了文化發展的基本方向。譬如人類發生了要「坐」的意志，將樹木砍伐下來，就會做成椅子而絕不會做成棍子；又如人類有進食以求生存的意志，便自然地會研究種植穀物。同樣地，人類創造了文明而有文化的國家社會，國家社會出了問題，也必須要有一個意志去引導人類改革。而這個時候的意志，就不能只是根源於飲食男女一類的原始衝動，而應該透過歷史文化的反省而產生。這是自珍「尊心」思想的基本重點。

自珍「尊心」的思想當然也有一個形成的背景。他在官場中親眼所見，當時的士大夫沒有從「心」上尊重自己，便隨波逐流，不管國家變出多少危機，官場變得多麼腐敗，總之都是事不關己。士大夫只須謹愿地累積年資，到了差不多年齡就能升官，差不多年齡就能致仕。自珍認為這是國家社會墮落的根本原因，治國的文官沒有真正關懷國家，沒能發揮內心的力量，等於不能自尊自重，變成行屍走肉一般；也因為沒有關心，所以官場陋習，積重難返，士大夫變得卑鄙無恥，無所不為。問題的關鍵仍在於「心」。所以自珍解釋「尊心」，提出要「善入」和「善出」。[59]「善入」就是天下

---

59 龔自珍《尊史》：「心如何而尊？曰善入。何謂善入？天下山川形勢、人心風氣、土所宜、姓所貴，皆知之；國之祖宗之令，下逮胥之所守，皆知之；其於言禮、言兵、言政、言獄、言掌故、言文體、言人賢否，如言其家事，可為入矣。又如何而尊？曰善出。何謂善出？天下山川形勢、人心風氣、土所宜、姓所貴、國之祖宗之令，下逮胥之所守，皆有聯事焉，皆非所專官。其於言禮、言兵、言政、言獄、言掌故、言文體、言人賢否，

間什麼事都管，什麼事都要收入「心」中，就是說，讀書人對整個外在世界充滿關懷，「心」才能是活的，是有著生命的尊嚴的。從另方面講，關心卻不能捨本逐末，不能迷失自己。假若自己面對紛然雜陳的國家社會問題，先迷失了，那還有什麼作為？所以自珍強調「善入」以外還要「善出」，就是說，讀書人也需要有超然的立場，不能隨波逐流，掉進一兩個小領域之中終身走不出來。他用優人歌舞來作比喻，認為台下的優人哀樂號咷，台上的「觀者」肅然指點。換言之「尊史」「尊心」是要博觀約取，用宏觀的眼光綜合學術、政治一切的問題加以消融，才能看得出時代問題所在，也才能找得出解決的辦法。

自珍「尊史」這個命題，還包含了諸如「尊賓」、「尊隱」等概念，不能在此多贅。我認為，自珍根本想一舉擊中清中葉以降政治界和學術界病痛的癥結。清中葉時期政壇日趨腐敗，貪污日漸盛行，官僚對國家社會、民生疾病大多絕不關心，是其主因；就學術界而言，乾嘉時期埋首於故紙堆中的學者，許多終身守著一兩部書，或者一兩種說法，美其名是在經典中求「道」，實則外在世界發生的事，都可以和他們沒有關係。這正是焦循所批評的「補苴掇拾」之學。[60]陳寅恪〈陳垣元西域人華化考序〉描述清代考據風氣之下學者舍史學就經學的狀況，認為當時：

如優人在堂下，號咷舞歌，哀樂萬千，堂上觀者，肅然踞坐，眮睞而指點焉，可謂善出矣。」《龔自珍全集》，頁81。

60　焦循《與孫淵如觀察論考據著作書》：「王伯厚之徒……稍稍尋究古說，摭拾舊聞。此風既起，轉相仿效，而天下乃有補苴掇拾之學。」《雕菰集》卷十三，頁214。

> 雖有研治史學之人，大抵於宦成以後休退之時，始以餘力肆
> 及，殆視為文儒老病銷愁送日之具。當時史學地位之卑下若
> 此，由今思之，誠可哀矣。[61]

根據自珍〈乙丙之際塾議〉和〈明良論〉所論，研治史學之人在「宦
成」以前不治史學，就是因為治史對仕宦沒有任何幫助的緣故。不
過，陳寅恪所說的「研治史學」，大抵指的是箚記、考異一類的工
作，和章學誠「史學所以經世」的「史學」或龔自珍「尊史」之「史」
是不同的。總而言之，自珍認為學術風氣主要和學者士大夫的心態
有關。心態如不改變，風氣終不能變。換言之，一切改革的行為與
措施、一切改革理論的推究研討都是「果」，「心」才是真正的「因」。

綜而論之，自珍的「尊史」思想，主要大目標是「更法」。其
理論依據則是中國傳統歷史思想中的「變」、「法」、「覺」、「尊」、
「史」等幾個重要概念。自珍一者反對媚古，提倡認識當代、熟知
掌故，藉由「先覺」的開創精神而行「更法」，推動歷史向前邁進；
一者提出「尊史」，強調改革必須回歸歷史，從歷史文化中產生信
仰，藉以建立國家民族生命的尊嚴。前者是前瞻的，後者則是回顧
的。自珍卒後，學術界風氣轉變，晚清知識分子深切地關懷現實的
國家社會民族民生諸問題，甚至拋頭顱、灑熱血，為變法和革命運
動犧牲性命。回顧前史，自珍的大聲疾呼顯然是許多學者投身政治
運動的先聲。

61　陳寅恪：《金明館叢稿二編》，頁239。

　　至於學術的運動，近代中國最重要的運動之一就是古史辨運動。「古史辨」的基本精神是在於疑古。「疑古」精神在中國有非常深遠的淵源，「疑古」二字事實上也包含了「信」和「疑」兩種相反的複雜心情，絕不是膚淺的懷疑。漢唐儒者注釋經典，為儒家信仰建立了堅實的文獻基礎。然而「疏不破注」，近於許信而不許疑；宋代學術界有「疑經」風氣，主要在於先疑而後信；清初學術界有毛奇齡、萬斯大諸人研治經典，則認為要先信而後能疑；清中葉崔東壁著《考信錄》，用考證的手段使古史可信；民國時期的「古史辨」運動，亦用考證的手段以破古史的不可信。綜而論之，不論是「先疑而後信」抑或「先信而後疑」，都是中國的學者用懷疑的精神來尋找自身民族歷史文化可信的根源，而不是異族學者用懷疑的手段來推翻中華民族對歷史文化的信仰。[62]錢穆先生著《先秦諸子繫年》，亦用考證的方法疑所當疑，畢生卻一再告誡後學者不可以否定中國歷史、中國文化，此亦由於他主要用心在藉「疑」以取「信」。

　　不但中國，對全球每一個國家民族亦然，回溯歷史對於每一個大動盪的時代而言都是十分重要的，因為它代表重新追尋民族價值的根源，也牽涉到民族尊嚴與文化認同。沒有歷史文化為基礎，任何民族只有完全投降給外來文化，休想在世界上得到尊重與地位。晚清以來受到列強侵陵的中國就是面對這樣的局面。龔自珍早年在鴉片戰爭以前，就提出「尊」和「史」兩個概念，「史」包括了由

62　詳參拙文：〈乾嘉學者經典詮釋的歷史背景與觀念〉所提出的「儒學淨化運動」，該文收入拙著：《戴東原經典詮釋的思想史探索》，頁 229-273。

古史至今史（即掌故），以及〈古史鉤沈論四〉中「尊賓」所指的
滿漢融合觀念。自珍主要認為改革必須從回歸歷史文化著手。至於
「尊」這個觀念，絕對和他所關心的民族尊嚴有關。他說：

> 今之中國，以九重天子之尊，三令五申，公卿之下，舌敝唇
> 焦，於今數年，欲使民不吸鴉片煙而民弗許。此奴僕踞家長、
> 子孫籧祖父之世宙也。即使英吉利不侵不叛，望風納款。中
> 國尚且可恥可憂。[63]

中國之可恥可憂，正是自珍一生橫亙於胸中不可化去的塊壘。我認
為自珍「尊史」思想，彷彿為晚清以降學術界的政治運動與學術運
動預示了基本規範，其深刻與卓越是我所欽佩的。程秉釣說：

> 近數十年，士大夫誦史鑒、考掌故、慷慨論天下事，其風氣
> 實定公開之。[64]

嘉道以降，許多學者士大夫從補苴掇拾之學轉變為誦史鑒、從考訂
經義訓詁轉變為考掌故、從慷慨論三代事轉變為慷慨論天下事。生
於乾隆末葉的龔自珍和他的一班朋友同志確實產生了對時代振聾
發聵的影響力；自珍尊史尊心的思想，尤其有畫龍點睛的意義。

---

63 龔自珍：《與人箋八》，《龔自珍全集》，頁341。
64 引自郭延禮《龔自珍年譜》「附錄一」，頁233。

五、結論

本文分析結果，認為龔自珍承繼清初至清中葉的學風，並且有所轉變，是促成乾嘉學風轉變為晚清思潮的重要人物之一。梁啟超用「思想解放」一詞，是一針見血的。不過，過度地誇大自珍的地位，亦是不必要的。必須承認，自珍原本《公羊春秋》經學理論開展出的歷史循環理論，並不能應付晚清劇變的政局與時局，主要在於自珍只及見鴉片戰爭的肇始，而晚清所承受的列強侵陵，與西方文化衝擊，無論是「三統說」、「三世說」抑或「三時說」，恐怕都無法予以圓足解釋。另方面，我們評價自珍思想解放晚清思潮時，也應該同時注意到和自珍同時期的許多經緯世宙的豪傑之士，與他志同道合的地方，以及他們相互之間的異同處、互補處和相互啟發處。

最後我還想指出，自珍畢生以呼籲改革為職志，以開風氣自我期許，關心上下三千年，縱橫數萬里，盱衡今古的氣概，與關切黎民的情懷，是他人格的特出處。他在二十二歲時填詞說：「縱使文章驚海內，紙上蒼生而已。」[65]可惜後人往往視他為文士，注目於他的文章驚海內，而鮮能領略他反對紙上蒼生、關懷現實蒼生的思想，以致古文學家批評他的文筆，經學家批評他的經術，方內之士則批評他的狂狷，[66]誠可謂「遠志真看小草同」[67]矣！

65　龔自珍：《金縷曲·癸酉秋出都述懷有賦》，《龔自珍全集》，頁 565。

66　批評自珍的學者，往往認為他的文筆適足以反映其輕佻狂蕩的性格，如章太炎、劉師培等，參郭延禮：《龔自珍年譜》「附錄一」註 40，文長不錄。又王國維：《人間詞話手稿》：「豔詞可作，唯萬不可作儇薄語。龔

定庵詩云：『偶賦凌雲偶倦飛，偶然閒慕遂初衣；偶逢錦瑟佳人問，便說尋春為汝歸。』其人之涼薄無行，躍然紙墨間。」（頁522）

67 龔自珍：《己亥雜詩·九邊爛熟等雕蟲》，《龔自珍全集》，頁536。

捌、評丘為君教授
《戴震學的形成》[1]

一、問題的提出

　　2004 年 11 月某日與葛兆光教授在臺北聚會，席間談到丘為君教授的新著《戴震學的形成》。他向我表示，章太炎之前，劉申叔已曾討論過戴東原。但該書以太炎為序幕，而沒有講到申叔，他為此頗感奇怪。這和我的看法不謀而合。我原本也沒有想到劉申叔的集子，而是由於記得關西大學校長也是研究近現代中國學術思想的漢學家河田悌一教授〈清末の戴震像——劉師培の場合〉[2]一文曾特別提出這一點討論。丘教授著書時似乎並沒有參考日本學者的研究，否則他一定會注意及此。這幾年我研讀戴東原的著作，做了一點研究，頗感興味，於是寫了一篇書評，就教於丘教授。

1　本文原刊《臺灣東亞文明研究學刊》2 卷 1 期（2005 年 6 月），頁 197-213。
2　刊《森三樹三郎博士頌壽紀念東洋學論集》（東京：森三樹三郎博士頌壽紀念事業會），1979 年 12 月。

　　學術界關於戴東原思想評價的討論至今方興未艾，我認為並不單單是因為東原思想和論著的魅力，而是因為當前東亞思想界對於近代中國思想發展和價值的認識，仍存在非常多的問題，對於這些問題的看法分歧也頗多。例如十七世紀中葉以降經典考據學逐漸興盛的起始點何在？[3]這時期的經典考據學究竟是一種世衰道微的儒學，[4]抑或扮演了二十世紀新思想、新價值的前導角色？清代儒學的典範和宋明理學典範有何不同？等等。

　　戴東原既是十八世紀最受矚目、以博學強記著名的經學家，也是當時最具思想理趣的考據學者。這兩項條件，讓我們有理由視東原為清代學術典範性的代言人。不過近一世紀以來關於東原的評價頗分歧，這主要恐怕還是因為許多討論東原的學者，傾向於借用東原的思想來映襯自身的理念，而非真正對於東原感興趣的緣故。（其實凡涉及經典詮釋的研究工作，多少都會有這種現象。）換言之，在戴東原研究者中，「東原注我」的人遠多於「我注東原」的人。倘若對近一世紀戴東原研究的論述稍加回顧，從「研究戴東原」轉

3　關於考據學興起的問題，過去學術界有許多不同的講法。如錢穆（《國史大綱》、《中國近三百年學術史》）、王晴佳（〈考據學的興衰與東亞學術的近代化——以近代日本和中國史學為中心〉）認為是源起於南宋，余英時（〈清代思想史的一個新解釋〉，收入氏著：《歷史與思想》）認為起源於道問學的傳統，Benjamin Elman（From Philosophy to Philology）從科舉考試制度而認為起源於明代，周啟榮則特別強調明代的考據訓詁學和清中葉的不同。本文認為就考據傳統的承繼而言，考據學固然可以上溯至宋代甚至更早，但倘若回歸清代經典詮釋發展型態的特色，則仍應以清初（十七世紀中葉）為起始點。

4　如錢賓四、牟宗三等即持此一觀點。

而為「研究那些研究戴東原的學者」，解剖其論述背景，比較其立論異同，也許我們對於近一世紀的學術思想特質，會有更多有趣的發現，而對我們自己能有更深的了解。這是丘為君這部書之所以有意義的地方。

本文主要分為三部分，就《戴震學的形成》一書未論及之處作出補充。首先針對十八世紀以考據學為中心的知識論述的若干複雜性，其次是劉申叔的戴東原論述，最後則是日本學術界關於戴東原及乾嘉學者之研究略說。本文原本以〈從《戴震學的形成》論戴東原研究的相關問題〉為題，發表於香港中文大學中國哲學與文化研究中心主辦「西方的詮釋，中國的回應：中國哲學方法論之反思與探索國際學術研討會」（2005 年 5 月 3-5 日），文中並論及戴東原「體情遂欲」的相關問題。這篇書評限於篇幅，省略了該部分，算是該論文的一個簡本。

二、以考據學為中心的知識論述的若干複雜性

就這部書的撰著動機而言，丘為君腦海竟然出現了「戴震學」這個課題，單這一點就夠有趣了。它的有趣的所在，一方面是先假設戴東原的研究，在思想史上是既確實形成一個連續性的論述，而且與這種論述興起的歷史脈絡有密切關係。如前文所述，從「研究戴東原」轉而為「研究那些研究戴東原的學者」是有助於我們了解十九世紀末以降思想史的發展和知識論的轉變的。作者提出這個課題，確有眼光。這是這部書的優點之一。

丘教授在美國深造，是一位受過正統訓練的專業史學工作者，

曾參與翻譯 Thomas Dye 的 Power and Society，主編過西洋史學論
叢，對史學理論、社會學理論有相當的素養。因此本書頗能反映當
代史學理論的視界下，「戴震學」發展與近代中國社會、歷史之間
的互動關係。這和過去學術界主要從哲學思維批判戴東原，或者從
經學方法推崇戴東原的做法，迥然不同，所提出的觀點值得學界參
考。這是這部書的優點之二。

　　本書以章太炎、梁任公、胡適之三位學者為主，焦點較為集中，
雖不能周延，但起碼大架構上說是清楚的。讀者從此書開始，也未
嘗不能對「戴震學」的形成連帶的諸多問題（例如近代中國知識分
子對「知識」的新看法及轉變）進行更深入的了解。這是本書的優
點之三。

　　當然本書也不是毫無缺點。譬如它討論的內容至少應包含四個
層次：第一是戴東原思想內容是什麼？作者又如何解讀？第二是作
者特別拈出的章太炎、梁任公、胡適之三位近代學術大師，究竟如
何分析、理解和評論戴東原？第三是作者自己如何解讀章、梁、胡
的分析？第四則是作者的總體考察立場，包括作者對近代中國思想
轉變的解釋觀點為何？作者所持的歷史信念是什麼？其中第一點
最為重要。作者一方面須要對東原學術思想有精準的掌握，另方面
也要透過與其他儒者的比較，對照出東原學術思想的特性。面對思
想史家和經學家對戴東原評價的歧異，[5]這一點難度的確頗高。我
讀這部書之後，明顯地感受到作者所遭遇到的困難。一個研究對

5　關於這一點，詳參〈戴震經學中的文化意識〉，收入拙著：《戴東原經典
　　詮釋的思想史探索》，頁 43-86。

象，總有不同的面相；身處不同時空的論者，受到歷史脈絡的制約，對該對象又會有不同之詮解。作者時而站在甲的立場論東原，時而又站在乙的立場，對於不同的學者所面對的同一個對象作各種的評論。一面鏡子可以反映一件事物；讀者卻要透過作者「手中之鏡」來窺視章、梁、胡三人手上的鏡子，再而窺視鏡中之鏡所反映的戴東原。有時作者似要求讀者看鏡子中的東原，有時又似要求讀者觀看各自拿著鏡子的章、梁、胡。換言之，全書批判立場的游移幅度極大，讓人把握不住作者的立論基準。這是相當困擾讀者的問題。

上述所論，涉及分析的方法問題。當然，我們也應當明瞭到，作者並不是將戴東原或所謂「戴震學」當成一個信仰的對象來研究，而應該說是企圖以批判的態度，去描繪出一幅歷史圖象。如前所述，這幅圖象存在一個預設，就是認為十九世紀末、二十世紀初戴東原的研究已成為一個重要的論述。這個論述重要到可以讓我們透過分析參與這個論述的學者（太炎、任公和適之），從而觀察到此論述及其背後的歷史脈絡之間的交相照映的部分。在這裡，另一個問題就在此一預設中產生了——戴東原於十八世紀以經學考據鳴世，其學術思想遺留下來的影響力，亦以經學考據學為中心所構成的一套知識系統為核心。當研究者在探索這套知識系統在東原逝世一個世紀以後如何被重新詮釋和轉化時，必須先對於這套知識系統有精準而深入的了解。而這也是這本書有所不足的地方。

作者在〈導言〉中雖然自承「我們不擬上溯到十八世紀那個以考證作為形式的知識論述」，然而，本書既以「戴震學」為討論焦點，那麼要迴避十八世紀的知識論述，是絕不可能的。雖然本書第二章第一小節討論「考據學對清代學術的貢獻」以及若干個別的內

容有討論到「十八世紀那個以考證作為形式的知識論述」，但由於
作者缺乏經學的訓練，故其分析往往「如霧裡看花，終隔一層」（借
用王國維《人間詞話》語）。以下我謹針對戴東原和乾嘉學者的知
識系統，稍作分疏，為這一缺漏略作補充。

　　關於十八世紀以考據學為中心的知識論述的特點，在我近年來
所撰寫的主題論著中，[6]已有清楚的說明。首先丘教授已經注意到
這套系統中，「語言文字」的研究是一個重要的核心。按：章太炎
早已在〈清儒〉中指出戴學一派特色為「綜形名，任裁斷」。這兩
句話本身即指語言文字的研究而言。以「吳皖分派」之說而言，吳
派的貢獻主要還是在漢儒經說的鉤沈工作之上，輔以文字故訓之
學；而皖南一派與之最不同者，即在於戴、段、二王掌握了一套遠
較吳派為精密的語言文字分析方法，並透過這種方法進入古經典所
載的聖賢思想的世界。用西方經典詮釋學的術語講，就是做「解
碼」（decoding）的工作。這種方法論向上可以追溯到顧亭林〈答
李子德書〉「讀九經自考文始，考文自知音始」的理念，而和宋明
儒重視從道德形上學詮解經典，有截然的不同。不過必須注意：這
種方法論的預設，並不是一個穩定的架構。隨著「小學」（即文字、
聲音、訓詁之學）的技術日益成熟，考據學自身以及其方法論的基
礎，也不斷發生微妙的變化。清代考據學和其背後的思想，也就在
這種變化中逐漸轉變。例如：清初儒者距理學時期不遠，而其所持
的經世思想，又含有待後王興起的意圖。此一種具有特殊基調（如

6　已輯為《戴東原經典詮釋的思想史探索》出版。

未能完全捨棄宋元儒的經注）[7]的考據學，歷經康熙、雍正二朝而逐漸歇息。及至乾嘉時期，歷史環境丕變。戴東原並不以掌握經典中的語言文字本義為滿足，而是要建構一套具有近似於「社群主義」（communitarianism）理想的經學研究。他不滿於宋明理學強調「道統」、「心傳」的心性與宇宙本體相契合的學問，認為理學之「理」不過是「意見」，真正的「理」應該是「以情絜情」得出來，而不是靠著默契本體、稠適上遂而來。東原說：

> 心之所同然始謂之理，謂之義；則未至于同然，存乎其人之意見，非理也，非義也。凡一人以為然，天下萬世皆曰：「是不可易也」，此之謂同然。[8]

具而言之，東原所講的「理」，包含了跨越時代之「禮」的具體內容與抽象理念而言。捨「禮」以外，還有別的東西，能被解釋為「一人以為然，天下萬世皆曰『是不可易也』」的嗎？[9]

但東原身後，其高第段若膺（玉裁）和王懷祖（念孫）亦專研文字、聲音、訓詁和校勘之學。若膺以《說文解字注》一書鳴世，人所共知；二王（王懷祖及其子王伯申〔引之〕）則將其小學、校勘學延伸至於研究先秦諸子典籍（具見於《讀書雜志》一書），以求更廣泛地掌握古代典籍的靈魂之所寄——語言文字。若膺和二王

7　如全謝山（祖望）《經史問答》頗多引用或討論樓攻媿（鑰）《攻媿集》、黃東發（震）《黃氏日鈔》、王深寧（應麟）《困學紀聞》等著作，即為一顯例。

8　戴震：《孟子字義疏證》卷上「理」條。《戴震全書》第6冊，頁153。

9　說詳拙著：《戴震經學中的文化意識》。

雖然各有其現實關懷，但他們繼承東原的學術，卻顯然將其宗師大膽寄託於批判程朱理學的經世意識，泰半放棄，而專意留情於小學名物校勘之學。這種情況顯示出兩層意義：

第一、東原結合經學研究、小學造詣和思想理趣，是清代學術典範的代言人，在乾嘉漢學家中屬於特殊案例。他為乾嘉考據學提出了完整的方法論依據，「考據」不再是僅僅具有文獻的意義，而是同時具有一種類似「社群主義」的意義。戴的後學則已無此意識。戴的思想，當然不能和北美近數十年來社會學界討論的 communitarianism 相比附，因為雙方的歷史脈絡、文化背景和主要訴求都不相同。但我們必須承認，自十七世紀中葉以來，儒者治經學普遍重視古代服飾（如喪服、深衣）、祭儀（如禘、祫之禮）、居室（如明堂）、土地（如井田、稅法）等，都是注意到群體構成的社會所產生的種種問題。至十八世紀中葉東原的時代，這種討論已經延續了整整一個世紀。由此看來，東原提出「一人以為然，天下萬世皆曰『是不可易也』」的命題絕非偶然，而是有其歷史的環境與主客觀的因素。這一層意義在於：東原對宋明理學的批判決非膚淺的謾罵，或如研究者所說的以荀子的思想來誤解《孟子》，而是強調「德性」是從人類社群文明進展的過程中逐步發展而來，所以儒家的價值實造端於倫理，而彰顯於禮制。我們研究戴東原或者「戴震學」，都必須正視這一條線索，尤其是十九世紀以後知識分子對這一線索作出何種承繼和轉化，使十九世紀末葉社會學興起，甚至整個經學和史學都受到社會學理論的分疏和解析。[10]

---

10 劉師培《左盦外集》卷六載〈論小學與社會學之關係三十三則〉，討論名

　　第二、東原和其他乾嘉考據學家的興趣、關懷和努力的方向，有許多不同的地方，研究者必須加以分疏。他在逝世當年所寫的〈答彭進士允初書〉中論儒釋之辨時，一再強調讀書人研究儒學，不應該拿別人的祖宗來混充自己的祖宗[11]。可見他的現世關懷，最終歸旨於批判種族高壓統治和君主專制體制。相對上，其他乾嘉考據學家就沒有這樣激峭的現世關懷了。這一層意義在於：劉申叔、章太炎、錢賓四、梁任公、胡適之等幾位學者對於東原及其學術思想的詮解，都發生了各取所需的情況。太炎留情於革命，因此特別揭示東原的反滿意識而申論；賓四著眼於漢宋調和，因此特別考證東原和江慎修（永）、惠定宇（棟）之間的關係，而推翻「吳皖分派」之說；任公和適之強調「科學方法與精神」，故特別標舉其反理學思想與經學歸納之法。其中唯有太炎窺見東原種族意識的微旨，但也是由於太炎持激烈反滿的立場的緣故。四位大師既利用東原思想之酒，澆其自身胸中之塊壘，卻沒有客觀地替整個乾嘉考據學從學理上、思想上作徹底的釐清。因此，戴東原的研究和乾嘉學術的研究，在過去一世紀看似蓬勃，事實上東原思想的屬性以及乾嘉學術在思想史的定位如何，始終是一團迷霧。質言之，正因為我們對於

物制度的觀念字的社會學基礎，即為經學接受社會學衝擊，社會學與經學概念進行「格義」的一個顯例。

11　戴震〈答彭進士允初書〉：「譬猶子孫未睹其祖父之貌者，誤圖他人之貌為其貌而事之，所事固己之祖父也，貌則非矣。實得而貌不得，亦何傷。然他人則持其祖父之貌以冒吾宗，而實誘吾族以化為彼族，此僕所由不得已而有《疏證》之作也。破圖貌之誤，以正吾宗而保吾族，痛吾宗之久墜，吾族之久散為他族，敢少假借哉？」《戴震全書》第 6 冊，頁 355。

十八世紀以考據學為中心的知識論述認識不足，十九世紀以降的新知識架構形成的背景，以及此一架構本身的特質及其發展限制，自然也無法清楚。舉例而言，胡適之與章太炎曾於 1922 至 1923 年就「治經」與「治諸子」的問題，有過爭辯。基本上，胡適之接受了俞曲園（樾）的觀點，認為治經與治諸子在方法上是相同的，都是用的「校勘訓詁」的方法；而太炎則提出，經書「多陳事實」，諸子書則「多明義理」，因此「校勘訓詁」對於治諸子書來說只是一種「暫為初步」的功夫而已[12]。從此延伸出來的問題很多，包括：「校勘訓詁」和「多明義理」是不是截然無關的？「校勘訓詁」對於「明義理」產生何種助力、又存在何種約束？晚清經史子之學又如何逐步從「校勘訓詁」向「多明義理」的方向解放？若不能弄清楚這些問題，我們實難評估東原如何將考據技術和哲學理趣統一起來，也很難論定這兩項看似相矛盾的知識範疇對晚清思想產生何種影響。

總的來說，丘教授並未能深入考據學這套知識論述的世界，因此對東原這個案例的特殊性，似尚有一間之未達。「附錄」討論了「理學反動說」、「每轉益進說」和「內在理路說」，也無法如實反映清代思想史「研究典範」的形成、特質與義涵，因為關於清代思想史研究典範的解釋，東西方學術界至少有約二十種不同的說法。如梁啟超的一大反動說、錢賓四的漢學源出宋學說、馮友蘭的

---

12 這一問題及相關的討論，可參陳平原：《中國現代學術之建立》第六章「關於經學、子學方法之爭」，頁 242-243。並參拙著〈乾嘉治經方法中的思想史線索——以王念孫《讀書雜志》為例〉，收入《戴東原經典詮釋的思想史探索》，頁 403-447。

清代哲學為宋代道學一部分延續之說、牟宗三的學絕道喪說、傅斯
年的清代學術說、侯外盧和若干大陸學者的市民階級興起的啟蒙
說、余英時的內在理路說、溝口雄三的公私觀念說、岡田武彥的唯
氣論說、村瀨裕也和任繼愈的唯物論說、葛榮晉和陳鼓應等的實學
思潮說、Benjamin Elman 的 From Philosophy to Philology 說、周啟
榮的禮教主義（Confucian ritualism）說、劉又銘的理在氣中說、張
麗珠的情性學說，以及筆者提出過的社群意識等。

三、劉申叔論戴東原

劉申叔論戴東原的文字頗不少，具見於《劉申叔遺書》。其中
《中國民約精義》卷三「戴震」條，頗有可供補充《戴震學的形成》
一書的內容：

> 案：宋代以降，人君悉挾其名分之說以臨民。於是天下之強
> 者，變其「權力」為「權利」，天下之弱者，變其「從順」
> 為「義務」。（原注：《民約論》卷一第三章云：「天下強
> 有力者，必變其力為權利，否則不足以使眾；天下之弱者必
> 易其從順為義務，否則不可以事人。」）推其原因，皆由於
> 「君為臣綱」之說。《民約論》不云乎「民約」也者，以為
> 人之天性，雖有智愚強弱之不同，而以義理所生為制限（原
> 注：卷上第八章）。蓋盧氏之所謂「義理」，即戴氏之所謂
> 「情欲」。此船山所以言「天理即在人欲中」也，非情欲之
> 外，別有所謂義理。《禮記·樂記篇》云：「人生而靜，天

之性也。感於物而動，性之欲也。」物至知知，然後好惡形焉。好惡無節於內，知誘於外，不能反躬，天理滅矣。夫物之感人無窮，而人之好惡無節，則是物至而人化物也。人化物也者，滅天理而窮人欲者也。於是有悖逆詐偽之心，有淫佚作亂之事。是故強者脅弱，眾者暴寡，知者詐愚，勇者苦怯，疾病不養，老幼孤獨不得其所，此大亂之道也。推《樂記》之旨，蓋謂亂之生也，由於不平等；而不平等之弊，必至人人不保，其自由爭競之興，全基於此。[13] 孰意宋儒倡說，以權力之強弱，定名分之尊卑，於是情欲之外，別有所謂義理三綱之說，中於民心，而君上之尊，遂無復起而反抗之者矣。戴氏此言本於《樂記》，力破宋儒之謬說。孔門恕字之精義，賴此僅存，不可謂非漢學之功也。

該書卷上第八章，Frederick Watkins 英譯為"The Civil State"，馬君武譯為「人治之世」。[14] 劉申叔所謂「義理」，疑指該章"physical impulse"一詞，申叔釋之為「情欲」。這段話特別可以看出劉申叔身處「西學」與「中學」的「格義」的時代，運用盧梭（Jean Jacques Rousseau）《民約論》（英譯 The Social Contract）的「權力」（might）變為「權利」（right）、「從順」（obedience）變為「義務」（duty）的理論，[15] 重新詮釋戴東原的「體情遂欲」之論，認為東原提出「情欲」之說，恰好擊中了宋儒將「情欲」與「義理」分裂為二，而以

---

13 原注太長，今略。

14 盧騷著，馬君武譯：《盧騷民約論》，頁 18。

15 Jean J. Rousseau, trans. & ed. by Frederick Watkins, Political Writings, pp.6-7.

「義理」結合「三綱」（所謂「以權力之強弱，定名分之尊卑」），將「權力」美化為「權利」，而在人民「從順」的事實之上披上「義務」的外衣。申叔引申的意思是：三綱五常違悖人類平等的本義，使強者得以欺凌弱者；「義理」之說更是將三綱五常毒藥包裹起來的糖衣。唯有棄絕儒家綱常名分之說，還「情欲」以本來面目，不再以「義理」觀念無端賦情欲以貶義，在社會上則貫徹平等，才能符合儒家所提倡的「恕」的精神。

依《中國民約精義‧序》，該書於光緒二十九年癸卯（1903）付梓，則這文字的撰著時間，比太炎的《悲先戴》和《釋戴》著成時間更早。《悲先戴》發表於 1906 年 11 月《民報》第九號「說林」（以「太炎」自署發表）。該文篇幅頗短，沿著《民報》第六號太炎《演講錄》講《大義覺迷錄》的論點，重申東原「以理殺人」的深義，以明「華戎之界」。這篇文章沿襲了太炎批判「義理三綱之說」的基調，和《中國民約精義》所講的十分神似。它也可能是《釋戴》一文的初稿，因為《悲先戴》稱「顏氏明三物，出於司徒之官，舉必循禮，與荀卿相似。戴君道性善，為孟軻之徒。」而《釋戴》則引述荀子之言，轉而推論東原思想與荀子相近而與孟子相遠：「極震所議，與孫卿若合符。以孫卿言性惡，與震意拂，故解而赴《原善》」。《釋戴》主旨在疏通「洛閩諸儒」和東原之間的歧異，而太炎說：

> 洛閩所言，本以飭身，不以隸政，震所訶又非也。

他首先認為程朱之學講的只是修身之學，無關乎治平的外王學說，因此認為東原對程朱的指責並不能成立。但他隨即說：

> 凡行己欲陵，而長民欲恕。陵之至者，止于釋迦。其次若伯
> 夷、陳仲。持以閱世，則〈關雎〉為淫哇，〈鹿鳴〉為流湎，
> 〈文王〉、〈大明〉為盜言矣。

所謂「行己欲陵，而長民欲恕」，即修身務求刻苦，而治國須求寬
恕。寡欲刻苦的極致有釋迦、伯夷之流，用此一標準看，則《詩經》
無一不是淫哇盜言。太炎提出這個「恕」字，與申叔稱許東原「力
破宋儒之謬說。孔門恕字之精義，賴此僅存」同樣標舉「恕」字，
簡直如出一轍。同時太炎也注意到「欲」的問題。他說：

> 長民者，使人人得職，篠蕩其性，國以富強，上之于下，如
> 大小羊羜相羷羳而已，本不可自別于鳥獸也。夫商鞅、韓非
> 雖隋，不踰法以施罪，勤民以任功。徒以禮義，屬民猶難，
> 況過其欲？民惟有欲，故刑賞可用。曏若以此行己，則終身
> 在鶉鵲之域也。[16]

太原強調不提倡「欲」而能治民，那是連商鞅、韓非所提倡的極權
手段都做不到的。即使以寡欲治一己之身，最後也僅能過著井蛙般
的生活；唯有積極提倡「欲」，「刑賞」才能發揮功效。換言之，
宋明儒者「寡欲」說在治國治民上其實是行不通的，只有體情遂欲，
才是儒家的康莊大道。這就更進一步從「民約」、「群治」的角度，
發揮了東原體情遂欲思想的正面價值。

16　章太炎：〈釋戴〉，收入《太炎文錄初編》，《章太炎全集》第四冊，頁
　　123。

以上所論，足證太炎若干發揮戴東原思想的論點，劉申叔早已提出。[17]河田悌一《清末の戴震像──劉師培の場合》一文相當周延地論析了劉申叔相關戴東原論述的貢獻；但該文也沒有針對《中國民約精義》和《悲先戴》、《釋戴》相比較。我謹藉此一短文，稍作補充如上。

四、日本學術界關於戴東原及乾嘉學者研究略說

除了劉申叔的戴東原討論外，《戴震學的形成》一書尚待補充的另一個方面，就是日本學者的研究。以下我將針對日本學者戴東原研究的問題意識形成的背景，作扼要的補充說明。

日本的漢學傳統可以追溯到十七世紀中葉。當時滿清代明而興，而朝鮮和日本久已接受儒學的浸潤，也頗有大儒輩出。以朝鮮為例，原本十六世紀李退溪（滉）和李栗谷（珥）兩位大儒打開了性理學的局面，而十七世紀則有如鄭霞谷（齊斗）、李星湖（瀷）等大儒繼起。[18]日本的儒學尤其矚目。自朱舜水（之瑜）東渡並獲得幕府副將軍德川光圀之招聘，將經世實學和禮學傳播彼邦，而伊藤仁齋、荻生徂徠等古學派學者崛起，日本和朝鮮兩國的儒學，浸

---

17 本文於香港中文大學中國哲學與文化研究中心發表時，承 Wesleyan University 哲學系 Dr. Stephen Angle 賜贈大著 *Human Rights and Chinese Thought: A Cross-Cultural Inquiry*，始知道該書中已經詳盡地探討劉師培「權力」與「權利」的問題，讀者請參該書頁 162-177。

18 鄭霞谷為《易》學名家，亦是陽明學的集大成者；李星湖則為實學派，提倡土地制度的改革和地方行政的改革。

浸然已有與中國並駕齊驅之勢。雖然至十九世紀末有福澤諭吉等學者提倡「脫亞論」[19]，但日本在一個多世紀以來，仍挾其深厚的儒學傳統，發展其漢學研究。由於近半個世紀以來日本學術界對中國乾嘉考據學有相當豐富的研究，針對戴東原學術思想的研究也不在少數。除河田悌一[20]以外，如村瀨裕也、[21]近藤光男、[22]木下鐵矢、[23]橋本高勝[24]等。近年如大谷敏夫[25]和水上雅晴[26]等。綜合而論，他們的研究取向有著專精、細膩、討論集中、多運用現代知識架構

19　福澤諭吉〈脫亞論〉發表於明治十八年（1885）三月十六日《時事新報》。參《福澤諭吉全集》，卷 10，頁 238-240。

20　除了前引〈清末の戴震像──劉師培の場合〉外，河田教授還有〈乾嘉の士大夫と考證學──袁枚、孫星衍、戴震そして章學誠〉（刊《東洋史研究》，42:4，1984 年 3 月。）

21　村瀨裕也：〈戴震の學における存在と倫理──唯物論と道德的價值〉（刊《香川大學教育學部研究報告》，第 36、43、47、54、57、59、60 期）。

22　近藤光男：〈戴震の經學〉（《日本中國學會報》，第 27 期，1975 年 10 月）、〈戴震の「周禮大史正歲年解」について〉（お茶の水女子大學《中國文學會會報》，第 5 期，1986 年 4 月）。

23　木下鐵矢：〈戴震と皖派の學術〉，刊《東洋史研究》45 卷 3 期，1986 年 12 月。

24　橋本高勝：〈戴震の哲學研究における西洋の色彩〉（刊《京都產業大學論集》，7:2，1978 年 5 月）、〈孟子字義疏證の体系的概念規定と戴震の訓詁學〉，《日本中國學會報》，第 31 期，1979 年 10 月。

25　大谷敏夫：〈清代思想史研究──近年の動向〉，刊《中國史學》，第 3 期，1993 年 10 月。

26　水上雅晴：〈詁經精舍と乾嘉之學〉（刊《中國哲學》，第 22 期，1993 年 10 月）、〈戴震と焦循の一貫說──乾嘉期における時代思潮の變遷〉，刊《東方學》，第 88 期，1994 年 7 月。

分析的特點，討論東原也大多是批判性的研究，而很少一味的讚美，因而得到的成果也較為顯著。

為什麼日本學術界對於戴東原思想和乾嘉考證學兩個課題會感興趣呢？我認為可以從三方面講。

第一、日本學者專注研究戴東原和乾嘉考證，和十七世紀中葉古學派的興起頗有關係。日本古學派學者，以山鹿素行、仁齋和徂徠最為代表人物。古學派治學有幾項特色，例如推尊先秦儒家原典，由此而強調古文辭學與古經典學。又如重視踐履，治兵學，強調忠孝、經世。而在整體方法論上為經驗主義，尚唯氣、唯物等等。這和中國乾嘉時期的前階段——清初經世實學時期——頗有重疊互映之趣。[27]近年來日本學者對於東原的討論，頗從唯氣論、認識論、倫理學等幾方面進行研究，如岡田武彥將戴東原和日本古學派學者聯繫在一起，針對「氣論」這個課題，進行比較，並指出東原的議論較清初唯氣論學者之論點，更為精采，論點也更為鮮明。[28]東原重視「血氣」的思想雖然和一般從宇宙論上發揮「氣」思想的

---

27 若以 1622 年至 1728 年為範圍，則當明天啟二年至清雍正六年，在這段時期的中國，陳子龍、徐孚遠、宋徵璧合編的《明經世文編》編成，而黃梨洲、顧亭林最重要的著名亦已問世。雍正六年時邵廷采（念魯）、戴南山（名世）均已謝世，因此古學派亦即明末清初經世實學興起之時。

28 詳岡田武彥：〈戴震與日本古學派的思想——唯氣論與理學批判論的展開〉，原刊《西南學院大學文學論集》18 卷 2 期（1978 年 2 月），頁 127-164。並參陳瑋芬譯本，刊《中國文哲研究通訊》10 卷 2 期（2000 年 6 月），頁 67-90。

哲學家不同，但對「氣」的重視卻的確可以與古學派的言論交相輝映。[29]

其次，思想史的學者也試圖開放性地從方法論、知識論的立場檢討戴東原批判程朱理學的原因。回顧古學派站在性理學派的對立面，對性理之說加以批判的歷史經驗，這類研究其實也是此一歷史經驗的延伸。1926-1927 年之間，青木晦藏發表了《伊藤仁齋和戴東原》一文，[30]指出在十七世紀的中國和日本，儒學都發生了復古的氣運，遠因是儒學流派裡原有此二大潮流，近因則是對於宋明理學的反動。青木是宋明理學的崇拜者，但他也不得不感歎東原與仁齋「集經驗學派哲學思想之大成」。其後像山井湧、溝口雄三等學者則以「氣」概念為基礎，注意十七世紀中葉儒者對於「欲望」的態度的轉變，或者從明末清初社會結構的轉變和市場經濟的發展，以「公私」兩個觀念的重新詮解為例，說明了清儒對於情欲有新的看法，自有其歷史背景。事實上，戰後日本人文學者也開始正視市場經濟發展的合理性，經驗主義和情、欲的思想，符合時代的需求，

---

29 在東亞儒者之中，仁齋曾明確地提出「一元氣」的講法（伊藤仁齋：《語孟字義》卷上，「天道」第 3 條，頁 116），稱之為「元氣論」也許較沒有問題。但東原就不同了，《孟子字義疏證》中的「氣」字出現 161 次，多強調「血氣心知」、「氣化流行」之類，未嘗特別定義「元氣」。參拙文〈戴東原氣論與漢儒元氣論的歧異〉，收入拙著：《戴東原經典詮釋的思想史探索》，頁 87-123。

30 青木晦藏：《伊藤仁齋和戴東原》，《斯文》第 8 卷第 1、2、4、8 期；第 9 卷第 1、2 期（1926 年 2、4、7、11 月；1927 年 1、2 月）。參俞慰慈、陳秋萍合譯該文，刊《中國文哲研究通訊》10 卷 2 期（2000 年 6 月），頁 19-66。

而以氣論、遂欲思想著稱的東原思想，當然也顯得別具意義。前述河田悌一教授注意到劉申叔的研究，亦是思想史學者特別注意十九世紀末葉政治經濟理論的轉變，反思東原思想的意義，而獲得成果的一個顯例。

　　第三、日本學術界自身也深受乾嘉考證學的影響，其中尤以經學研究者為然。延續此一學脈的研究者對東原多採正面的態度，探討其考證方法與貢獻。這方面日本學術界也歷有淵源。早在十八世紀中葉起，管理「紅葉山文庫」的近藤重藏已深受考據學風影響。同時期稍早的皆川淇園，撰《名原》、《學、哲》，《虛字詳解》、《實字解》，亦有乾嘉明訓詁以通義理的特色。同時期著名的經學家井上金峨[31]屬於日本「折衷學」的代表人物，以強調漢學和宋學的折衷而聞名。井上的學生吉田篁墩亦極推崇考證學。約當同時期的狩谷望之專奉漢唐之學而不屑宋明，自號「實事求是居士」，立齋名「實事求是屋」，其受考據學啟發影響，可見一斑。大田錦城《梧窗漫筆拾遺》說：

> 近世清人考證之學傳於北方。凡百學者喜考證，義理之精妙，亦以有考證之功而判然明白。學問以考證為要也。[32]

清人考證學固傳播於日本，而日本古學派興盛以來的經學考證學亦反過來傳播到中國並發生影響。此點在余英時先生《戴東原與伊藤

31　撰有《經義折衷》、《周易彙考》、《論語集說》。

32　大田錦城：《梧窗漫筆拾遺》，收入《百家說林正編》下卷，頁1108。

仁齋》一文已有所闡發。[33]近年專研經學考證學的日本學者如水上雅晴等，其實正可視為遠承日本十九世紀初考證學的當代學者。他們以精密的態度探討東原的考證方法，成果自然是豐碩的。

我之所以提出上述的簡要的分析，主要不在於提供全面的日本學術界對戴東原研究的報導，而是要指出，日本學者對於戴東原以及清代考證學的研究，其實蘊藏了屬於日本學術界的問題意識。他們的研究、討論戴東原的動機，和近五十年來海峽兩岸的學者頗不相同。他們多藉由東原的案例，去發掘他們自身的對於知識以及求知方法的一種再思考。相對上，作為《戴震學的形成》的讀者，我也希望能更了解作者的撰著動機，以及其提出的問題意識，和這種意識的形成原因。

五、結論

戴東原對於程朱理學的批判，一方面藉以對滿清政權提出高調的反抗言論，另方面也成為清初以迄乾嘉時期儒學思想鉅大變化的總宣言。東原並非先知，他本人當然不可能預先察覺到二十世紀的來臨所引起的種種激烈的歷史變動，他的社群意識並不是「為後世法」，但他特別提出人類在自然「情欲」的推動下，在千百年之間逐漸形成的禮制的微妙作用，並在此一基礎上講「以情絜情」，提出「分理」思想，卻為十九世紀末知識界開始注意社會動態變化、

33　該文原刊《食貨月刊》4 卷 9 期（1974）；後收入余英時：《論戴震與章學誠》外篇。本條引自《戴震全書》附錄之二，第 7 冊，頁 580-592。

政治改革與社會改革同時並進的思潮，作了預告。在東原思想的映照下，知識分子對真理的探尋，不是透過稱適上遂的心性功夫以達致，而是要博觀塵世、以悲憫之心體察人民的需要，並從中找尋「禮」和「理」的軌跡。不過作為經學家的戴東原，歷史感尚未深刻到讓他將此一信念貫徹到歷史的全程上去思考。他的經學家性格讓他始終將注意力放在有特定時間斷限的《六經》之上。章實齋一方面深受東原影響，而形成其「原道」的思想，一方面則將東原的觀念延伸到討論《六經》所不能言的後世「事變」，從文化史的角度探討真理。

本文由評論丘為君教授所撰寫的《戴震學的形成》談起，並針對該書所未討論到的兩個重點，提出補充。第一點是晚清學者劉申叔早已注意到戴震的重要性，因此論戴震學形成的源頭，不能不討論劉申叔。第二點是日本學者的研究不但早已注意到劉申叔的重要性，也對考證學本身提出了不同於中國傳統、又別具啟示的見解，值得我們參究。

玖、評青木正兒博士 《清代文學評論史》[1]

一、前言

　　青木正兒博士是十九世紀末日本漢學界中國文學研究的先驅，《支那學》雜誌的創辦人之一，所著《中國近世戲曲史》、《中華名物考》等書，頗著名聲；所著《清代文學評論史》，是成書比較早的一部清代文學史，其精彩之處，頗為不少。然而任何論著，都不可能沒有缺點，青木博士的這部大著也不例外。按其原序所說，該書內容偏重於「文學思想」。筆者並不專門研究文學理論，但夙治清代學術思想，或可就個人所知，提出若干疑點，略舉青木博士大著可商榷之處討論，目的不在批評前賢，而是跂盼年輕的學者參酌，讓後人得以站在前賢的肩膀上，更高瞻遠矚。以下謹列舉「王夫之論詩與《詩經》」、「侯方域論『骨』與『氣』」、「方

1　本文發表於第二屆「日中文化交流廣領域國際學術會議」（「トランスナショナルな文化伝播──東アジア文化交流についての学際的研究」），臺灣大學文學院・日本立命館大學文學部假立命館大學敬學館合辦，2012年 3 月 22 日。

苞『義法』說商榷」三點，另提出日文原書與中文譯本異同處一點，
提出討論如下。

二、評論

（一）王夫之論詩與《詩經》

《清代文學評論史》第二章引述王夫之《詩譯》：

> 藝苑之士，不原本於三百篇之律度，則為刻本之桃李；釋經
> 之儒，不證合於漢、魏、唐、宋之正變，抑為守株之兔罝。
> 陶冶性情，別有風旨，不可以典冊、簡牘、訓詁之學與焉。[2]

青木博士接著說明王的講法，說：

> 即是說，《詩經》應當為文學看，一言道破，儒家不可以道
> 義解釋《詩經》。[3]

我認為《清代文學評論史》這段話，並沒有抓到王夫之立言的重點。
夫之的意思是：研究文學的人要充分了解詩歌創作的源頭、典範是
《詩經》，不可一味求新；研究經學的人也要了解《詩經》後世的
影響與轉化，不可一味株守舊典。換言之，經學與文學、《詩經》
與詩歌創作都是不能二分的。至於研究經學的工具知識——典冊、

2　王夫之：《詩譯》，《船山全書》第 15 冊，頁 807。
3　青木正兒著、陳淑女譯：《清代文學評論史》，頁 33。

簡牘、訓詁之學──在講究性情的詩道之上,是用不著的。王夫之在這裡主要是說明《詩經》的「源」與「流」兩方面的意義。中國傳統的詩道,「陶冶性情,別有風旨」,文學家應該掌握創作的本源,而經學家也須注意它在漢、魏以後的流變。這樣看,青木博士「儒家不可以道義解釋《詩經》」一語,只說對了一小部分。此外,青木博士講王夫之,還有幾處誤會,如解釋王夫之論「意」和「勢」,說:

> 蓋「意」即思想,「勢」即形勢,亦即敘述的變化。唐釋皎然《詩式》,喻此為如登高望山河之勢,其工拙在思想的傳達上,有很大關係,故他說:「勢則意之神理」,是即在思想的發表上,具有神妙作用的理法。因此,只要敘述法得宜,用語的好壞,就不成問題。[4]

在王夫之的詩論中,「意」和「勢」誠然是重要的。但單就「意」而言,它並不能被化約為「思想」,因為「意」的形成,還涉及到「情」和「景」的問題,其表現也牽涉到文辭的運用。在《夕堂永日緒論》中,王夫之首先認為詩中所述之「景」必須是作者「身之所歷,目之所見」,[5]又認為「巧者則有情中景、景中情」。[6]所謂「景中情」,所寫的是「景」而表現的是「情」;相對地,「情中景」所寫的則是呈現在詩人心「情」中的「景」,也就是他所謂「寫出才人翰墨淋漓自心欣賞之『景』」。而「意」,則可以視為詩中

4　同前注,頁 35-36。

5　王夫之:《夕堂永日緒論》,《船山全書》第 15 冊,頁 821。

6　同前注,頁 824。

的「主題」。「主題」當然包含作者的思想，但「思想」又豈是可以獨立於「身之所歷、目之所見」（景）之外的？至於「意」的運用，除了是要有「宛轉屈伸」[7]之勢外，還要和文辭相配合。所以夫之強調「有求盡於意而辭不溢，有求盡於辭而意不溢」，[8]前者是「用之於書」，要求的是用簡約的文辭曲盡心中的意思，後者是「用之於詩」，要求的是用豐贍的文辭「取景遣韻」、「往復感人」，而「主題」則密藏其中，作為全詩的主帥。此王夫之所以說「以『意』為主，『意』猶帥也」[9]的同時，又強調「『意』可一言而竟，往復鄭重，乃以曲感人」，「君子之於言，祈乎足，勿辭其長也」[10]及「古人約以意，而不約以辭」。由此可見，青木博士解釋「意」為「思想」是不合適的。

（二）侯方域論「骨」與「氣」

《清代文學評論史》第四章引侯方域《壯悔堂文集》卷三〈與任王谷論文書〉。侯方域的原文說：

> 大約秦以前之文主骨，漢以後之文主氣。秦以前之文若《六經》，非可以文論也，其他如老、韓諸子，《左傳》、《戰國策》、《國語》，皆斂氣於骨者也；漢以後之文若《史》若《漢》、若八家，最擅其勝，皆運骨於氣者也。斂氣於骨

---

7 同前注，頁 820。
8 王夫之：《詩廣傳》，《船山全書》第 3 冊，頁 506。
9 王夫之：《夕堂永日緒論》，頁 819。
10 王夫之：《詩廣傳》，頁 484。

者,如泰華三峰,直與天接,層嵐危蹬,非仙靈變化,未易攀陟,尋步計里,必躓其趾,姑舉明文,如李夢陽者,亦所謂躓其趾者也。運骨於氣者,如縱舟長江大海間,其中煙嶼星島,往往可自成一都會。即颶風忽起,波濤萬狀,東泊西注,未知所底。苟能操柁覘星,立意不亂,亦自可免漂溺之失,此韓、歐諸子所以獨嵯峨於中流也。六朝選體之文,最不可恃。士雖多而將驕,或進或止,不按部伍。譬如用兵者,調遣旗幟聲援,但須知此中尚有小小行陣,遙相照應,未必全無益;至於摧鋒陷敵,必更有牙隊健兒,啣枚而前。若徒恃此,鮮有不敗。今之為文解此者罕矣。高者又欲舍八家、跨《史》《漢》,而趨先秦,則是不筏而問津,無羽翼而思飛舉,豈不怪哉?[11]

青木博士解釋侯方域的立論,說:

> 蓋先秦文,氣體過於高遠,是常人所難及;六朝文,因文脈蕪雜,不足以學,故主張應先從筆路洋洋的《史記》、《漢書》,及唐宋八家文入手,最後臻於攀登先秦高峰,這完全和歸有光所指示方針,互相一致。[12]

顯然並沒有注意到侯這段話所討論的兩個重點:「骨」和「氣」。這也是中國文學批評的傳統術語。侯方域所說的「骨」,就是《文心雕龍·風骨》的「骨」,即文章的內容,包括具體的歷史事實和

---

11 侯方域:《壯悔堂文集》卷三,「四部備要」本,頁31。

12 青木正兒:《清代文學評論史》,頁449。

抽象的思想義理;「氣」指的則是文辭的力量,就是辭采動人的感染力。侯方域所謂「斂氣於骨」,是指將文辭的感染力約束在事實和義理之中;所謂「運骨於氣」,是指利用動人的辭采來表述事理以支撐文章的架構。至於所謂「尋步計里」,就是指亦步亦趨的模仿。青木博士說先秦文「氣體過於高遠」,意思很含糊,在此我無可評論。然而無論如何,侯方域不是泛泛批評六朝文章「蕪雜」,而是說六朝文沒有像漢代以前子史的「骨」,也沒有漢代以降《史記》《漢書》的「氣」。「骨」與「氣」兩個字的關係,用現代白話講,就是「內容」與「文辭」二者如何統一的問題。他認為先秦諸子「言之有物」,文章以具體的歷史事件(《左傳》《國語》)與思想義理(老韓諸子)為主(即所謂「骨」),則文辭的起伏、頓挫等,都是為這些具體之「物」服務的。所以文章所呈現的完全是充實的內容,所謂「如泰華三峰,直與天接」,這是以「內容」來統合「文辭」。故侯方域認為較他稍早的李夢陽倡復古,追步秦漢以前的古文,尋步計里,一味模仿;然而沒有古人的具體史實與抽象義理,結果當然是「蹶其趾」了。至於《史》《漢》八家用力於文辭的起伏、頓挫的感染力之上,而在文辭的力量中鋪陳出內容主題,並使此主題在千變萬化的文辭中堅定不移(「立意不亂」)。侯方域批評六朝的文人只知憑恃華美的辭采(「旗幟聲援」),既不知文章的法度(「行陣遙相照應」),亦不懂文章中內容主題(「牙隊健兒」)的重要性,因而失敗。細審侯氏的意思,雖然是「骨」「氣」並舉,其實毋寧是在強調「骨」的重要性的。在這些討論之中,侯氏並未涉及先秦文的氣體是否過高的問題,所以青木博士的理解,是不準確的。我要特別強調:侯氏的「骨」所包含的內容,

除了作者討論的事物與主題外，還包含作者自己的思致，因為義理本來就是以作者的主觀思致為主。這些事物、主題和思致，都是支持文章的結構內容充實，使之可以憑藉「文氣」的力量，達到高峻之境的要素。所以說「鷹隼乏采，而翰飛戾天，骨勁而氣猛也」，[13]又說「若瘠義肥辭，繁雜失統，則無骨之徵也」。其中的「義」就是內容，繁雜之統就是作者因應事物、主題和思致，對於內容所作的輕重取捨，作者若不能對文章內容作出適當的取捨（「繁雜失統」），就表示他對於想敘述的事物、主題不夠明白，心中的思致也尚未清楚，這就是「無骨」的表徵。

（三）方苞「義法」說商榷

《清代文學評論史》第八章〈中期以後的桐城派及其他文說〉「方苞」條討論方苞的「義法」觀念，說：

> （方苞）論文嚴格講求「義法」，即義理，即文的內在理法和文法——亦即文的外形法則。「義」是以儒家道義，尤以孔子《春秋》之「義」為根柢，堅持所謂「載道」之說。「法」是體《春秋》褒貶筆法之意。「義法」乃主張應以《左傳》、《史記》降至唐宋八家的古文法為宗，以此二者相表裡，相關地去批評和作文。故並非單是抑揚、頓挫、波瀾、照應等技巧的文法，而是論如何以義理判斷內容，加以取捨、並將

13　劉勰《文心雕龍·風骨》語，參范文瀾：《文心雕龍注》卷六，頁13-14。

之表現為文字的方法。[14]

方苞所講的「義法」，「義」並不是儒家道「義」和《春秋》之「義」，而是指人類生活文化和典章制度等具體事物；「法」也不是「《春秋》褒貶筆法」，而是指用文章表現這些具體事物的次序形式。《方苞集》卷二〈讀子史·又書貨殖傳後〉對於「義」、「法」的概念有清楚的說明：

> 「義」即《易》之所謂「言有物」也，「法」即《易》之所謂「言有序」也。「義」以為經而「法」緯之，然後為成體之文。[15]

「言有物」的「物」是什麼物呢？他在〈書韓退之學生代齋郎議後〉中說：

> 異哉！韓子之議薦享，以為齋郎之事，而學生不得兼也。夫離道德與事物而二之者，末學之失也。古之教者、學者，精粗本末，未嘗不相貫，雖灑掃應對，皆以順性命之理，而況薦享以交於神明乎？……用事於宗廟社稷之地，至於「思慮之不固，容貌之不莊」，則其人頹惰委靡不能有立可知矣。乃見謂「通經」而冀其「有贊於教化」，是何本末名實之交眩與？[16]

14　青木正兒著、陳淑女譯：《清代文學評論史》，頁 151-152。
15　方苞：《方苞集》，卷二，頁 58。引號為本文作者添加。
16　同前注，卷五，頁 109。

· 220 ·

可見方苞所講的「言有物」，是指一切和「教化」有關，包括由灑
掃應對以至薦饗制祭，學者應熟習的「事物」。如何將這些「事物」
恰如其分地在文章中排序出來，便是「法」所講求的。〈又書貨殖
傳後〉又指出《史記·貨殖列傳》「兩舉天下地域之凡，而詳略異
焉」。「前者獨舉地物，是衣食之源」，後則備舉山川風俗等，目
的是要「徵萬貨之情」。兩者都和「施政教」有關係。至於表現這
些和人民生活與國家政教有關的具體事物的手法，司馬遷的《史記》
亦有其安排次第，因此文中又說：

> 是篇大義，與〈平準〉相表裡，而前後措注，又各有所當如
> 此，是之謂「言有序」，所以「至賾而不可惡」也。[17]

顯然方苞提出〈貨殖列傳〉，足以為其「言有物」、「言有序」的
說明。我懷疑方苞這種「古文義法」的理論是產生自他「學術用世」
的治學方針，他在〈再與劉拙修書〉中曾說：

> 僕少所交，多楚、越遺民，重文藻，喜事功，視宋儒為腐爛，
> 用此年二十，目未嘗涉宋儒書。[18]

其實從他的年譜中可以看出，即使後來他醉心北宋五子的性理之
書，他仍然處處以國家政策與前途為念，重事功的思想未嘗改變。
他在〈重訂《禮記纂言》序〉中說：

> 余嘗怪《詩》、《書》所傳，出於唐虞三代之卿相者十八九，

17　同前注，卷二，頁 59。「至賾而不可惡」語出《周易·繫辭上傳》。
18　同前注，卷六，頁 174-175。

> 而漢、唐以後，以經學相承者，皆憔悴專家之儒，卿相則無
> 一有焉，其能者不過於詩賦辭章得其崖略而已。蓋古之人必
> 德之盛、學之優，然後任此位。[19]

方苞認為政治固根柢於學術，而學術中的「古文」一事，亦必須有
實際的政教內容。「義」是此一內容，「法」則是表現技巧。他之
特別提揭這兩點，作為「古文」的兩大要素，很可能是在年輕時得
自萬斯同的啟發。他在〈萬季野墓表〉中曾說到自己「輟古文之學
而求經義」大約是在康熙三十七年（1698），當時方苞年約三十一
歲，而與他相遇的萬斯同則六十一歲。萬斯同在北京協助官修《明
史》，但年紀老大，欲覓傳人，一見方苞的文采，即以「文以明道」
加以勉勵，希望他放棄狹義的「古文」創作，繼承斯同的修史大業。
〈墓表〉引萬斯同語云：

> 吾老矣，子東西促促，吾身後之事豫以屬子，是吾之私也。
> 抑猶有大者：史之難為久矣，非事信而言文，其傳不顯。李
> 翱、曾鞏所譏魏、晉以後賢姦事迹並暗昧而不明，由無遷、
> 固之文是也，而在今則事之信尤難。

按：萬斯同曾在〈與錢漢臣書〉中稱「經者，文之源也；史，即古
文也」，[20]「史即古文」一語，表示古文不應渡越於歷史之外。然
則優良的史書所具備的兩大要旨：「事信」和「言文」，不但是「史」
所必具，也正是「古文」的元素。萬斯同的「事信」，類同於方苞

19　同前注，卷四，頁87。

20　萬斯同：〈與錢漢臣書〉，《石園文集》卷七，第155冊，頁115。

所謂的「言有物」;「言文」則類同於「言有序」。不「信」之「事」,固不能是具體存在之「物」;而有「序」之「言」,正可以表現具體的內容及其所包含的至理。郭紹虞在《中國歷代文論選》方苞〈古文約選序附凡例〉「說明」中,說:

> 所謂古文義法,就其完整的概念來說,是指有內容、有條理,結構謹嚴,合乎體製的文章;分開來說,則兩者有一經一緯,相輔相成的關係。是要求形式服從於內容,內容和形式的統一,用意極為明白的。[21]

說得很好,但郭氏沒有進一步說明方苞追求的「內容」究竟是什麼內容,因此仍有一間之未達。青木博士以「儒家道義」理解「義」,將「法」和「春秋筆法」相提並論,又說:

> 方苞的義,以義理為主,劉大櫆將此加以擴充;方苞的法,嚴於用語,而劉大櫆較之用語更重音節,即重文字音調。[22]

其實方苞的「義」既不是以義理為主,他的「法」更遠不止「嚴於用語」而已,青木博士的說法,很明顯並不正確。

附:關於日文原書及中文譯本異同的問題

臺灣開明書店本陳淑女譯《清代文學評論史》第一章〈清初的反擬古運動〉「錢謙益」條云:

---

21 郭紹虞:《中國歷代文論選》,第3冊,頁400。
22 青木正兒著、陳淑女譯:《清代文學評論史》,頁155。

（錢謙益）嘗在〈題歸太僕文集〉（原注：《初學集》卷八十三）內，記述其喜悅之情，又說，若以歸有光文追配唐宋八大家，縱不勝亦絕不遜於王安石、蘇軾諸人，頗為高估歸有光。[23]

但檢春秋社出版日文原版《青木正兒全集》所收《清代文學評論史》之原文為：

（錢謙益は）「題帰太僕文集」（原注：『初学集』卷八十三）に喜びを記し、且有光の文は之を唐宋八大家に追配するならば、<u>王安石・蘇轍に勝るとも劣る者でない</u>と高く評価し…（以下略）。[24]

日文原書作「蘇轍」，中文譯本卻作「蘇軾」。又檢中國社會科學出版社楊鐵嬰譯《清代文學評論史》[25]亦作「蘇軾」。按錢謙益《初學集》卷八十三〈題歸太僕文集〉云：

如熙甫之〈李羅村行狀〉、〈趙汝淵墓誌〉，雖韓、歐復生，何以過此？以熙甫追配唐、宋八大家，其於介甫、子繇，殆有過之無不及也。[26]

23　同前注，頁 3、4。

24　青木正兒：《清代文學評論史》，《青木正兒全集》第 1 卷，頁 395。

25　青木正兒著、楊鐵嬰譯：《清代文學評論史》，頁 4。

26　錢謙益著、錢曾箋注、錢仲聯標校：《牧齋初學集》第 3 冊，頁 1760。

「子繇」為蘇轍而非蘇軾之號。錢謙益講的是王安石和蘇轍，青木博士引述，也應如此。然而陳譯本及楊譯本無獨有偶「蘇轍」均作「蘇軾」，與春秋社出版的《青木正兒全集》本作「蘇轍」不同。不知道兩譯本引據的是否同屬春秋社出版的《全集》本以外的另一個日文版《清代文學評論史》？此需再俟考證。錢謙益在〈題歸太僕文集〉中的意思，是認為歸有光的某些文章頗有韓愈、歐陽修所不能超過之處，而若追配唐宋八大家，則應名列王安石和蘇轍之前。綜合而言，錢謙益的意思正是有過之而無不及，春秋社版《全集》本青木博士的講法是正確的，譯本「縱不勝」的譯語則是不確的。

三、結論

大體來說，青木博士這部書值得吾人商榷的尚有三點：

其一、對派別的敘述與歸類。如將王夫之列為「尊唐派」應該是不恰當的，因為從王夫之的詩論看，他並不特別尊崇唐詩。至於討論某一派別而不討論針對此一派別的反對理論，亦是其不足之處，令讀者不能獲得一代文學思潮的全部。

其二、評論清代詩學而不及於清代的詩學理論——「詩話」，使讀者未能觀察到書中所提及的清代文學家以外學者的詩論，從而使讀者不能窺見清代詩學的全豹。

其三、評論清代文學思潮而不及於清代的小說，也十分可惜。因為清代的小說，不論從中國小說結構的發展，抑或從社會思潮來看，都是非常重要的一個文學類型。清代的小說，在結構方面，有

了更為完整的長篇章回形式；在文辭方面，進入了更生動活潑的白話階段；在內容方面，虛構與寫實相互為用。這些特點，特別可以從《紅樓夢》、《儒林外史》等長篇看出。《紅樓夢》作為不朽的鉅著，其描寫人物內心世界，更是之前的傳奇小說、話本小說所未能夢見之境。到了清末，諷刺小說作為反映社會各種現象的文學作品，也超出了早期話本小說提倡教化、樂天宿命的老主題。《清代文學評論史》一書通常出現的問題，是讀錯資料、誤解文獻，對於古代中國學者的生命情調亦無法準確掌握，這也許是受限於作者與中國傳統學者在歷史文化背景上的差異，不必以此深責。不過此書既標榜「清代文學評論」，卻在「小說」這個文學類型上付之闕如，未提出任何評論，終不能令人無遺憾。

拾、臺灣大學《校史稿》校長傳記篇[1]

　　本篇載錄本校[2]前任校長已辭世者之事蹟，所錄計羅宗洛、陸志鴻、莊長恭、傅斯年、沈剛伯、錢思亮、閻振興共七位。首任羅校長以行政院接收臺北帝國大學特派員之身份，於接收本校後行校長之職務。其身份雖為代理，實則自臺北帝大過渡至臺灣大學的第一年，本校組織之重整，架構規模之創設，羅校長居功厥偉，今列本校校長傳記之首，合情合宜，允符史實。沈剛伯校長係於傅斯年校長遽逝之後，以文學院院長代理校長職務，凡四閱月，故列於傅校長之後、錢校長之前。七位校長在任時間，合計三十六年（1945年8月至1981年7月）。

1　本文撰寫於 2005 年，由臺灣大學《校史稿》編輯委員會廣泛地從報章、期刊、檔案、網路資源等蒐集資料，交予筆者整理撰成。

2　本篇所稱「本校」均指「臺灣大學」。臺大官方計算創校為 1928 年係帝國大學創立之年；唯就史實而論，國民政府派員接收帝大並改組為臺灣大學則在 1945 年，宜應以後者為主。

一、羅宗洛先生傳

先生諱宗洛，浙江省黃巖縣人，生於清光緒二十四年（1898）六月十五日（陽曆八月二日），卒於民國六十七年（1978）十月二十六日，享年八十一歲。先生為近代中國植物生理學主要創始人，曾任教中山大學、暨南大學、中央大學、浙江大學，本校第一任校長（民國三十四年八月至三十五年七月），中央研究院院士兼植物研究所所長。

先生六歲失怙，受祖母照顧；九歲祖母逝世，復仰賴養母鄭氏照拂。民國前六年（1905）就學於鄉塾。十四歲繼入安定中學；民國元年（1912）轉赴上海南洋中學。民國六年（1917）年畢業後，希望繼續升學，因為偶然機緣，於一念之間，作出決定，匆匆跟隨日本留學生杜志誠赴日深造，即考取東京第一高等學校預科。畢業後，被分配至仙台市第二高等學校理科學習。民國十一年畢業，赴北海道帝國大學農學部植物學科攻讀。先生物理學、化學基礎紮實，得到該部教授的交口讚譽，爭欲羅致先生於門下。先生獨具隻眼，不趕趁潮流，而追隨植物學教授坂村徹研究較冷門之植物生理學，自此開始日間埋首於實驗室，晚間在坂村教授家中閱讀論文，並與其他研究生共同討論的規律生活。

民國十四年（1925）三月畢業於大學本科後，返國與張素君女士成婚。婚後二十天即隻身返北海道研究院（日本稱「大學院」）深造。在坂村教授的指導下，朝向理論研究而非實用研究的方向發展。同年發表於《東京植物學雜誌》的〈不同濃度的氫離子對植物細胞原生質的影響〉，是先生第一篇有影響力的論文。此後數年間，

先生結合礦物營養、植物對養分的吸收及細胞生理學等問題，繼續進行研究，又有長足進展。並在日本植物學會和北海道博物學會中多次宣讀論文，受到日本學者的讚揚。民國十六年，中國留日學生監督姜琦赴北海道訪問，曾與北海道帝大校長會見。校長向姜琦表揚先生的研究成績，並稱先生定會獲得博士學位。後先生果於民國十九年獲得農業博士學位，日本各大報均加報導。

先生自民國六年（1917）東渡留學，至民國十九年（1930）止，在日本計共度過十三年。期間舉目無親，專心致志、持之以恆地從事科研，以致體弱多病，甚至曾患慢性肺炎；後在坂村教授鼓勵下，每日步行十餘里負蔬果返家，藉以鍛鍊體力，病始痊癒。平居除以音樂自娛以外，鮮有其他娛樂。即妻子赴日依親以後，夫婦亦不過偶爾赴公園散步、或居家坐爐前取暖，苦度光陰，其生活之清苦簡樸，可見一斑。

先生在獲得博士學位之前一年（1929），即獲廣州中山大學理學院延聘為生物系教授，遂於民國十九年（1930）二月回國應聘，不久並兼該系主任。旋因廣州局勢動盪、學校條件匱乏，無可作為，遂於二十一年八月離職，轉任上海暨南大學理學院教授，並兼中華學藝社總幹事。翌年以該校未踐諾提供實驗必需之設備，先生不得已又辭去兩職，轉赴南京，任教於中央大學生物系，授植物生理學，建立了較具現代化的設備和儀器的實驗室，進行植物組織培養研究的開創性工作。當時，即使德國、法國和美國先進國家，也只有少數學者在探索這方面的課題。先生的論文得到國際學者的讚譽。民國二十四年，先生參加中國生物科學學會年會，決定出版外文版《中國實驗生物學雜誌》，以便與國際交流。民國二十五年創刊，先生

擔任主編。同年，一批日本生物學家訪問中國以後，在日本刊物上登出了先生於中央大學植物生理實驗室中親自操作精密儀器的照片，對其研究極予稱讚。

民國二十六年（1937）中日戰爭起，時先生一家在盧山避暑，無法返回南京，遂逕赴重慶。先生將家人安頓於成都後，獨居於中央大學沙坪壩職員宿舍從事科研，研究微量元素與生長素影響植物生長的課題。然因人事與環境的變遷，先生頗受排擠，遂於二十九年離開重慶，轉赴暫遷貴州遵義的浙江大學任教。時理學院生物系與農學院合作，於湄潭縣城外設立植物生理實驗室。先生因長期與國外學者合作，定期交換期刊論文，分類收藏，提供研究生閱讀，奠立了研究生的國際視野。民國三十二年冬，中央研究院植物研究所正式設立，評議會舉先生為首任所長。先生遂於三十三年四月赴重慶履新。

民國三十四年（1945）十月，先生奉行政院令，以「行政院特派員」之身份，率團員數人赴臺灣接收臺北帝國大學。一行人於十七日抵基隆，翌日赴臺北，沿途受到臺灣民眾熱烈歡迎。先生依國民政府「須完整接收，避免損失」的指示展開工作，到校後，以穩定局面為優先：日籍教師暫維持其教職，爾後再逐步遣返；校務體制，亦依我國教育規章逐步改革。先生遂敦促臺北帝大總長安藤一雄率行政人員編造全校各單位財產及人員清冊，並邀集臺籍年輕教師及職員二十餘人，配合接收委員會，從旁檢核。經三週而工作始畢，訂定十一月十五日正式移交。當天先生率團於上午九時到校，由安藤前總長親自移交各種清冊，先生接收學生課、庶務課、會計課，理、農、工、醫、文政各學部及其附屬機關，南方人文、南方

資源科學、熱帶醫學等三研究所,以及圖書儀器。自該日起,「臺北帝國大學」正式改名為「國立臺北大學」。旋改文政學部為文學院及法學院,理學部為理學院,工學部為工學院,農學部為農學院,醫學部為醫學院,南方人文研究所為華南人文研究所,南方資源科學研究所為華南資源研究所,熱帶醫學研究所則維持原名。此外,並更改日本學制,由原三年(醫學部為四年)改為四年(醫學院為五年),臺籍行政人員多升級重用,並任用大批新助教。日治期間日籍學生多欺侮臺籍生,光復後民族意識高漲,先生允諾恢復國語及中國文化之教學,順利安撫學生情緒。此外,先生一方面對日籍教授有學問者給予留任安撫,另方面又拒絕安藤前總長「轉日籍生為留學生」的建議,漸次將日籍生全數遣返。十一月二十八日,臺北大學於《新生報》刊登廣告招生,招徠大陸地區學生與臺籍學生共學,以求移風易俗。然而接收期間,臺籍學生多次以激烈之手段驅逐日籍學生;而臺灣行政公署長官陳儀則維護日人,日籍教師亦提出種種無理要求。先生居間調和,不亢不卑,建立常軌,竟能周全妥當,可謂難能。十二月初,「臺北大學」經教育部提請行政院會議,改名「國立臺灣大學」,任先生為代理校長。

先生奉行政院令完成接收手續後,自十二月七日至十九日率同僚作臺灣全島之旅,考察各地農業、實業、教育等情形,作成紀錄。先生觀察到臺灣四季如春,熱帶及亞熱帶植物種類繁多,認為本校未來在南方資源與熱帶農業的研究,應有優越之發展。返臺北後,在本校日籍教授澀谷常紀的協助下,廣泛參考熱帶植物學會會報的論文,對臺灣農業資料的優勢,有進一步認識。此後先生又處理閱卷事務、校舍分配、人員聘任、大學組織規程、經費調配等各項事

務，直至離校為止，備極辛勞。

臺灣行政公署長官陳儀於十月二十四日抵臺灣上任，時臺北帝大尚未正式移交，彼已有意自行任命校長，後以中央政府委派接收團正式接收，而未能遂志。先生於民國三十四年（1945）十月十七日抵達臺灣，十一月六日與同事杜聰明、范壽康等共赴長官公署謁見陳儀，除報告接收醫學部及其附屬機關經過外，主要為請示校務委員會的工作範圍。據先生《日記》記述，陳儀於接見時，自稱可以不顧一切，進行改造，凡應做者不必待新校長。先生評註：「彼欲干涉大學之校務，已經極為明白。」陳儀又向先生強調：「臺灣地區只能使用臺幣，此後臺大經費勢不能不依賴省政府。」先生評註：「其欲將臺灣作化外之地，不許中央染指之意，亦極明顯。」則當時先生已深知將來本校校務的進行，必發生困難。而且，接收工作尚未開始，陳儀又已私下委派大學主管及教職員，要求先生任用彼所派任之文、法學院院長。先生不予接受，而欲任命林茂生為文學院院長。陳儀復於十一月二十八日直接以手諭下達臺大，通知：派任吳某某為法學院長，因未赴任，派伍某某代理，祈察辦理云云。先生睹陳儀以一地方行政人員，條派教授，藐視大學，於是邀集同事商議，並轉覆陳儀：「公署對於大學之指導，亦間有異乎尋常者，弟等菲才，無法效勞。」自此以後，本校與公署之對立，益為明顯。先生漸覺事不可為，對臺灣前途甚感失望，然而認真處理校務，一仍舊貫。民國三十五年一月十六日，以學校經費嚴重匱乏，先生電請中央政府，請求轉知臺灣公署每月墊發臺幣三百萬元以資維持。教育部亦於一月二十九日復電通知，稱該部已電長官公署照撥。至三月，本校仍無經費，校務運作愈呈艱困。而陳儀先以

臺大預算未列入省政府預算為由，不予撥款；經先生向中央政府提出並列入省政府預算後，陳仍以其它種種理由，扣留本校經費不發，甚至公開宣稱，行政院電報即有指示，若無明確擔保，亦不撥款，欲迫先生就範。先生堅不退讓，以帝大時期留下之餘款繼續辦學，並多次以公私信函報教育部長朱家驊求援，甚至親赴南京與朱部長商議。朱答應協調，但終無結果。先生《日記》於五月六日載「臺大經費迄未解決，迭電朱部長告急，亦無回音。前途黯淡，獨木難支」，當月經費僅能維持至十五日。陳儀囑人傳話，勸先生親赴南京交涉經費，若仍無辦法，可當面辭職；私下則對本校校務多所攻擊。先生遂於五月十八日離臺，迤赴南京向朱家驊部長辭職。臨行前一天向陳儀辭行。陳儀得悉先生離開已成定局，始下手諭於十八日下午五時前送一百萬元予本校，並簽發三、四月經費，且於先生登機前十分鐘，專程派人赴機場告知先生此事。陳儀之專橫，先生之亮節，皎然可見。

先生前曾向教育部推薦陳大齊先生為臺北大學校長。陳先生聞陳儀專橫，不願就任。先生抵南京後，朱部長不准先生辭職，先生留下辭職信後即離去。朱部長無奈，與陳儀商議後，以陸志鴻接任校長，是為本校第二任校長。

民國三十七年（1948），先生當選中央研究院院士。是年夏天，先生受本校第三任校長莊長恭教授力邀，於八月再度至臺大，協助處理校內人事與行政問題。同年十月，上海金圓券風潮起，先生為救濟家人，倉卒於十一月離臺，結束第二次亦係最後一次的臺大之行。

先生早歲赴日，經濟不佳，困苦力學，於仙台第二高等學校期

間，從艱難的求學生涯中，養成特立獨行而近於孤僻之習慣；同時研習科學，又培養出實事求是的精神。此兩種條件，形成了先生執著於真理，不輕易屈從的個性。此種個性，深藏在先生溫厚深摯的待人接物態度中，自北海道求學時期以迄任教中山、暨南、中央、浙江時期，鋒芒偶露，未盡彰顯。至國運中興、風雲際會之時，以一介書生而主導龐大繁複的臺北帝國大學接收工作，擔任代理校長，在資源極度匱乏的情形下，受到臺灣行政長官毫不留情、斷絕一切的逼迫，最後寧可求去，而未嘗屈服或示弱，堅持了大學學術、行政、人事各方面的獨立自主。在千鈞的政治重壓之下，其崚崚的風骨、知識的光芒，一旦顯豁呈露，輝映史冊。臺灣大學獨立自由的學風、不屈從政治壓力的個性，自先生接收帝大開始，已經巍然確立。

先生亂世飄零，孤身於他鄉求學，深知治學不易，人才難得，是以畢生惠愛學生，重視「師傅帶徒弟」（先生語）的教學方式。曾於民國三十一年（1942）國民黨特務大肆逮捕浙大學生之際，極力譴責當局，聲援學校，爭取釋放遭逮學生。任教浙大期間，曾為送一位學生赴美深造，不惜費四、五天工夫，將自己珍藏之外文書籍打包出售，為該生籌集旅費。在臺大辦學期間，對內用人強調專業適才，重視人品，並且調和臺日學生衝突，設班、授課、訓話，處處皆強調中國文化價值，重視民族意識的恢復；對外則抗拒陳儀插手校務，維護了大學學術和行政的尊嚴。這幾個重點，率皆反映於先生所發表《國立臺北大學之展望》中。文長不錄，擷其要旨，可得三點：

其一、大學目標在追求真理，不可以臺灣之大學自居，應放大

眼光，使臺大成為世界性之大學。

其二、大學並非政治行動之工具，不可以將大學置於政治控制之下。帝大時期學校屬總督府，日本限制臺灣青年入學，不用臺灣人才。此情況一定改善。

其三、大學用人不宜存國別、種族、門閥、派別等之偏見；培養人才不可迎合世俗的意見，要重視水準，不可招收程度不夠之學生。

先生在臺灣光復之初、本校接收伊始、篳路藍縷之際，即具有高瞻遠矚的治校理念，臺大的國際化、學術的獨立自由、人才培養的長遠規劃，均能顧及。先生的治校精神，教育的理念，深得後人景仰。

1949 後先生留居大陸。兩年後（1951）中國科學院成立，並設實驗生物研究所，由先生掌管該所植物生理研究室，將全大陸植物生理學之人材網羅殆盡。在先生的領導下，研究室成績斐然，遂於短短一年多（1953）即升格為植物生理研究所，由先生任所長。1955 年先生當選科學院學部委員，1957 年被日本植物學會聘為名譽會員，當選為蘇聯農業科學院通訊院士，並歷任中國植物生理學會理事長。自 1953 年後，先生主要專注於兩事，一為擘劃研究所內人事，領導研究課題；二為從理論工作推動至實踐工作，率研究人員走訪各地鄉村，著力調查研究，並致力於改善苗木耐鹽化與抗旱抗澇等課題之研究。惜 1958 年以後，中國大陸政治氣氛丕變，江河日下，而先生性情耿介，漸招蜚語，自知補天無力。1960 年宿疾十二指腸潰瘍又復發。唯有和光同塵，漸漸對科研、行政、人事、政治採取不聞不問的態度。文革期間，陷身風暴，霜雪侵尋，

垂老驚憂。1976 年文革結束，兩年後改革開放，然先生亦於該年十月二十六日病逝於上海。

　　先生極重視學術研究的國際視野，尤其致力於將日本學術研究的精華引進國內。自日本返國後，陸續翻譯日本著名科學家石川千代松《進化論》、德國遺傳學家戈爾德施米特《遺傳學》。後又翻譯坂村徹《原形質》、鏑木外歧雄《生物學概論》、馬克西莫夫《植物的生活》、謝爾蓋耶夫《植物的忍耐力》等書。尤以翻譯植物分類學家池野成一郎《植物系統學》一書，以及坂村徹《植物生理學》上下卷，用力最多。前者完成於民國二十六年（1937），近六十萬字；後者完成於 1960 年，共一百三十餘萬字。先生所撰論文，輯為《羅宗洛文集》，由北京市科學出版社出版（1988），傳揚於海內外，至今不替。

二、陸志鴻先生傳

　　先生諱志鴻，字筱海，浙江省嘉興市人，生於清光緒二十三年（1897）四月（陽曆五月），卒於民國六十二年（1973）五月四日，享年七十七歲，為近代中國著名材料科學家、工程學家、金相學家、教育家。曾任教於中央大學及本校，並為本校第二任校長（民國三十五年八月至三十七年五月）。

　　嘉興陸氏是地方望族，為唐宰相陸贄後裔。父陸祖谷，晚清拔貢，曾任浙江省圖書館館長。先生幼年由祖母、父親授讀《詩》、《書》、史地、算術，中國傳統學問與西洋新學的基礎均稱紮實。民國四年（1915）先生中學畢業，即赴日本留學，入東京第一高等

學校預科、本科。九年，以優異成績免試升入東京帝國大學工學部，研究金屬採礦。十二年，以論文《浮游選礦》榮獲第一名畢業。旋受日本三井公司之聘，服務於三池煤礦。因坑內工作勞苦，損及健康，遂於翌年返國，任教於南京工業專門學校。民國十六年（1927），南京工專併入國立中央大學，先生擔任工學院土木系教授，講授工程材料、材料力學及金相學等課程。當時我國學術界對於工程材料學及金相學等研究，尚無基礎。先生乃詳加規劃，籌設材料試驗室及金相學試驗室，歷十年之經營，遂使該實驗室設備為全國之冠，例如二十噸萬能試驗機，二百噸壓力機，為當時國內所稀有。當時江西萍鄉煤礦曾聘先生為總工程師，先生以中大實驗室基礎初建，未便離開，故未應聘。

民國二十六年（1937）抗日戰爭爆發，先生督率員工將試驗室的儀器設備圖書，全部安全運抵重慶，重建實驗室於松林坡旁的防空洞，成為大後方僅有的完整材料試驗室。試驗室除供沙磁區各大專學校師生試驗外，並協助後方工業及兵工廠作材料和產品的試驗。先生極愛護試驗室的儀器設備，管理嚴格，井然有序，保護良好，甚至試驗室的掛鐘，也成為全校用作對時的標準鐘。此次播遷，先生因職務在身，無法返浙江探省雙親。自此以後，先生即未再與其雙親見面，引為畢生之憾。然此亦可見先生公而忘私之偉大情操。

抗戰期間，先生戮力研究不輟。民國三十二年（1943）初，先生曾應雲南省政府之邀，赴滇考察礦產。當時滇西企業局發表先生任總工程師。惟先生因研究工作不可中止，故考察二月後，仍返中大。先生拒絕萍鄉煤礦及滇西企業局兩次聘任，足見其篤志研究學術的決心了。

　　民國三十四年（1945），先生受羅宗洛教授之推薦，擔任教育部派臺灣接收臺北帝國大學之人員。接收後，原「工學部」改為「工學院」，先生任第一任院長。三十五年春，先生再返重慶中央大學，將材料試驗及金相學設備運回南京再復員。甫畢，因羅宗洛校長辭職，先生遂奉教育部任命為本校校長。時羅校長雖已任職一年，但因陳儀抵制，無法實質建設本校。先生就任後，面對的仍是百廢待舉的局面：校舍破碎，圖書散失，學制新改，教師缺乏，經費拮据。然先生仍積極邀約朋友同道前來本校任教，後來擔任本校第七任校長的虞兆中教授，即是應先生之邀，從中央大學土木系前來本校任教。三十五年八月，本校首次在臺北、上海、福州等地招考一年級新生。翌年八月第二度招生。綜而言之，先生處艱困之局面，填補罅漏，備極勞瘁，然而教學工作，從未因擔任校長而中輟，仍在工學院兼授工程材料學。歷時兩年，本校校政初具規模後，先生乃辭去校長職務，專任本校機械系教授，專心於材料學科之教學與研究工作。先生辭校長職後嘗稱：「剛接收時，臺大還保有日本大學教育的制度和風氣，也就是說當時研究風氣很濃厚。」又稱：「一個大學的使命，不光傳授知識，應該是個不斷追求知識的研究機構，有責任解決國內所產生的各種問題。」先生之本志，在於學術研究，即傅斯年校長所謂「大學是以學術為中心，而用這中心發揮教育的力量；不是以教育為中心，而從這中心發揮學術的力量」，故先生實是一沒有「官癮」之純粹學術人。在本校機械系任教，學問思辨之餘，倡議力行實踐，認為西方科學之進步，泰半由實驗中得來，所憑者是「敢做」二字。故「實行」才是為學做事的道理。該系實踐與理論並重之學風，先生倡導之力最多；在臺灣首次試製出純度

高達 0.999999999 的半導體材料鍺，也當歸功於先生的主持指導，因此獲臺灣機械工程學會民國五十八年度機械工程獎章。此外，先生亦是奠定臺灣道路基礎工程的舵手，備受本省工程界尊重。

先生體氣素健，數十年未嘗寢疾，反致病入腸胃而不察。民國六十一年（1972）施手術後，康復甚速。由於行將退休，在試驗室中工作愈勤。又越七月，病復發時已回天無術，乃於翌年五月四日病逝臺北。本校為紀念其業績，特建「志鴻館」，並立先生半身銅像。

先生治學嚴謹，重視理論與實踐的結合。無論寒暑，每日均埋首於材料試驗室中，研幾窮理，不遺餘力。金屬的熔煉、熱處理、力學性能的測試、金相組織的觀察和差熱分析等科學實驗，均親自動手，一絲不苟。大量金相試件和照片，至今仍保存完好，成為本校的寶貴資料。先生對所授課程的內容，非常熟練，講課從不看講稿，即使對難以記清的各種合金的化學成分及平衡圖，也能背誦如流，被同學們譽為「活字典」。先生的教學方法，是將課程中基本原理詳詳細細地講解，使學生在圖書設備不充分的情況下，不必再傷腦筋去找參考書。東南大學土木系教授姚璉在回憶時說：「先生的道德、學問和作風，足以師表人倫。」《東南大學土木工程系簡史》中也指出：「先生嚴肅的治學精神，為我系樹立了典範。」

先生著述甚豐，擇其重要者有：《材料強度學》（商務印書館，民國二十二年版）；《冶金學》（兵工學校，民國二十四年版）；《建築材料學》（臺灣書店，民國三十九年版）；《美國原子能研究之進展》（臺北：正中書局，民國四十年版）；《鋼鐵與現代文明》（臺北：中央文物供應社，民國四十二年版）；《材料力學》

（商務印書館，民國四十三年版）；《電工材料》（臺灣大學工學
院，民國五十年版），《最小二乘法》（世界書局出版）；以及《工
程力學》、《工程材料學》、《工程材料試驗法》、《金屬物理學》
等多種教材。至於研究工作之成就，較重要的如灰渣水泥之研究，
曾獲經濟部專利。又如由四川自流井鹽滷內製鎂之研究，先生成功
以電解法提煉純鎂鑄成鎂錠。又如球狀石墨鑄鐵試製，以及低碳薄
鋼板均勻滲碳的研究，皆成功製造出硬度、延展度、韌度均極理想
的材料。

先生於民國三十五年（1946）接任本校校長，兩年後從校長一
職退下，專心服務工學院。自三十七年起，即從牯嶺街臺大校長官
邸，移居青田街。先生故居約四十坪，與屋外庭園面積相埒。在艱
苦的民國三十、四十年代，先生須養活七名子女，外加兩名表姪和
借宿的親戚，僅靠教職微薄的薪水，實無法維持，故有段不短的歲
月，陸家將院子的一半畫為養雞園，養雞十多隻，時常拿雞蛋至市
場交易，以貼補家用。先生以校長之尊，而生活寒素如斯，亦可見
其立身處世的廉直了。

三、莊長恭先生傳

先生諱長恭，字丕可，福建省泉州人，生於清光緒二十年（1894）
十一月十八日（陽曆十二月二十五日），卒於民國五十一年（1962）
年二月十五日，享年六十九歲。先生為中國近代著名化學家、教育
家，曾任武昌大學、東北大學、中央大學教授、院長；德國葛廷根
（Göttingen）大學化學系研究員、慕尼黑（München）大學化學系

研究員；中央研究院化學研究所所長；國立北平研究院藥物研究所代所長；本校第三任校長（民國三十七年六月至三十七年十二月）；中央研究院院士。1955 年當選中國科學院學部委員。

民國七年（1918）於北京農業專門學校學習，翌年，以清華津貼學生赴美國芝加哥大學化學系就讀，又二年（1921），獲碩士學位。民國十三年（1924），在史提格利茲教授（Professor Julius Stieglitz）指導下，以論文〈腙類立體異構物〉獲芝加哥大學博士學位。返國後，任國立武昌大學化學系教授。後赴瀋陽東北大學理學院化學系任教授兼系主任，建立研究室，充實設備，積極展開研究。是時先生獲中美文化基金委員會資助，對「玄參」、「狼毒」、「澤瀉」三種藥草作初步研究，目標為分析其成分，提取其有效質素並鑑定其藥理作用，惜因東北淪陷而停頓。民國二十年（1931）赴德國進修，任葛廷根大學化學系研究員，從德國有機化學家、1928年諾貝爾化學獎得主溫多斯教授（Adolf O. R. Windaus）研究固醇類化合物，並曾赴維也納大學習微量有機分析技術，成功地從「麥角甾烷」（ergostane）的鉻酸氧化產物中分離出「失碳異膽酸」（nor-allo-cholanic acid, C23H38O2），並且從已知結構的異膽酸降解成為「失碳異膽酸」，進行比較，從而證明「麥角甾烷」的結構，並推測了「麥角甾醇」的結構。溫多斯對先生極推重，一反常例，允許先生獨自署名發表論文於德國的化學期刊，使先生得到當時中國科學家少有的殊榮。民國二十二年（1933）先生獲聘為德國慕尼黑（München）大學化學系研究員。

麥角甾醇結構的重要性，表現在它和維生素 D 的結構關聯，是國際間富有挑戰性的課題。二十世紀四十年代國際間通行之教科

書，卡勒（Paul Karrer）的名著《有機化學》（*Textbook of Organic Chemistry*）第二版中所列舉的一百六十六項文獻中，唯一一篇中國人之著作，即先生關於麥角甾烷的論文。以先生所研究的課題及其所獲致的結論而言，先生已是當時國際學術界第一流的人物。

民國二十二年（1933）先生返南京，任中央大學理學院長，後至上海主持中央研究院化學研究所（二十三年至二十八年）。民國二十三至二十七年，先生致力於甾體有關的化合物的合成。經過長時期努力，設計了帶有角甲基雙環 α 酮的合成方法，被化學家費歇爾（Hermann E. Fischer）譽為「莊氏方法」。其後又致力於甾體本身、亦即「雌馬甾酮」的合成，以及生物鹼結構的研究。先生於葛廷根大學取得研究成果時，同事前往恭賀，以為幸運。先生正色回答：「科學研究並不依靠運氣，而是堅強的毅力、嚴謹的態度、敏銳的觀察所獲致的。」此為先生一生之座右銘。

自民國二十四至三十年（1935-1941），先生先後於當時世界最有名的化學研究期刊《德國化學會誌》（*Berichte Deutch Chemisch Gesellschaft*）上發表十三篇論文。其中一篇發表先生所製成新化合物順式及反式兩種「十氫萘—1.3 二酮」。它是固醇類化合物合成中的一個重要中間體，也是世界聞名的有機化學家如瑞士 Lavoslav Stjepan Ružička 嘗試過卻未能成功的，其世界性之成就可見一斑。此外，先生也從事中藥「漢防己」的成分研究，獲得兩種新型的植物鹼，並推定其構造。此一成果亦發表於《德國化學會誌》。先生還有一些重要的工作尚未發表，例如他曾首次將甾體化合物的邊鏈完全氧化除去，從麥角甾烷氧化為雄甾烷酮，得到其縮氨基脲。此事見於弗恩霍茨（Fernholz）給《瑞士化學會誌》編委會的信中。

先生返國後，繼續從事研究工作，幾以研究室為家。其思索實驗方法，甚且徹夜不眠，助理、學生受其精誠之精神影響極大。抗戰初期，先生仍留居上海租界，在北平研究院藥物研究所（位於上海）從事研究。上海淪陷，敵偽威脅利誘，祈先生為其所用。先生不為所動，旋設法逃往昆明，繼續研究工作。三十四年（1945），抗戰勝利，先生以北平研究院研究員名義，奉政府令前往美國考察，於三十六年返國，回北平研究院主持藥學研究所。翌年四月，先生當選第一屆中央研究院數理組院士；同年六月被任命接替陸志鴻校長，為本校第三任校長。

其時本校日籍教授已相繼離去，新的人才又未能充分延聘，故先生於民國三十七年（1948）六月就任以後，立即遭遇嚴重之人事問題，遂邀請羅宗洛校長以及北平的學者同來協助。然而時局不寧，條件不足，學潮迭起，而教務長、總務長等職位一再出缺，校務之推展極度困難。先生深感無力，遂赴南京向教育部辭職，返回上海。

民國三十八年（1949）以後，先生留居中國大陸，任中國科學院有機化學研究所所長，並被派任第一及第二屆人大代表。1955年當選中國科學院院士（學部委員），其時先生已染病，體力日衰。1962年2月15日逝世於上海。

先生於化學研究具有開創性的卓越貢獻，並產生廣泛影響。先生亦擬定不少有機化學中文名稱，現用的吲哚、吡咯等雜環化合物名稱，均為先生所倡議。先生之論著，於民國三十八年（1949）以前發表者計十五篇，編目見《國立中央研院院士錄》第一輯（臺北，民國三十八年）。

四、傅斯年先生傳

先生諱斯年，字孟真，山東省聊城縣人，生於清光緒二十二年（1896）二月十三日（陽曆三月二十六日），卒於民國三十九年（1950）十二月二十日，享年五十五歲，為近代中國新文學、新文化運動先驅，歷史語言學家，教育家，政治家。曾任北京大學教授、社會科學研究所所長、國立中央博物院籌備主任、中央研究院總幹事、北京大學代理校長、本校第四任校長（民國三十八年一月至民國三十九年十二月），中央研究院院士兼歷史語言研究所創所所長。政治事務方面，曾任國民參政會參政員、政治協商會議委員、立法委員。

先生五歲（1901）入塾，九歲入東昌府立小學堂攻讀，同時祖父笠泉公亦課讀於家，十歲課畢《十三經》，多能成誦，國學根柢堅固。民國前二年（1909）考入天津府立中學堂。民國二年（1913），考入北京大學預科。先生體弱多病，然成績常名列前茅。民國五年（1916）卒業，秋天升入北京大學文科，與同學毛準、顧頡剛、羅家倫論交。其時北大文科學生頗受章太炎國粹言論影響，而胡適則提倡白話文及新文學，與太炎別異。先生以舊學深邃，英文閱讀能力亦強，廣受同儕讚譽，群許為第一人。雖擅國學，但不為太炎思想所動，而贊成胡適新文學思潮。同窗各有興趣，而先生喜談文學革命與新文化運動，卓立於時流。民國七年，有感於學術消沈，民德墮落，與同儕創立「新潮社」，發行雜誌《新潮》，宣揚新文學，提倡新思潮，標舉特立獨行，追求真理之旨。翌年五月，五四運動發生，先生為代表之一，參與之學生皆以先生為首領。夏天畢業後，

考取山東省官費留學。冬，赴英國愛丁堡大學就讀，復入倫敦大學，研究實驗心理學及生理學，兼治數學。民國十二年夏，轉赴德國，入柏林大學哲學院研究。十五年冬，應國立中山大學之聘，歸國就教職，兼國文、歷史兩學系主任，旋兼文學院長。翌年夏，於該校創立語言歷史學研究所。

民國十七年（1928）春，中央研究院院長蔡元培委託先生籌設歷史語言研究所，聘先生任籌備委員、祕書、專任研究員兼代所長。同年十一月九日，國民政府公佈中央研究院組織法，歷史語言研究所正式成立。先生真除為首任所長，發表〈歷史語言研究所成立之旨趣〉一文，影響近代學術思潮甚鉅。民國二十六年（1937）任中研院代總幹事，襄贊院務，貢獻良多。同年「七七事變」起，先生參加盧山談話會、國防參議會。二十七年春，遷研究所至昆明。七月，兼任國民參政會參政員，赴漢口出席第一次大會。二十九年兼任中央研究院總幹事，於院務之發展與擴充，以及院士制度之建立，貢獻尤大。同年發表《性命古訓辨證》。三十年，先生高血壓病發，赴重慶中央醫院養病。三十四（1945）年七月，代表國民參政會訪問延安，與共產黨商談團結事宜；八月，抗戰勝利，旋任北京大學代理校長。三十七年春，當選中央研究院院士及立法委員。三十八年一月二十日，就任國立臺灣大學校長。翌年十二月二十日以臺大校長身份赴臺灣省參議會議場接受質詢，結束後以血壓驟升，當場昏厥，急救無效而逝世。

先生係二十世紀最負盛名學者之一，一代風流人物，成就多方。這些成就，與先生領導臺灣大學的成功，均有極密切的關係。分述如下：

　　第一，先生畢生為家國奔忙，領導五四運動、參與抗日運動、推動民主代議制度，並與國民政府既得利益者抗爭，見證二十世紀最重要之歷史與政治浪潮。先生於五四運動發生以前，已為北大同儕之佼佼者，領導發行《新潮》雜誌，儼然為學生領袖。五四前夕，於北大發難大會中被推為學生代表之一。故翌日打倒曹汝霖之行動，亦以先生為首領。九一八事變起，先生出版《東北史綱》，駁斥日人「滿蒙在歷史上非支那領土」之謬論，並持續發表言論，鼓吹抗日，反對華北特殊化。任國民參政會參政員期間，口誅筆伐，對於政府要員的貪污、守舊派顢頇之政策、妨礙民主科學發展之方案，痛斥尤烈，諤諤然有剛勁之節。故日本宣佈投降不久，政府即擬任命先生為北京大學校長，以先生力辭並推薦胡適，而改以代理北大校長任命。先生既綜理北大校務，嚴斥曾依附日本之偽北大教員，並重訂大學紀律。民國三十五年（1946），雅爾達密約公布，先生撰文譴責英美，復痛斥蘇俄欲占領東北。對於國內，則與多位兼為銀行家的參政員以及所謂「買辦階級」政客抗爭。民國三十六年二月發表《這個樣子的宋子文非走開不可》一文後，迫使宋子文辭去行政院長職。強烈的時代感、切身的政治參與、敏銳的觸覺，以及堅強獨特的意志，促使先生在領導本校期間，能堅持學術獨立，奠立臺大自由自主的校風。

　　其次，先生以精通中國傳統文史之學，復深受西方自由主義的影響，深知國學的弊病所在，而能在人文學研究與新文化風氣，引領新方法與新思潮。先生早年於北大就學時期創辦《新潮》，提倡新文學運動、疑古運動，固已為千秋不磨的史跡；而其畢生學術文化事業，又在於科學新思潮的鼓吹，尤其體現在建構符合科學原則

的歷史學和語言學研究。先生早歲受胡適之影響，對整理國故、提倡國學的保守態度，力表反對。赴英留學，為接受專業科學訓練，暫棄文史，專研實驗心理學。故其出掌歷史語言研究所發表〈歷史語言研究工作之旨趣〉，以七千餘字之篇幅，將歷史語言之研究，定位為經驗科學之一支，必須免除一切主觀偏見之成分，而以發掘新材料、運用新工具、發現新問題為目標，不啻為我國二十世紀人文學研究指出康莊大道。我國文史學者，幾無不受先生〈旨趣〉一文之影響。董作賓稱許先生「要在中國建設起來歷史學和語言學兩種科學，這也是他留學歸國之後，對於國家一個偉大的貢獻」，乃先生此一努力之定論。史語所在先生的領導下，發掘出土文物甚多，尤其安陽殷墟發掘工作，在甲骨遺物之發現、整理與研究方面，成就極大。而這種研究風氣，在本校亦得到發揚光大。如本校中國文學系屈萬里教授、孔德成教授、董作賓教授、考古人類學系李濟教授，均踵武先生，運用科學方法，利用新材料與新工具，而成績斐然，蜚聲國際學術界。尤有進者，先生於中國文史之學、西洋哲學、數學、心理學等自然科學亦皆精通，於各學術領域的深淺異同，知之甚稔，故經營本校，於各學院、系之師資、課程、設備、需求、規模、方向均能有全盤之掌握，宏觀微觀之視野兼備，為他人所不能及。

其三，先生以其天賦正直奮進之個性、行政之長才，以及留學歐洲之經驗為基礎，腳踏實地，遇事一絲不苟，於任職社會科學院、中央研究院、北京大學時，均能針對學術機構之制度、教育體制的興革，有所擘劃，建立長治久安的環境。民國十七年（1928），中研院正式創立歷史語言研究所，先生除發表〈旨趣〉，確立研究方

針外，並網羅最傑出之人才參與，如顧頡剛、楊振聲、陳寅恪、趙元任、李濟等著名學者數十位，下分三組。第一組負責史學與文籍考訂，第二組負責語言學及民間藝文，第三組負責考古人類文物學，對於上古史、方言、藝術文物等均予涵括，培養研究人員無數。據民國三十七年董作賓所記，先生領導史語所二十三年之間，蒐購中外圖書四十餘萬冊，各種測量儀器百餘種。刊行專書七十六種，發表論文五百餘篇，為各所之冠。至於先生襄助蔡元培院長籌劃院務，任總幹事，對中央研究院整體規劃之貢獻更為宏大。民國二十二年（1933）先生受政府聘任為社會科學研究所所長，復聘為中央博物院籌備主任。先生以極拮据的經費，為博物院奠定規模，繼而推薦著名考古人類學家李濟教授出掌院務。凡斯種種，都可見先生每創設一機構，均能恢廓堂廡，深植根基。因此，本校雖僅由先生領導一年十個月，而全校課程之設計、校風之樹立、人文精神之發揚，均已穩固奠定。

先生出掌臺大校務伊始，即認為本校在制度、人才、傳統、設備等各方面距離臻於至善的境界尚遠，而沿襲的積弊尚多。於是高瞻遠囑，檢討數十年來中國大學制度膚淺的弊端，深入分析臺北帝國大學時期講座制度的沿革，並參考德國、日本、英美制度之優點，進行興革，具體可分五點言之：

其一、注重以「人」為本的教育。先生始任校長，即著眼於「充實學校文理兩院的通習科目（即今「共同科目」及「通識科目」），務使學生「一進大門，便得到第一流的教授教他們的普通課」，認為國文、英文、邏輯、數學等課程一旦獲得充實，全校六學院的基礎課程也都獲得了充實。如先生設大一國文課程，即訂《孟子》為

必讀課本，又撰專文討論「國文」與「歷史」教材編選的準則，庶幾全面促進本校人文基礎的教育。先生又新設十餘間大教室，以供基礎學科教學之用。生活教育方面，一方面加強學生宿舍內外之管理，避免成為學生懶惰或交換惡習之場所；一方面致力改善環境，庶幾宿舍成為培養學生讀書的場所。先生又向學生提示「不扯謊」為品性教育的發軌，認為「扯謊最不可恕」，「這一項做不到，以後都做不到」；並在〈第四次校慶演說詞〉中提出「敦品、力學、愛國、愛人」，成為本校精神之指標。其中心思想，即在於先生所堅持的以人性、人文、人格為主體的教育理念。

其二、注重公正無私而長治久安的教育。先生任職本校，雖處於動盪不安的年代，但直言反對以「應變的態度」辦學。故於招生方面，訂定標準，嚴拒請託，謹慎辦理入學考試，包括命題、閱卷、糊名，並因應學校規模，絕不超收、濫收學生。於聘任方面，從名額、需要、標準、專業、新陳代謝等五方面著眼，依照可用的名額、因應各院系的需要，從嚴訂定聘任及升級標準，強調學術專業，並杜絕濫聘。於行政方面，一切重視風紀，以防杜倖進。先生既招賢納士，同時又作兩點宣示：第一是臺大非接收渡臺避難之朋友作為兼差之場所，第二是訂立與院長、系主任商議聘任人才之原則，杜絕人情，宣示不培植自己的勢力。凡此均可見先生踐履力行、以身作則的偉大風範。

其三、注重以學術研究為中心支柱之教育。先生宣稱「大學是以學術為中心，而用這中心發揮教育的力量，不是以教育為中心，而從這中心發揮學術的力量」，又申言「教與學的自由」。故先生聘任人才，著重研究業績，減少行政干預，杜絕教師兼職風氣；硬

體建設，則強調針對重要領域，加強圖書、設備、儀器之充實。先生又頗參考德國講座制度的精神，並以現行教育制度及臺大實質條件相參較，以為研究必須獨立，教學必須相長，文獻必須補齊，人才必須網羅培育。各院俟條件充分，即應設立研究所，俾提升臺大學術研究的水準。

其四、注重能協助社會建設的教育。先生認為臺北帝國大學原係日本人為輔助其南進侵略政策而建設之機構，故須保存其既有在農、工、醫藥等各方面建設之優點，而掃除其殖民地之陋規，俾本校能擔負臺灣省高等教育的責任，促進本省之建設，而成為真正臺灣人之大學。先生除極力消弭臺灣省籍及非臺灣省籍學生程度之差異，並強調事業之建設，為大學三大任務之一（餘二任務為教育及學術研究）。故先生對於臺大醫院的建設、經營與社會服務，極為重視。到職不久，即於臺大醫院建立「護理部」，奠定護士制度，即係一例。先生曾於民國三十九年十一月十六日《中央日報》發表題為〈關於臺大醫院〉的長文，對於臺大醫院服務、人員、經費、省籍隔閡等各項困境，作出分析與說明，以回應社會上各種批評；對於醫院人員的偏見、髒亂、把持院務等陋習，作出批判與反思，以與同仁相互砥礪。而於文章之末，再三申論改革的重要性，惓惓之意，如見肺肝，則又可見先生治校治事，有國手的仁心仁術。

其五、注重獨立自由風範的教育。本校自羅宗洛校長以來，歷任校長均曾受當政者干預。羅校長即以陳儀扣押經費，不得已憤而離去；其後第二、三任校長陸志鴻、莊長恭亦無法久任。唯先生以其學術、政治地位之崇隆，而其掌本校，強調明辨是非、維護人性尊嚴為治事、教育之最高原則，又能堅持公平之原則，既建立校園

之法治，明飭退學與開除學籍之辦法，防止政治學生的滲透擾亂；對於校園以外各種勢力輿論指責無罪學生為有罪，則奮力抵抗，對於無故遭逮捕的學生，挺身力保以求釋放。先生曾在本校《校刊》中宣示：「假如我對於這樣的舉動妥協了，我唸這幾十年書的工夫也就完了」、「我既為校長，不能坐視我的學生受誣枉」。其愛護學生之情，可見一斑；其標示的獨立自由風範，尤堪景仰。

先生任本校校長以前，曾任北京大學教授並兼代理校長，故於高等教育的要旨、大學校務之弊端，均有精準的掌握。先生主持本校將近兩載之體驗中，尤深感我國今日學校制度之不可不改革，時下風氣之不可不轉變。而先生對校務之整頓，學風之淬礪，尤不遺餘力，對於學生德、智、體、群各方面之教育，致意極深。先生逝世當日下午二時許，列席省參議會第五次會議，接受參議員關於教育部搶運來臺存放本校器材之處理情形、以及關於招生尺度問題之質詢，高呼：「我對有才能，有智力而貧窮的學生，絕對要扶植他們。」旋又說：「我晚上八時不能來開會了。」之後慢步返回座位，不久即血壓遽升，感覺不適。與議會祕書長連震東握手時，自言「我不行了，我不行了。」旋即暈倒。送臺大醫院急救，當晚十一時二十二分病逝。先生逝世前一刻，猶於議會振臂高呼，維護弱勢學生。讀《遺集》所收先生〈致諸同學〉第一封信及第二封信，情辭懇懇，愛護責備之意互見，毋怪乎先生逝世後，全校師生，無不垂淚嘆息。

先生治學，兼通自然與人文，能以西方精深嚴謹的科學律則，與中國悠遠深博的文史之學相融貫，故為二十世紀中國人文學開示實證研究的風氣，影響之深，不朽於青史。先生記憶力之強，了解力之深，判斷力之精，固已久為同儕晚輩所樂道；而文辭之學，足

以垂範，抒情文麗惻而深切，考據文條貫而暢達，論說文雄奇而清
峻，洵一代名家，千秋不磨。所著已刊行專書者，有《東北史綱》
及《性命古訓辨證》，稿本則有《古代中國與民族》及《古代文學
史》等。論文百餘篇，其在研究所發表者，別詳王懋勤《中央研究
院歷史語言研究所研究人員著作目錄》（民國五十七年）。其他言
論，則早期發表者，見於《新青年》、《新潮》、《獨立評論》等
期刊中；晚年發表者，則散見於各種雜誌報章中。身後有《傅孟真
先生集》（臺北：臺灣大學，民國四十一年）行世。

先生早年嘗著〈人生問題發端〉一文，刊於《新潮》創刊號，
以為「人生之觀念，應當是：為公眾謀福利，自由發展個人」。此
種觀念，先生不僅言之，且亦身體力行數十年。惟因先生主張以自
由發展人格，故其行事則能特立，立言則多讜論。惟因先生主張為
公眾謀福利，故其一生最樂於成人之美，尤樂於指導青年，提攜後
進。無論北大同仁、中央研究院同仁、臺大同仁，以及其他友朋，
無人不知。先生待人處事，懇摯公正，一言一動，感人至深。而性
情爽直，嫉惡如仇，凡遇行事不合正道者，無論長官、師友、親屬，
每直斥其非，不稍寬容，故人多愛而又敬畏之。臺靜農教授輓先生
云：「跡儒俠而近名法，豈止文章驚奇偉。外死生以殉學術，忍從
芳漠問神明」，可以為先生定論。

五、沈剛伯先生傳

先生諱剛伯，湖北省宜縣人，生於清光緒二十二年（1896）十
月三十日（陽曆十二月四日），卒於民國六十六年（1977）七月三

十一日，享年八十二歲，為文學家、史學家、教育家。曾執教於武漢大學、中山大學、中央大學、金陵大學、東北大學、政治大學、中央幹校研究班，復曾任本校歷史學系教授、系主任，文學院院長，本校代理校長（民國三十九年十二月至民國四十年三月）、中央研究院院士。

先生生長於農村，家庭融洽，幼年常隨祖父漫步鄉間，陶鎔於青山白雲、桑麻野老的簡樸生活環境中，使先生形成了真率深摯而嚮往自由的性情。六歲（1901）起在祖父規律的督課下，正式讀書習字，除讀《朱子小學集解》、《孝經》、《論語》、《孟子》、《詩經》、《尚書》、《周易》諸經外，並點讀史部典籍如《左傳》、《國語》、《資治通鑑》，暇時則習詩古文辭，絫下深厚的文史基礎。先生讀書，素不喜理學家言論，獨於古史有自得之好；在心性識見方面，則受王夫之、黃宗羲、梁啟超的影響極深，而深知堅持大是大非的重要性。

十一歲（1908）考入方言學堂，十四歲畢業。值辛亥革命，天崩地解，社會制度丕變，先生離開家庭，投身社會。翌年（1912）復考入高等學堂，民國六年（1917）畢業於國立武昌高等師範學校（國立武漢大學前身）。十三年（1924）考取湖北省官費，赴英國倫敦大學留學，攻埃及學、英國史、憲政史等。

民國十六年（1927）先生自英倫返國，先後任教於武漢大學、中山大學、中央大學、金陵大學、東北大學、政治大學、中央幹校研究班。三十七年（1948）本已應允前往北京大學執教，但以教育部朱家驊部長力邀，渡海來臺，應本校之聘，任文學院院長暨歷史學系主任。其後歷史學系主任自三十九年初免兼，文學院院長則擔

任至民國五十八年（1969）。本校文學院於民國三十八學年度（1949-1950）設置文科研究所；民國四十五學年第二學期（1957）改為中國文學、歷史學、哲學、考古人類學四研究所；五十五學年（1966-1967）復增設外國語文學研究所。翌年（1968）中文所及歷史所增設博士班，歷史所碩士班分設近代史組、一般史組及中國藝術史組，均在先生掌院務期間擘劃完成。民國三十九年十二月二十日傅斯年校長遽逝，先生即代理臺大校長職務，至翌年三月錢思亮校長就職為止，在任凡四閱月。

先生自言平素最厭官場，於行政工作亦無興趣，唯極重視教育，每自歎少時所受教育陶鎔之力大，而啟發之功少，以致性格志趣定型太早，而常有與世相違之感。故先生治學有成，為世所重，遂一意以作育英才及推廣學術為職志。故自武昌高師畢業（民國六年）後，即從事教職，以迄易簣（民國六十六年），逾六十年，育才無算。民國四十三年三月，先生與史學界同道籌組「中國歷史學會」，並被推舉為第一屆理事長。理、監事有胡適、錢穆、李濟、張其昀、方豪、蕭一山、勞榦、董作賓、朱家驊等學者。民國四十六年至六十一年，先生與李濟教授共同主持哈佛燕京學社資助之中國東亞學術研究計畫委員會，資助我國人文科學及社會科學之研究經費，對國家貢獻極大。先生曾賦詩，有「樂教英才法孟軻」之句，可為其一生志業寫照。

民國五十四年，先生經檢查發現罹患肺癌，經治療後漸康復，唯身體亦日漸衰弱。民國六十六年先生因心臟衰竭病逝於臺大醫院。

先生學貫中西，兼擅文史，治西洋史，能通貫各國史實。在中

央大學任教期間，曾開設西洋上古史、希臘史、羅馬史、英國史、俄國史、印度史、法國大革命史、西洋文化概論等課程，每上講堂，引據典實，辨事析理，如長江大河，滔滔不絕，受業門人咸譽先生為「百寶箱」。尤為師友稱道者，先生於中國經史諸子百家古文之學，無所不窺，淵博無涯涘；乃至於詩辭歌賦、醫卜星相，亦無不綜理。先生又擅賦詩詞，往往一揮而就，情辭深婉，麗惻動人。

先生專著行世者，有《史學與世變》（臺北：仙人掌出版社，民國五十九年）、《湯恩比與歷史》（合著，臺北：牧童出版社，民國六十五年）；參與編著之書籍有《民族英雄及革命先烈傳記》（臺北：正中書局，民國五十五年）、《小說與文化》（臺北：文學出版社，民國四十八年）等。先生卒後，門生故舊為輯《沈剛伯先生文集》（臺北：中央日報社，民國七十一年），分上、下冊，凡五十餘萬言。

六、錢思亮先生傳

先生諱思亮，字惠疇，浙江省杭縣人，生於清光緒三十三年十二月六日（陽曆 1908 年 1 月 9 日），卒於民國七十二年（1983）九月十五日，享年七十六歲，為著名化學家、教育家，美國伊利諾州立大學哲學博士、榮譽科學博士，曾任北京大學、西南聯合大學教授，本校化學系教授，系主任，本校第五任校長（民國四十年三月至民國五十九年五月），行政院原子能委員會主任委員，中央研究院評議會評議員、院士、院長。

先生生於河南省新野縣，幼年為腿疾所苦，難以行走，故十歲

（1917）始就學，入北京第二十五初等小學三年級。翌年四月，改
入天津私立第一小學。八年九月，入北京高等師範學校附屬高等小
學。十一年六月，高小畢業；九月，入天津南開中學。十六年六月
中學畢業；九月，入清華大學化學系。二十年六月，獲清華大學理
學士學位；九月，與吳大猷、內兄張茲闓由上海同船赴美，以庚子
賠款入伊利諾大學化學系攻讀。二十一年（1932）六月，獲伊大理
學碩士學位。二十三年六月，先生年僅二十六歲，即以畢業論文〈具
有旋光性之雙輪基質變為不旋光體之速度〉獲伊大哲學博士學位，
並被推舉為 "Phi Beta Kappa"（1776 年創立）名譽學會會員；八月，
離美返國，任北京大學化學系教授，講授普通化學。

　　民國二十六年（1937）冬，任長沙臨時大學（由北大、清華、
南開三校組成）工學院化工學系教授。翌年四月，臨大遷昆明，更
名為國立西南聯合大學，先生續任化學系講席，講授有機化學。二
十九年，聞老父在上海被敵偽刺死，間關返滬奔喪。事畢，以交通
阻塞，留上海任化學藥物研究所研究員。三十四年（1945）八月，
抗戰勝利，任經濟部化學工業處處長。三十五年秋，北大遷返北平，
復任北大教授兼化學系主任。

　　三十七年（1948）冬，北平為共軍圍困，政府派專機接先生及
夫人張婉度及子純、煦、復飛赴南京。旋應傅斯年教授之邀，至本
校任教。翌年一月二十日，傅斯年就本校校長職，延聘先生以教授
兼任教務長，並一度代理理學院院長，襄助傅校長處理校務最多。
民國三十九年十一月，奉派代表本校出席在巴黎舉行「國際大學校
長會議」，會議期間，促成美國哥倫比亞大學派醫學教授二人與本
校合作，前來本校協助改良醫學教育。十二月二十日，傅校長病逝，

暫由文學院院長沈剛伯教授代行校長職務。民國四十年二月，以胡適推薦，行政院會議決議任先生為臺大校長。三月宣誓就職。同年，先生復任「中國化學協會」會長、「中國科學振興協會」理事長。民國四十一年十二月，電邀胡適至本校講學。四十六年，擔任中央研究院評議會第三屆評議員。翌年（1958）四月，胡適任中央研究院院長，應美國國家科學院之邀，與先生、李濟、全漢昇等學者合組委員會，選派青年科學家赴美研究。四十八年，行政院成立「國家長期發展科學委員會」（後改組為「國家科學委員會」），先生獲聘為執行委員會委員。同年七月，以臺大校長身份參加中央研究院第四次院士會議揭幕禮；十二月，任中研院評議會第四屆評議員。民國四十九年七月，與胡適院長飛美出席「中美學術會議」。五十三年九月，當選為中央研究院第五屆院士（數理組）。民國五十九年（1970）王世杰辭中研院院長職；五月，中研院評議會推選先生、吳大猷、閻振興為院長候選人，總統特任先生為中央研究院院長。上距先生任本校校長計十九年。

民國六十年十一月，先生受命擔任行政院原子能委員會主任委員，任職歷時九年半。民國六十五年七月，先生次子錢煦獲選中央研究院院士（生物組），父子先後膺選院士，成士林佳話。七十二年（1983），先生赴西德、美國訪問，母校伊利諾大學授予榮譽科學博士學位。六月中旬返抵臺北，以勞瘁過度入臺大醫院治療。九月十五日下午，以急性心肌梗塞去世。歿後，中央研究院決定以該院化學所新建大樓命名為「錢思亮館」，以為紀念。十月三日，葬於陽明山公墓。

先生奉獻於本校凡二十一年，首兩年曾先後擔任化學系教授、

系主任，教務長。後十九年則任本校校長。二十一年之德行功業，可概述如下。

先生出任本校教務長，係受傅斯年校長之邀。先生樸實無華、融和謙沖，而傅校長則高明剛烈、勇決果斷。先生輔弼傅校長，一剛一柔，而能相得。傅校長嘗稱先生高才，未來必能勝任本校校長，知人之明，已見於先。先生於教務長任內，多所興革，最主要之建樹，為辦理新生及轉學生招考，一掃陳規，創立新制度。此一制度，為後來辦理大專院校聯合招生開闢了康莊大道。至本校內外事務，無論鉅細，傅校長均極倚重。

先生接任本校校長於傅校長遽逝之後，時間急迫，而重任驟加，因其責任心極重，故不得不捨學術研究，而專心於行政。任內不但維持傅校長及以前數任校長所奠定之規模及制度，且續有前瞻性之開創。尤其強調校務發展不能偏重於任何一院，而應重視普遍化之發展。故本校於先生十九年校長任內，總體成長最為均衡，奠定本校為最完備之綜合性大學的基礎。

師資方面，先生以教員為本校之主體，積極建立更完備之教員聘任制度，繼而暢通各種管道，大量鼓勵並資送在校教員出國進修，二十年間出國深造之教職員計四百九十人，同時亦盡量自海外聘請學者專家來校任教。先生雖為浙江人，但生長於河南，幼學於平津，家鄉話亦不諳識，故教學用人，毫無省籍或地域觀念。先生嘗稱，外國著名大學多不用本校畢業生任教，如美國哈佛大學化學系喜用伊利諾大學化學系畢業生，伊大則多延攬哈大學生。因各大學的教學與訓練方法均不相同，此法可以汲取其他學校長處，以彌補本校的不足。故先生任內，曾聘請多位非臺大人擔任院長、系主

任等職務。尤有進者，先生深受中國傳統教育思想薰陶，以為經師易遇，人師難求，嘗謂「師資的困難，社會教育和精神教育比起專業教育來，可以說是有過之而無不及」。故先生極稱孔子具有平實而遠大的見解，而甚重視儒家德育思想。

　　教學方面，先生賡續傅校長遺志，以大學一年級課程為最重要之基礎課程，而特別加強，不但恢復「大一課程委員會」，並特別商請資深教授擔任講授，以矯正一般人輕視大一課程的觀念。至於研究生則提升招生人數，同時加強其研究之訓練。為提升研究之水準，先生又極重視國際合作（如與美國密西根大學、杜克大學之合作及與哥倫比亞大學推動交換教授），推動校內教師出訪深造及外國教師蒞訪研究，以求汲取國際新知，灌輸於教學。先生初掌本校，全校學生人數約為三千四百人；至民國五十九年先生辭校長，本校學生已有一萬一千一百五十一人，其中研究生六百九十五人。二十年間，先生為本校大學部增設十個學系，計全校為六院三十八學系，研究所則從六個增加到三十八個，其中十二個設有博士班。

　　設備方面，先生嘗於民國五十一年向美商萬國商業公司（IBM）租用電子計算機兩部，供工學院及法學院師生教學研究之用，另購置電子顯微鏡、核磁共振光譜儀等尖端設備；又利用美援補助六萬多美元，充實地質學研究所內部設備；又運用經費，充實各學院圖書之購置。二十年間，圖書從四十萬冊，增加為九十五萬冊，另有雜誌五十萬冊。復鑒於本校校舍亟待擴充，而經費有限，遂盡力爭取亞洲協會的捐贈，於民國五十一年春完成體育館；翌年冬，學生課外活動中心（一活）亦開幕。學生因此獲得更完善之體育練習與課外活動之空間。

行政方面，先生以長期研究科學，治事最重條理、細心觀察、客觀分析，篤實處理，故能以公去私。凡閱公文，必深究其首尾細節，然後批示；而且當日之公文必於當日完成。凡校內大事均經行政會議通過後始施行，從未下條子任用私人，或辦理私事。先生待人誠懇真摯，加以記憶力強，凡曾交接者皆能記其姓名，經久不忘；對於本校師生人數、教員資料等各項數據，尤能強記。處事則尚簡易樸素，絕不奢靡；平素以校為家，以公為先。對於功績，不重宣傳；對於謠言，不重辯白。對於少數院系同仁本位主義的現象，則三令五申，苦口婆心，予以勸誘。對於校內師生，則相處如家人，愛護備至。

先生為人，自信甚力，但謙沖和平，得養氣之功，與朋友、同事、下屬、學生論事，鮮少厲色爭論，而能融洽溝通。治事行道，則綿密精細，深藏若虛，容貌若愚，恥於自伐其功。民國五十年八月，出席中央研究院第四屆評議會第二次會議，列名為第四屆院士候選人，與母校清華大學校長梅貽琦同時列名數理組。然先生以臺大校長之尊，竟堅持請求撤銷提名，認為根據中央研究院組織法第五條規定，被選為院士有兩項資格：第一項：對於所專習之學術，有特殊著作發明或貢獻者；第二項：對於所專習學術之機關，領導或主持在五年以上、成績卓著者。先生說明理由，自評著作論文沒有特殊貢獻，且主持北京大學化學系僅三年，於組織法俱不適合。經評議員熱烈討論，認為先生資格實無問題，惟為尊重被提名人意旨，遂依先生之意願，同意撤銷之請求。然據院內同仁所悉，先生實不願與曾任母校校長之梅教授競爭，故堅持退讓。尤難能者，先生任公職數十年，持守極清廉，如中央研究院院長特別費得月支二

萬四千元，半數可由院長領回，另一半則檢據報銷。先生任院長十三年餘，個人從未領用分文，款項皆用以協助清貧之同仁，或無法報銷之公務經費。逝世前數月以勞瘁過度住院，每月需費十萬餘元。院中同仁素知先生家無餘貲，主動將年度剩餘之特別費四萬元送至醫院支付其急需。先生病榻中知悉此事，即令送款者原封帶回。凡斯種種，益可見先生的風骨，於近世奔競之風潮中，實為鳳毛麟角。

先生研究著作，重要者有《立體化學研究》、《酚類化合物之殺菌能力與其結構之關係》、《有機質在無機分析之應用》等外文論文多篇，散見於國內外專業學術刊物。

七、閻振興先生傳

先生諱振興，字光夏，河南省汝南縣人，生於民國元年（1912）八月二十二日（農曆七月十日），卒於民國九十四年（2005）一月七日，享年九十四歲。一生職務甚多，學術行政重要者有河南大學工學院院長、臺灣大學工學院院長、臺灣省教育廳長、中山科學研究院院長、成功大學校長、清華大學校長，本校第七任校長（民國五十九年六月至七十年七月）、教育部長、中央研究院院士、評議員。工程等實務則歷任滇緬公路工務局正工程司、黃河堵口復堤工程局工務處長、高雄港務局總工程司、行政院青年輔導委員會主任委員、原子能委員會主任委員。

先生出身農村，家境清寒，自幼刻苦力學，賴兄長資助，得完成學業。清華大學土木系畢業後，獲保送至黃河水利委員會任助理

工程師，旋兼水文站站長。民國二十六年（1937）考取河南省公費生，赴美國愛荷華大學，攻讀水利工程，三年而獲工程博士學位。經胡適先生介紹，進入美國公路總局、田納西流域水利會各實習半年。民國三十年（1941）返國，歷任國立西南聯合大學副教授、教授，兼昆明水工實驗室主任，以迄抗戰勝利。

抗戰初期，黃河在河南花園口決堤，豫南、皖北一片汪洋，數百萬民眾流離失所。抗戰勝利後，政府將堵口復堤列為首要工作，於民國三十五年（1946）聘先生擔任黃河堵口工程局工務處處長，執行百億元之預算，領導十餘萬工人以及聯合國善後救濟總署百餘位技術人員，以智慧及毅力，完成艱鉅之工程，榮獲四等景星勳章。於黃河堵口工程局任內，先生為處理公務，經常往返於開封、鄭州、花園口之間。時姚從吾先生任河南大學校長，民國三十六年創辦工學院，延聘先生以土木工程學系教授兼工學院院長，主持其事，篳路藍縷，備極辛勞。先生應聘之初，僅有土木工程和機械工程二個學系，力量薄弱。在代理河南省主席張鈁先生之主持下，將黃河水利工程專科學校併入，組建為水利工程學系，並由先生兼系主任。在學校之大力支持下，先生致力於工學院之基本建設，先由改善設備、充實圖書設備著手，陸續創建材料室、水工實驗室、翻砂場、實習工廠等教學場地；同時亦延攬優秀師資，加強教師陣容。先生一向注重教學與實務之結合，由於當時兼任河南黃河堵口工程局工務處長，遂請嚴愷先生協助，積極參加黃河堵口工程之設計，並帶領學生參觀現場施工，使學生有實習之機會。之後，又協同工學院各系同仁，擬定工學院三期發展計畫。

民國三十八年（1949），先生隨國民政府至臺灣，擔任高雄港

務局副局長兼總工程師。任內完成工程浩大之十號碼頭復建,並釐訂高雄港之擴建設計,功效卓著。四十二年八月,先生受聘為臺灣大學土木工程學系教授,主授水力發電及水力學,並出任工學院第四任院長。民國四十四年二月,辭土木系教授及工學院院長職。

民國四十六年八月,因成功大學校長秦大鈞博士辭職,教育部敦聘先生接掌成大,直至民國五十四年(1965)卸任。任內建樹頗多,民國四十九年為配合國家經建計畫,培育基本工業之幹部,於原有機械工程、土木工程兩學系外,另增設電機工程學系。五十一年(1962)我國參加第四屆亞運會,於元月成立籌備委員會,由中華奧委會主席楊森主持,八月十日代表團正式成立,因為楊森赴美訪問,由先生擔任團長。然印尼方面宣布拒絕臺灣及以色列參加。先生得到消息後,發表嚴正聲明,後國際奧委會以電報告知雅加達亞運籌備會,撤銷國際奧會對印尼舉辦亞運會的贊助,禁止印尼使用國際奧會五環標誌和五環旗,並決議對印尼奧會無限期撤銷承認,以制裁其在雅加達亞運會之政治歧視。先生以堅忍奮鬥之精神,不啻達成了成功之民間外交。

同年先生獲聘擔任臺灣省教育廳廳長,翌年以高血壓惡化,亟需休養而卸任。在任上對本省教育的推行,建樹頗多。曾提出本省青年初中畢業三條路的理念:其一升高中進而接受大學教育研究學問,其二為進入職業學校接受專業訓練,其三為進入師範、師專獻身教育事業。上述三條路之後,又可以再進一步進研究院深造或出國留學。先生的理念,對於當時本省人士普遍存在之「高中畢業,進入大學」的狹隘升學觀念,提供了寬闊的視野。至於當時本省惡性補習的風氣,先生亦提出「疏導為主,禁止次之」的理念,在全

省國民學校中實施「暑期進修班」。此法雖未能一舉破除惡性補習的歪風，但亦收到重要的成效。先生在卸任以前，並已提出改善學童營養午餐、師範生公費生制度等理念，以供繼任者參酌。

民國五十四年，先生入閣擔任教育部部長。四年在任期間，大幅增加大學研究機構經費，俾添購新設備，提高研究素質，並配合擴充師資，增加招生名額等政策。民國五十六年七月六日，先生經一年籌備，宣佈從五十七學年度起，國民義務教育將從六年延長到九年，所謂初中聯考，從此取消。先生並因應國情，強調九年國民教育，非完全為強迫性的教育，而是希望全國國民能享有此項權利。為配合此一政策，教育部並利用師範專科學校的設備，設立暑期班，提升國校師資素質。此外，教育部並發展專科職業教育，三數年間，先後核准創設五年制專科學校五十餘所，大量造就工、商、農業專門人才，對於推動國家經濟建設與緩和大學升學考試之壓力，裨益良多。政府以其對教育之貢獻，頒予先生二等景星勳章。

民國五十五年至五十九年，先生兼任行政院青輔會主任委員；民國五十六年至五十九年，兼任行政院科學發展指導委員會副主任委員，為國家科學研定發展政策等事宜。民國五十七年至六十年，並兼任行政院原子能委員會主任委員；民國五十八年七月，先生接任清華大學校長，並兼國防部中山科學研究院院長。在清華一年任內，推動校務卓有成果；在中科院任內，極力擴充研究設備，加速國防科學研究之發展，因有功於國防科技，受頒莒光甲種二等勳章。

民國五十九年六月一日，先生以中山科學院院長之身份就任臺灣大學校長，隔日出刊之學生刊物《大學新聞》，即以社論「辭去兼職，辦好臺大」向先生進言。《自立晚報》之社論亦盼望先生勿

兼任其他實際職務。先生從善如流，一星期後辭去中山科學院院長之職務，六月十七日又辭去行政院原子能委員會主任委員之職務。先生就任伊始，即諦察本校之傳統及現況，提出檢討，認為本校之特色，在於學風濃厚，自由寬緩，極具發展潛力。本校同學於「德智體群」四育方面，智育較無問題，然而群育則較鬆散。而先生宣示其治校理念，認為教育應引導學生投身社群，以體認人生之意義，並希望「培育對國家社會有用的青年，而不是造成許多滿腹經論，卻手無縛雞之力，性情孤僻古怪不能與人和合相處的書生。」故先生治校，特別強調教學與研究不能二分，體魄與品德必須並重，理論探研與學以致用，也應該兼顧，最終目標，是要讓學生接觸到書本以外的實際問題，成為社會的中堅，國家建設的良才。

其時本校有錢思亮校長於民國五十八年一月為總圖書館親題之「敦品勵學」作為訓辭，但尚未提出正式之校訓。故先生取傅斯年校長於民國三十八年第四次校慶紀念會演說詞中對師生之訓示——「敦品、力學、愛國、愛人」，改「力學」為「勵學」，以紅字製於體育館正面外牆上；並塑傅校長半身銅像，於基座以校訓題字。自此本校正式將「敦品、勵學、愛國、愛人」訂為校訓。先生任內，多次向全校同學提出品德薰陶、務實治事、獨立思考、關懷社會等訓語，並期勉同學勿為環境污染、勿受功利主義影響。

民國六十二年本校校園發生哲學系事件。由於政治力的不當介入，導致任教於哲學系的部分教師及學生被指為通匪或叛亂，蒙受種種不合理之待遇，其中十三名教師被迫離職。先生當時以未能克盡保護學術自由，尊重教師人權之責，頗受爭議；然政治時局，亦有非一人之力所能左右者。且先生執掌校務十一年間（民國五十九

至七十年），沈潛篤實，致力基礎建設，擴充研究教學設備，促進國際學人來訪及本校教師出國進修；於校務方面，收回附近校區校地，新建館舍甚多，對本校發展，貢獻甚大。

七十年（1981）七月，先生卸臺灣大學校長之職，獲聘為土木工程學系名譽教授，並再度出任行政院原能會主任委員。翌年，先生以其學術成就，當選為中央研究院第十四屆數理組院士。民國七十九年先生自原子能委員會主委改任總統府國策顧問；八十三年至八十九年任總統府資政。

先生雖身在臺灣，但飲水思源，仍長期關心河南大學之發展。旅臺之河南大學校友早在民國三十六年（1947）即成立「河南大學臺灣校友會」，由先生擔任顧問。民國八十三年十二月，先生得知母校河南大學尚未列為國家重點大學，即聯絡在臺校友聯名致函中共中央總書記、國家主席、軍委主席江澤民以及國家教育委員會，要求國家給予河南大學以國家重點大學的待遇，獲得中共黨政高層重視，國家教委辦公廳專函河南大學述解原由，並令河南大學向在臺校友轉達實情。民國八十六年，先生及校友等得知母校尚無博士點，又聯名致函中共中央政治局常委、國務院副總理李嵐清，陳述河南大學人才濟濟之輝煌歷史，要求給予照顧，解決博士點問題。在先生及各界人士之努力下，河南大學獲得三個博士點。

先生已出版之著述，除散見學術期刊之研究論文外，尚有《高雄港十號碼頭重建工程報告書》（高雄：高雄港務局，民國四十一年）、《第四屆中美防災科技合作計畫研討會：面對下一次嘉南大地震專輯》（臺北：行政院國家科學委員會，民國八十三年）等，研究與實務並重。

拾壹、從生物多樣性論人文多元價值的建立[1]

一、前言

自十九世紀末嚴復《天演論》刊布以來，達爾文主義（Darwinism）「物競天擇」和斯賓塞（Herbert Spencer）的社會進化思想的思潮席捲中國。知識分子的心裡面多存在著一種感受，就是中國需要更多的進步，需要更大的改革。在同一個時期，激烈的改變現狀的歷史事件——革命、新國會、倒袁、五四運動等——接連不斷發生，彷彿不斷地印證當時知識分子的心理需求。1923 年顧頡剛撰〈與錢玄同先生論古史書〉，掀起了驚天動地的「古史辨運動」。[2]參與運動的學者多認為科學的方法可以破除古史層累的假象。中央研究院歷史語言研究所創辦人傅斯年甚至堅信透過語言

---

1 本文為 2006 年 4 月 21 日作者赴成功大學文學院講授通識教育講座的講稿，後收入王偉勇編：《人文經典與創意開發》，頁 9-33。

2 據顧頡剛憶述，1920 年他在北京大學做辨偽工作時，受錢玄同的啟發，而開始注意到經書的辨偽。至 1923 年他寫信給錢玄同深入討論古史問題，算是正式揭開古史辨運動的序幕。

的掌握，可以還原古史的真貌，1927 年先在廣州中山大學成立語言歷史學研究所，翌年（1928）又在中央研究院成立歷史語言研究所。這一連串事件，都象徵了二十世紀前半期知識分子對於歷史、時代的一種高度自信。但有趣的是，著名的史學家陳寅恪在 1945年撰〈讀吳其昌撰梁啟超傳書後〉時宣稱：「蓋驗以人心之厚薄，民生之榮悴，則知五十年來，如車輪之逆轉，似有合於所謂退化論之說者。」依陳先生的描述，二十世紀上半期的中國，在各方面來說竟都算是退化的。這一種存在於歷史學界的觀念矛盾之現象，讓我們不得不全盤思考：二十世紀以降的中國，真的是朝進步、改革的方向走嗎？

再看看今天，臺灣身處中國東南隅的一個海島上，九十年代臺灣人還能驕傲地用高消費力和卓越經濟指標向世界宣示我們的富裕，今天經濟發展居亞洲四小龍之末，貧富懸殊讓基層人民生活備感艱辛。二十一世紀初的臺灣，也真的是朝進步、改革的方向走嗎？倘將視界擴大到全球，達爾文主義構築了一個合乎進化論的世界，但近幾個世紀人類過度開發資源，人口膨脹，種種錯誤行為導致全球氣候變遷、雨林消失、物種滅絕，地球暖化速度已不可挽救。人類文化文明的進程，或者說人類的歷史發展的步調，果然是合乎進化論嗎？

在每個世代，普羅大眾總是在隨波逐流之中，悲歡眾生的沉淪與苦痛；但同時也總有極為少數的先覺者鍥而不捨地在文史哲的經典中努力探索。救世之道，不是只有科學技術而已，人文科學可能較諸自然科學更為重要。有人問：「為什麼還要讀經典？」這個問題其實不難回答。只有透過經典史籍，我們才能盱衡人類的行為模

式：不斷摧毀價值和秩序，又不斷建立起價值和秩序，建立之後又再將之摧毀。我們更發現了這些行為模式背後的許多動機。知識分子唯有閱讀經典，反思過往，才能站在全人類的角度自我反思，追尋人類「建立」與「摧毀」價值秩序的原因。司馬遷所謂「述往事，思來者」就是這個意思。我們常說，知識分子應該是人類的良知。他們研讀經典，不是為了躲到象牙塔裡，而是想暫時向後退一步，讓自己將這個世界看得更清楚。

　　人類雖然不斷建立起價值和秩序，同時不斷地摧毀價值和秩序。大家不必因此而感到悲觀。這種矛盾的徘徊，其實正標誌了我們的希望：人類其實有絕對自由的意志，在幸與不幸之間作出選擇。人類既有選擇的能力，就應該去思考：究竟人類需要什麼樣的意識型態，才能建立一個可以帶來真正幸福的價值系統，從而避免建立錯誤的價值秩序，也避免摧毀正確的價值秩序。歷代數不清的知識分子，為了找出這個問題的答案而產生種種的爭論。在研究自然科學、習慣用實證獲得定論的學者眼中，人文學永無定論的爭辯，簡直毫無意義可言。殊不知：充滿爭辯而沒有定論，恰好標誌了人文學的健康發展。因為人文學最糟糕的情況，就是被單一的價值體系或單一的研究典範所壟斷。多元價值才是人文學健康發展的保證。我在這裡開宗明義說，我們當前最急迫需要的，是建立人文價值的多元性。

二、人文價值多元性的迫切性何在？

　　人文價值多元性的建立，是當前的急務。這可以從兩方面說

明：第一、是藉由價值多元性，我們可以明瞭自然科學規律和人文學價值之間的重大歧異；第二、藉由價值多元性，我們可以找尋到人文學的真意義。

關於第一點：東西方學術界一直存在一個普遍的現象，就是學術圈裡面，和自然科學相較，人文學總是居於相對的弱勢。在臺灣也長期有此一感受。然而，不論從宏觀和微觀的角度看，自然科學和人文科學之間，大體的方向是完全背道而馳的。基本上，自然科學的任何成果，都必須有數據支持，或者透過實驗取得「可量化」（quantifiable）的結果。這些數據和結果是客觀的。哪一個有效，哪一個能成立，都必須經由實實在在的驗證，不能毫無憑據任意建立或推翻。凡經證明沒有效用的、不能成立的推論，必須放棄，改為遵從有效而有用的結論。在此一大前提之下，研究論文能否與時俱進、隨時革新，便成為自然科學最重要的指標；教科書的撰寫，則往往是總結許多已經成為穩定定律的法則與內容，作為學生學習的指引。依據此一準則，自然科學研究必然極重視最新研究成果及其呈現出來的客觀數據，例如計算引用次數（citation index），原本可以反映自然科學研究的影響——被引用次數愈多，顯示其影響力愈大——再加上其他具體數據，即可逆知 impact factor。相對上，人文科學研究的精深與否，根本無法用任何數據呈現，不管是一篇論文、一部論著，還是一種研究理論，都不能。因為人文學的研究，直接涉及審美、哲理、價值判斷。而審美、哲理、價值判斷都是難以驗證的。引用次數的多與寡，與該項研究的重要性高低，沒有邏輯上的必然關係。一部符合普羅大眾口味的暢銷書籍，可以是睥睨古今的經典鉅著《紅樓夢》，也可以是毫無文學價值的低俗小說。

同樣是名畫，用八大山人（朱耷）水墨畫所畫的無名之魚、無名之鳥的技法與意境，來衡量約翰弗美爾（Johannes Vermeer）的「戴珍珠耳環的女孩」（"Girl with a Pearl Earring"）運用顏料製造立體光影的技巧，恐怕是毫無意義的。同樣是講解《周易》占卜，街頭設攤命理師的講解也許很受歡迎，但在學術研究上則肯定無法與哲學家的詮釋相提並論。上述之例，都是顯而易知的。換言之，經典作品的價值不是客觀而是主觀的。「人」自身境界的高低，永遠決定了詮釋、演繹境界的高低。讀者是否能分享，也端看讀者自身的藝術、哲理修為而定。這就像是月映萬川，光影各不相同；讀者的心湖如渾濁不堪，照不出清麗嬋娟，我們也不能誤以為「天上無月」。切勿忘記，組成社群的是「人」，創造人文的是「人」，閱讀者也是「人」。以個人而研究人群，以個人而研究自身，以自身而研究「人文」的藝術經典，不論創作者抑或閱讀者，除了尋求自身內在生命的成長與成熟外，實在別無他途。而這種境界的高低、穎悟的深淺，焉能透過數據去評比呢？換言之，「人」的境界，才是人文學研究的決定性因素。中國古老的經典《周易》常以人的身體喻六十四「卦」，以足部喻初爻，用頭部喻上爻，也就是以人身闡述哲理。中國古代的哲人如孔子、莊子，所持的宇宙觀，也都視「人」自身為宇宙的核心。「克己復禮，天下歸仁」的理念、「心齋坐忘」、「官知止而神欲行」等命題，講的都是這一類的觀念。古今中外最偉大的著作，無論是《莊子》、曹雪芹的《紅樓夢》、柏拉圖（Plato）的《對話錄》（Cratylus）、托爾斯泰（Lev Nikolayevich Tolstoy）的《戰爭與和平》（War and Peace），無不是創作者訴說自身生命的故事，最後引起了廣大讀者共鳴，遂致千古不朽。倘若

我們忽略了研究者精神生命成長的因素與環境，而以經費的多寡、成果的數量，去要求人文學研究者在有限的時間內寫出高水準的研究成果，那已是完全違背人文科學的規範，最後也許能產生出一些看似華美的表象成果，卻很難產生出真正引起共鳴、具有持久性的鉅著。

自然科學重視具體數據，讓「對」與「錯」容易歷歷分明；相對上，人文學研究不但往往無法用具體數據推論，像詩詞創作境界的高低評品，更難以驗證。正因為人文學涉及真善美的價值判斷，因此同一個領域的研究，彼此在方法、進路各方面的歧異愈大、愈多，反而顯示這一領域的愈健康。但這種「歧異」，在自然科學研究者看來，既沒有數據可以驗證，也沒有定論可以掌握，那自然是難以理解的！而在人文學的世界，「多元性」卻恰恰是無可取代的最高價值，過度強調「卓越」和「傑出」，並不是一種健康的現象。以中國古代文化文明而論，中國思想史最輝煌的一段時期，即是所謂「百家爭鳴」的先秦時期，正是最為歧異多元的時代。這是人盡皆知的事實。即使像北宋至晚明六百餘年間「理學」成為主流，理學家也有種種爭論與對立，南宋朱熹批陸九淵為「異端」，陸九淵譏朱熹為「破碎」，陳亮則斥責朱和陸是「腐儒」。但幾百年下來，學術界編了好幾部「學案」，記錄了包括朱熹、陸九淵、陳亮等在內好幾百位思想家的生平與作品，宋明理學也沒有一言堂。人文價值、文化取向等爭吵，沒有定論才是正常的，有定論則往往標誌了某種不幸。（例如清初帝王欽定程朱理學為正學。）我們從中可以看到「多元性」的重要。唯有「多元」，才能讓人文、文化的研究保持一種「開放」的精神，不致導致一言堂的現象產生。

　　關於第二點，我要討論的是人文價值多元性與大學文學院的教學宗旨問題。我要強調，大學是培育人材的地方。以擔負培養人文學各領域人才的文學院而言，人文教育的目標，應該是培養人才，讓人才為世所用，而不應追求亮麗的外在表現。以「花」為例子，大學不是「花園」，而是「種子」的培育場所。大學不但要培育好的種子，而且要培育不同種類的種子，讓畢業的同學將種子散播出去，讓大學以外繁花似錦，爭奇鬥艷。但即使外面的世界繁花似錦，大學仍應堅持默默做種子培育的工作。否則，連大學都虛耗資源在種花，試問誰來負責研究種子呢？大學教育應如此，負擔人文學教育的文學院更應如此。所以，人文學的教育，從根本上說，不應該什麼事都追求立即性的成效，而應該沉潛下來，好好思考「人文學種子」的培育問題。

　　從上述兩點看，人文價值多元性是當前大學人文教育所迫切需要的。

　　人文科學需要更強調價值多元性，這個訴求對於當今世界而言，尤其迫切。冷戰結束以後，蘇聯解體，美國挾其經濟與軍事的優勢，不斷將其價值觀念透過各種管道向第三世界輸出，並將世界的秩序依照美國的利益和觀點來安排。911事件以後，自由世界的金融秩序、全球航運秩序遭受嚴重的衝擊，近十年來最令人擔憂的毋寧是世界價值系統的衝突。例如當前歐美民主自由價值觀念與若干回教世界價值觀念的衝突，已經由美伊戰爭而被推到臨界點。當前全球恐怖主義方興未艾，西方民主國家人人自危。在此，我並沒有譴責任何國家的意思。但客觀而言，安身立命於人文科學領域的知識分子，如果仍繼續強調「唯一真理」凌駕於「多元價值」之上，

那麼不同價值系統的信仰者，勢必為了爭奪這個「唯一真理」的解釋權，而產生無窮的衝突。[3]當前人文科學的研究，最迫切需要的是承認人文價值可以多元化，就是說：任何的論述都只能是眾多論述的一種，任何的價值系統，都必須要尊重其他與之截然不同的價值系統。關於「多元化」對於人類的重要性，我們可以從生態學上獲得若干啟示。

三、第六次滅種（The Sixth Extinct）的啟示

人類約到了 70 年代末期才警覺到物種滅絕的驚人速度超乎人類的意料之外，約到了 1984 年才警覺到物種滅絕威脅到人類的生存。事實上「生物多樣性」（biodiversity）一詞是在 1986 年才被提出，它是「生物學的多樣性」（biological diversity）一詞的縮寫。讀者可參 Virginia Morell 所撰的 "Biodiversity"（National Geographic, February, 1999）一文。據 Professor Peter Raven 在 1989 年中央研究院發表的論文中指出，人類演化可以追溯到大約二百萬年前。當時人類只是地球上約一千萬個物種之一。人類大部分的歷史裡，在自然生態中僅僅扮演一個微不足道的小角色。但在近一萬

3　前幾年東西方哲學界進行了一個名為「儒耶對話」的交流活動。依照新儒家學者的講法，「耶」（基督教）是一種「外在超越」，是以超越之上帝救贖人類；「儒」則是一種「內在超越」，是藉由內存於人類心性之中的「善」的根源來自我救贖。對話當然是好事，但就當前西方神學界而言，似仍未理解（更不用說「接受」）儒家的內在超越之說──假設真有所謂「內在超越」的話。

年之間，世界人口急劇增加，從數百萬增加至超過七十億。地球在億萬年間逐漸累積的各種資源，泰半已被我們在一萬年之間消耗掉。與此同時，我們改變了許多物種賴以生存的環境，包括大氣的品質、地球的溫度、海洋的溫度、水質、土地的養分等等數不清的各方面。而這些條件彼此之間是相關連的：一個環節遭到改變，其他環節也同時受到衝擊。這使得與我們一同在地球分享生存權利的其他物種，不斷面臨來自人類世界的龐大擠壓，在不斷變化的自然環境之中苟延殘喘，甚至殞命。雖然新的物種仍然隨著環境和生存條件改變而不斷產生，但這和既有物種滅絕的速度比較起來，就顯得微不足道。各種數據顯示，至 2050 年將有高達三分之一的全球物種滅絕或瀕臨滅絕，另外的三分之一亦將在二十一世紀末走向絕路。「世界野生動物基金」（The World Wildlife Fund）亦形容：「未來十年間人類不需要一顆子彈，就可以殺死全球物種總數的五分之一。」據 Stuart Pimm 指出，物種滅絕的情況並不是只發生在島嶼或雨林，而是在全球的每一個角落。《時代》（*Times*, April 3, 2006）雜誌主題報導全球暖化的現象已經成為惡性循環（vicious cycles）席捲而來。

Dr. Niles Eldredge 在"The Sixth Extinct"（*American Institute of Biological Sciences,* June, 2001）一文中就歸納了地球經歷過物種的巨大滅絕共計五次。[4]最近的一次發生在 6,500 萬年前恐龍的全數死

4　Dr. Niles Eldredge is the Curator-in-Chief of the permanent exhibition "Hall of Biodiversity" at the American Museum of Natural History. 該文的網址為：http://www.actionbioscience.org/newfrontiers/eldredge2.html#Primer。

亡。今天我們面臨的則是「第六次滅種」的危機，而導致這次滅種危機發生的主因，既不是流星、亦不是自然的天候，而是人類的行為。有些科學家甚至稱人類為「物種的終結者」。近二十年來，生態學家已經注意到地球上物種數量急遽減少的危機，而思考到生物多樣性對於地球大環境的重要性。地球生態的自然平衡，完全仰賴於不同物種彼此之間的支援。一個物種的消滅，可能威脅到多個物種的生存。以人類而言，我們生存所必需的各種資源，有太多是來自大量不同的物種。人類對自然環境的持續破壞，使物種數量劇減，其最終結果，竟將導致人類自身的滅亡。諷刺的是，近年來科學家之所以對這個問題特別關注，恐怕主要不是因為關懷自然，而是因為物種的消滅會威脅到人類的生存。換言之，我們關懷地球的心理背景，仍然是出於保護自身的私利，並不是出於維護萬物平等生存權的公義。當然今天再譴責任何人都已無補於事，幸而今天全球生態學已經和社會學以及人文學的學者攜手合作，共同思考如何解決生態保護、宗教信仰和倫理價值的問題。2011 年 3 月 18 日哈佛大學的 Center for the Study of World Religions at Harvard Divinity School 以及 The Harvard University Center for the Environment 合作舉辦"Ethics, Values and the Environment"的學術研討會，2011 年 10 月 26, 27 日荷蘭萊頓大學的 Forum on Religion and Ecology 也舉辦"Conference on Religion, Science and Public Concern: Discourses on Ethics, Ecology, and Genomics"，這反映了歐美學者針對生態、環境和倫理價值的問題進行整合性的反思。這是讓人感到鼓舞的消息。相對於未來東亞的人文傳統能否得到發揚，上述這個課題恐怕更為重要。我相信現在是打破領域隔閡的最佳時間點，而攜手進行人文

與自然的合作了。

　　從人文學的角度反省，中國文化傳統一向極重視「人」與「自然」之間的關係。儒家將「人」置於「天地」之間，將三者合稱為「三才」，強調「人」的尊貴性。但此一思想其實更偏重於「人」的自我反省、積極進取等效法天道的能力。事實上，中國古代思想家一直非常強調「人」和「萬物」之間的和諧。《易傳》稱伏羲作八卦，「近取諸身，遠取諸物」，古人認為《易》卦符號是來自萬物的形象。中國文字中的象形、會意，亦多取自自然界的事物。思孟學派強調五行（金木水火土）與五常（仁義禮智信）相一致的思想，更是明證。至於道家的老莊，就更強調人與自然物之間的和諧一致了。《莊子·逍遙遊》所說的「物無所害」，《史記·伯夷列傳》所說的「聖人作而萬物睹」，其中都表達了鮮明的尊重物種多元並存的思想。在中國文學傳統裡，「採菊東籬下，悠然見南山」、「友麋鹿以共處，候草木以同凋」始終是知識分子共同嚮往的境界。中國傳統人文思想，一直強調人與自然的和諧。

　　「生物多樣性」和「人文價值多元性」對人類的重要性其實是相同的。唯一的差別在於，前者是屬於可以測量的物質世界；而後者則完全屬於無法用任何數據測量的精神思維層次。換言之，前者的重要性比較容易被人類察覺，尤其人類是仰賴耳目感官以生存的動物，更容易接受那些經過量化方法與工具偵知的數據；但對於後者，一般只有從事精神思維領域研究的知識分子，才能感受到其重要性。

　　「生物多樣性」的理論基礎，是在於任何生物的生存，都有賴於其他生物的存在與支援。如前所述，物種與物種之間是互相依賴

的。其實人文價值的情況亦然。不同的價值系統，表面上看起來南轅北轍，互不相容；但事實上，每一種人文價值的形成，都有極其繁複的眾多條件，也與其他不同的價值系統相關，甚至每一種論述的內容，往往都是其敵論的一個反面。戰國時期，有儒家思想，也有「反儒」的思想（《墨子》即有「非儒」之論），任何人要理解儒家思想，都應該同時考慮「反儒」思想的內容。反之亦然。南宋理學界，有朱子思想，有陸子思想，朱陸異同之說，也須要同時相互證明比較。從歷史的角度看，思想史上出現不同的流派，彼此之間互相攻訐，都不應被視為不正常的現象，而應該被視為常態。這背後的理由，就是人文價值原本就是多元化的。

四、中國思想史上的重要爭論：
一個宏觀視域的啟示

從三千年中國思想史的發展，最足以理解「人文多元價值」的意義。自先秦以降，思想界計有儒墨之爭、儒道之爭、儒法之爭、名教有無之辨、儒釋之辨、道問學與尊德性之辨、義理與事功之辨、心學與實學之辨、漢學與宋學之辨、科學與玄學之辨等，都是思想史上極重要的命題。研讀思想史的學者如不能用心參透這些辯論背後的意義，對於思想史的了解就受到侷限。以下我選取「儒道之爭」和「朱陸異同」兩個例子，說明思想史上不同價值系統之間歧異的意義。

首先談談「儒道之爭」。先秦儒家奠立於孔子，在周朝封建宗法禮樂傳統上發展其學說，突顯了倫理名份的絕對性與合法性。至

於道家，則源出本為母系氏族社會的殷商，其思想特色在於反禮樂、反封建、尚陰柔，突顯反戰、平等、包容、與自然合一的精神。西漢初年，「儒道之爭」中關於「革命」合法性的政治議題被再度挑起，儒家研究《詩經》轅固生和道家的黃生在漢景帝面前爭論「湯武革命」。轅固生主張孟子「聞誅一夫紂矣，未聞弒君也」而贊成革命，黃生則舉帽子鞋子為例比喻君臣的絕對性而反對革命。（君像帽子，臣像鞋子。帽子再破舊亦不能被置於腳下，鞋子再新也不能當帽子戴。）漢末魏晉時期，「儒道之爭」演變為「名教」與「自然」之爭，王弼用「聖人體無」的命題來融和儒的名教與道的自然；嵇康則以「越名教而任自然」的方法來反儒。這時候「革命」問題不談了，轉而討論政治上究竟應採用「有」抑或「無」作為施政概念與方針的問題，進而衍生出倫理、詩文、藝術等各方面都隱藏了「有」、「無」的爭論。從魏晉時期再向下講，「儒道之爭」的政治意涵淡薄了，轉而討論哲學問題，就是南宋朱子與陸九淵於周敦頤《太極圖》尤其是最上一圈「無極而太極」的解釋問題的爭議。從南宋再跳到明末清初，黃宗羲、黃宗炎、毛奇齡、胡渭等人發表著作批評《易》圖摻入道教思想，「儒道之爭」變成學術正統與異端的爭議。

　　「儒道之爭」之外，「朱陸異同」也是一個思想史上另一個重大分歧，就是「道問學」與「尊德性」之爭，過去很多人將之解釋為朱子只講道問學，而陸九淵只講尊德性。這是不對的。正確地講，應該是二人爭論「道問學」、「尊德性」先後主從的問題：朱子認為，若不先研究事事物物之定理，就無法發明德性，因為德性必須從漫長的問學工夫中逼出來；相對地說，陸九淵認為若不先立乎其

大者，一切問學的工夫都是白費的，因為知識本身並無法保證可以引導出「人」的內在價值。換言之，朱子、陸子二人所爭論的，是「知識」與「道德」孰為主孰為從的輕重主從問題。這個異同問題，近世演變為知識方法的爭端。二十世紀新儒家學者多提倡超越性（transcendence）和內在性（immanence）的精神傳統，從熊十力、牟宗三、徐復觀、唐君毅等學者，以迄近年來展開一連串的「儒耶對話」研討會的當代東西方學者，都屬於這個系統。他們都強調人的道德主體與內在價值的重要性。相對上，從胡適、傅斯年，以迄當代提倡知識主義的余英時，則多強調客觀知識的重要性，否定虛浮的玄思。這兩種觀點本來就很難說一定彼是此非或此是彼非，但彼此本質的歧異，又使雙方難以融通。預料未來能綰合的機會也很渺茫。

思想史上的辯論，無論是「儒道之辨」，抑或是「朱陸異同」，孰是孰非，很難一言而決。千百年來，總是公說公有理，婆說婆有理，但無論如何，雙方都對中國的文化傳統、學術思想，產生了重大的影響。中國禮制演變在大傳統與小傳統都產生重大的力量，任何人都無法磨滅儒家思想的歷史貢獻；而中國文化特別是藝文、書畫方面受道家影響甚至比儒家還要深，任何人都不可能忽視道家思想的重要性。儒道的價值，理應同受尊重。至於「朱陸異同」，也當作如是觀。知識分子對於這一類的問題，除了以多元價值的態度，客觀地分析考察外，其實是別無他途可以選擇的。

五、案例之一：全祖望的去短集長之旨

從上述兩個例子看來，「多元性」本來就是中國思想史的常態。思想史上的分歧，正是「多元性」的表現，顯示兩種截然不同的價值觀念發生互動與激盪。近代有兩位知識分子，對於「多元性」有特別精采的闡釋。第一位是全祖望。全祖望在《鮚埼亭集》和《宋元學案》中，常常採用「眾說並存」的方法，來處理思想上的歧異問題，甚至朱陸異同一類被視為無法調解的爭論也不例外。這就是他所謂「去短集長」之論。《鮚埼亭集》〈陸桴亭先生傳〉說：

> 理學心學之分為二也，其諸鄧潛谷之不根乎？夫理與心，豈可歧而言乎？是亦何妄如之！[5]

全祖望反對將理學和心學一分為二，將「理」和「心」分別討論，所謂理與心不可歧而言，意即理不離心，心不離理。全祖望這段話，含有較濃厚的陸王之學的氣味。但倘若我們直接說他偏於陸王之學，衡諸文獻其實又未必然，因為他在「是亦何妄如之」一句之下緊接著說：

> 當明之初，宗朱者蓋十八，宗陸者蓋十二，弓冶相傳，各守其說，而門戶不甚張也。敬軒出而有薛學；康齋出，傳之敬

5　《鮚埼亭集》卷廿八，上冊，頁 349。鄧潛谷即鄧元錫，江西南城人，師事羅汝芳（近溪），以「收攝放心」工夫教學生，論「心體」、言「覺悟」。參《明儒學案》卷廿四「江右王門學案九」，《黃宗羲全集》第 7 冊，頁 564。

> 齋而有胡學，是許仲平以後之一盛也。白沙出而有陳學，陽
> 明出而有王學，是陳靜明、趙寶峰以後之一盛也。未幾王學
> 不脛而走，不特薛、胡二家為其所折，而陳學亦被掩。波靡
> 至於海門，王學之靡已甚。敬菴出於甘泉之後，從而非之，
> 而陳學始為薛、胡二家聲援；東林顧、高二公出，復理格物
> 之緒言，以救王學之偏，則薛、胡二家之又一盛也。蕺山出
> 於敬菴之後，力主慎獨，以救王學之偏，則陳氏又一盛也。

全祖望在「理與心不可歧而言」這個概念上用「是亦何妄如之」一
語輕輕點了一下，就沒有再針對「理」「心」異同的問題分辨下去，
而是立刻轉入講述學脈傳承的分與合。他將理學心學異同的焦點刻
意模糊並擴大了，將這一問題轉移到學術思想史的源流演變中。他
這一大段文字，清楚地區分了陳（獻章）學、王（守仁）學和薛（瑄）、
胡（居仁）之學為三派，向上繼承朱子和陸九淵二源，向下統轄有
明三百年理學的分合。綜而言之，融合朱子、陸九淵的異同，是全
祖望這一大段分析的一個起始點；[6] 而會通朱陸二派的學脈，是將
這個起始點再作歷史性、延伸性的解釋。我們試觀察全祖望的說
法，其實可商榷之處頗多。例如他認為劉宗周上承陳獻章，以慎獨
救王學之偏；又以東林顧憲成、高攀龍之學為薛瑄、胡居仁學術的

6　朱陸異同問題，自鵝湖之辯起，即昭見於天下。後人論朱陸異同，論及分
　　合問題，始於王守仁「朱子晚年定論」，其後引起學術界的討論。全祖望
　　的忘年之交李紱著〈朱子晚年全論〉，懷有強烈的「朱非陸是」的想法；
　　而全祖望特論「去短集長之旨」，這裡可以清楚地看到全祖望與李紱的不
　　同。錢穆先生《中國近三百年學術史》第七章「李穆堂」說：「朱陸異同
　　之論，遠起明世。……」參該書上冊，頁261。

「又一盛」，都不是很可靠的斷語。[7]但全祖望似乎並不著眼於這些學者和學說相互間的異同問題，也沒有再舉證分析下去，他緊接著又說：

> 要之溯其淵源而折衷之，則白沙未始不出於康齋，而陽明亦未嘗竟見斥於涇陽也。是乃朱子去短集長之旨也。耳食之徒，動詆陳、王為異學，若與疇昔之詆薛、胡為俗學者相報復，亦不知諸儒之醇駁何在，故言之皆無分寸。

「白沙未始不出於康齋，而陽明亦未嘗竟見斥於涇陽」云云，其實亦不能成立。陳獻章的思想和吳與弼大異其趣，豈有絲毫聯繫？高攀龍又豈能說對王陽明思想沒有絲毫批評呢？此一顯而易見的事實，全祖望不可能不知道。其實他真正的意思是：陳獻章與吳與弼、王守仁與東林學者，在學術思想源流演變的發展史上，在相「異」之中也有相「同」。這種所謂「同」，即使輕微到僅僅只是「未嘗竟見斥」而已，亦必須被重視。既有相同，學者就應該「去短集長」。這種溯源尋流、融釋異見的方式，就是全祖望用以折衷歷史上不同思想派別的方法，也是他思想的一個核心意旨。至於如何運用，則這段文字已經做了一個最佳的說明。

前引「當明之初」以下一段文字，是全祖望直接闡釋「去短集長之旨」的原文，而討論的對象是明代理學。至於朱子和陸九淵學

7　如非常重視「儒釋之辨」的劉宗周，就曾批評陳獻章的「自得」是「自然得」，是「似禪非禪」，參《明儒學案》「師說」。

說異同的問題本身，他所持的當然也是「去短集長」的觀點。他又說：

> 予嘗觀朱子之學，出於龜山，其教人以窮理為始事，積集義理，久當自然有得；至其以所聞所知，必能見諸施行，乃不為玩物喪志，是即陸子踐履之說也。陸子之學，近於上蔡，其教人以發明本心為始事，此心有主，然後可以應天地萬物之變；至其戒束書不觀，遊談無根，是即朱子講明之說也。斯蓋其從入之途，各有所重；至於聖學之全，則未嘗得其一而遺其一也。[8]

他推論的結果，認為朱子學說中有陸九淵的「踐履之說」；陸九淵的學說中也有朱子的「講明之說」。總而言之，朱子思想中有陸的成分，陸九淵思想中也有朱的成分。朱陸的差異，主要在於入手工夫，各有偏重，而並無礙於其得聖學的全體。這清楚地說明了全祖望如何以「去短集長」的方式來融釋朱陸的異同。

當然，若暫時撇開全祖望的論點不考慮，即使朱陸二人都得聖學之全，也不能抹殺「從入之途，各有所重」的事實。全祖望所謂「以窮理為始事」和「以發明本心為始事」，雖可以解釋朱陸學說的偏重點，卻未嘗真正解決朱陸的異同，因為「從入之途」之所以

8　全祖望〈淳熙四先生祠堂碑文〉，《鮚埼亭集》外編卷十四，下冊，頁839。按：「近於上蔡」句下全氏原注：「此語本之黃氏《日鈔》。」

為朱陸之間的大矛盾，正在於其會影響到目標能否達到。[9]如果當初他們都一致認為不同的入手都可以達到相同的目的，那「鵝湖之辯」還要辯什麼呢？全祖望這段看似要溝通朱陸矛盾的話，其實反而是要刻意模糊此一矛盾。全祖望只是要突顯二派學說的長處，以求消融雙方的差異而已。直接地說，他的理想，是要在兩不相妨的前提下，集義窮理與發明本心並進，務博覽和尊德性也可以並存。

照全祖望這個宗旨推論，歷史上各個流派的學術思想，無論是朱學、陸學、陳學、王學，其發展都像是一個個生命在不斷成長；而學派與學派之間，就像生命與生命之間可以互相分享。思想發展自有其生命，處於論爭兩端的學派，其實彼此都支援了對方的生命，唯有互動互補，即能在分享之中進步。[10]

六、案例之二：戴震的分殊思想

戴震是清代乾嘉時期最著名的經學考據家和哲學家。我在〈戴東原「分殊」「一體」觀念的思想史考察〉[11]中，討論了魏晉玄學、《大智度論》、程朱理學、黃宗羲思想和戴震思想等不同論者關於

9　鵝湖之會，朱子作詩，有「舊學商量加邃密，新知涵養轉深沈」二句；而陸九淵作詩，竟以「易簡工夫終久大，支離事業竟浮沈」二句回答，雙方都是講的「從入之途」對治學成就的影響。

10　「去短集長之旨」是全祖望喜歡用的一句，除〈陸桴亭先生傳〉外，《鮚埼亭集》〈二曲先生窆石文〉（卷十二）、〈明太保倪文正公祠堂碑銘〉（卷廿四）、〈四先生祠堂碑陰文〉（外編卷十四）等幾篇文章都出現過。參拙著：〈論全祖望「去短集長」的治學方法〉。

11　收入拙著：《戴東原經典詮釋的思想史探索》，頁 1-42。

「個別事物」（多）和「唯一之理」（一）關係的不同看法。在這些論述之中，我們可以觀察到，玄學家之中的貴無論者如何晏與王弼，大乘佛學的大德，以及宋代重要的理學家，都對於僅僅認知萬物萬有的個別特殊之相，感到不滿足，或認為其非宇宙的根源，或認為其為空為假，於是他們透過各種玄思方法，努力論證一個超越於相對、群有、萬有、諸相之上的「與物無對」（絕對）的本體或本然之真。借用「一多」觀念來說明，他們是屬於「一之多」的思想架構。他們觀念中的「一」是先驗的、是凌駕於宇宙萬物萬殊之相的「多」之上的；宇宙萬物的價值與秩序，都是依靠此一本體或本然之真來衡量、來確定的。換句話說，「一」絕不能透過歸納的方法，從「多」（宇宙萬物萬殊之相）中推論出來。對於玄學家、佛教徒，和理學家而言，任何人對於「無」、「法性」或者「理」，都只有接受與否、信仰與否的問題，而絕不能用經驗世界的法則或事物去驗證它們的存在。

　　相對上，像《崇有論》的作者裴頠，和《孟子字義疏證》的作者戴震則認為宇宙的根源即在於「群有」本身，反對跳過「群有」的「多」的層次，直接指陳先驗的「一」。如戴震在《疏證》中強調人性的討論應先強調「分殊」。他說：

> 《大戴禮記》曰：「分於道謂之命，形於一謂之性。」言分
> 於陰陽五行以有人物，而人物各限於所分以成其性。陰陽五
> 行，道之實體也；血氣心知，性之實體也。有實體，故可分；

惟分也，故不齊。[12]

他在去世之前，曾寫了一封信給彭紹升，又一次強調「分殊」：

> 譬天地於大樹，有華、有實、有葉之不同，而華、實、葉皆
> 分於樹。形之鉅細，色臭之濃淡，味之厚薄，又華與華不同，
> 實與實不同，葉與葉不同。一言乎分，則各限於所分。取水
> 於川，盈罍、盈瓶、盈缶，凝而成冰，其大如罍、如瓶、如
> 缶，或不盈而各如其淺深。水雖取諸一川，隨時與地，味殊
> 而清濁亦異，由分於川，則各限於所分。人之得於天也，雖
> 亦限於所分，而人人能全乎天德。以一身譬之，有心，有耳
> 目鼻口手足，鬚眉毛髮，惟心統其全，其餘各有一德焉，故
> 《記》曰，「人者，天地之心也。」瞽者，心不能代目而視，
> 聾者，心不能代耳而聽，是心亦限於所分也。[13]

人類萬物各分於天道，而各得分殊之性。故同出於一樹，花、實、
葉各不相同；即同為花、同為葉，花與花之色臭亦不同、葉與葉之
氣味亦不同。推至於人類，人人之稟性不同；推而至於人之器官，
則各個器官亦各不相同。即如朱子強調「具眾理而應萬事」的「心」，
亦有其限制。對瞎子和聾子而言，「心」的功能再大，亦不可能代
目而視、代耳而聽，代替其他器官的功能。故以人為譬喻，人身所
具之器官各有分殊，一人一生命亦為分殊，擴充至萬物亦然。

---

12 戴震：《孟子字義疏證》卷中「天道」第 1 條，《戴震全書》第 6 冊，頁
175。

13 戴震：〈答彭進士允初書〉，《東原文集》，頁 357-358。

　　然而戴震的強調「分殊」的同時，又未嘗忽略天地萬物人類彼此之間可以互通的事實，正如「花」、「實」、「葉」雖各不相同卻同屬一棵「大樹」，為一生命整體一樣。在天地此一大生命中，人類萬物雖各有分殊，但卻可以形氣相益，彼此相通，互相支援。他說：

> 飲食之化為營衛，為肌髓，形可并而一也。形可益形，氣可益氣，精氣附益，神明自倍。散之還天地，萃之成人物。與天地通者生，與天地隔者死。以植物言，葉受風日雨露以通天氣，根接土壤肥沃以通地氣。以動物言，呼吸通天氣，飲食通地氣。人物於天地，猶然合如一體也。體有貴賤，有小大，無非限於所分也。[14]

一碗飯、一杯水、一個人，三者各為獨立的形體，各得其分限。然而，人吃了飯，喝了水，就得到了養分，維護了生命，生命也就得以延續（生生）。這表示不同的事物，內裡隱藏著某種連繫，可以彼此支援。就是戴震「一體」觀念的精神。「一體」與「分殊」兩個觀念，看似相反而實相成：人與物之間各有「分殊」，這種分殊的部分，必須予以尊重；但與此同時，人與物猶然合如「一體」，我們也應該注意到萬物形相裡面的一種共通性。這個意思，和〈崇有論〉所謂「品而為族，則所稟者偏；偏無自足，故憑乎外資」是很相似的，都是強調「群有」、「萬有」的世界，事物各有限制，

14　同前注，頁358。

卻又相互依存。唯有順應、促進群有、萬有的合作，使彼此附益，相互支援，才符合自然的法則。

戴震所強調的「分殊」、「一體」兩個觀念，說明了本文「人文價值多元性」的概念。戴震和生物多樣性的研究者一樣，注意到一個森羅萬有、物各不同的世界。在這個世界中，萬物互相支持，存在一個在競爭之中合作、在異類之中求同的大環境中。

七、結論

我們所居住的地球，從一個可觀測的層次上看，不過是宇宙滄海中之一粟而已。古往今來儘管有許多宗教教主聲稱能窺盡宇宙之奧祕，但畢竟對芸芸眾生而言，所謂宇宙奧祕，都只能是幽深窈渺、存乎理想的國度。所可惜者，從古到今，不同國家、不同種族、不同信仰的人群間互相爭馳、血流成河，導致多少人類傷亡，多少家庭離散。人類對於地球上其他的物種，也從未放下手上屠刀，導致物種滅絕速度，愈來愈快。人類不但無法包容「異己」，也無法包容「異類」，造成了人類社會最大的悲劇。今日知識分子更應該要從歷史中汲取教訓，尊重不同的物種，尊重不同的價值體系，為人類建構一個真正多元的社會。盱衡今古，儘管每個宗教都強調其不可取代、不可與其他宗教並立的唯一性，[15]但歷史上眾多宗教並

---

15 "Exodus" 34 of *Old Testament*, "Do not worship any other god, for the LORD, whose name is Jealous, is a jealous God."

存，各有無數的信徒，不但不妨礙文明文化的進步，更能在對話中
提升人類的幸福與價值。人文價值多元，是人類生存的康莊大道。

　　亞洲各國的高等教育政策，長期以來過度強調菁英主義，不但
設立研究院喜以「高等」、「卓越」命名，滿足虛榮心，人文學的
發展也常常忽略多元性，資源常集中少數決策者，容易形成狹隘的
心態，彼此互相標榜，將他們所不認同的領域或研究取向，加以鉗
制。長此以往，人文學的發展將與歷史上思想多元並進的健康形態
背道而馳。生態學家既然已經悟到了生物多樣性對於人類生存的重
要性，什麼時候人文學者能深徹了悟人文價值多元性對人類生存而
言亦同樣重要，那就是人文學研究露出曙光的時候了。

拾貳、從儒學內外問題論丁茶山對《中庸》的詮釋[1]

一、問題的提出

東亞儒家思想歷來有兩大系統，一系強調內在的心性修養，一系則強調外向的經世事功。在中國，依照宋儒道統說的排序，堯舜禹湯文武周孔以迄孟子，奠立了以心性之學為主體的儒家思想，孟子死後道統不得其傳，至宋儒出而心性之學始大明於天下。此一系思想家一般認為心性之學是「本」，事功、經世是「末」。倘若離開心性來講事功，那就會流於霸術。

相對上，講經世事功一派儒者則頗不滿於講心性之學的儒者，認為儒家學說以經世致用為終極目標，談論心性，多迂闊無用，又或不過是受釋老思想的刺激影響，運用佛、道的教義，闡釋儒書，所談的「理」都是虛理，儒學的「用」則終歸無用。明末清初以降儒者甚至批評宋明理學是「陽儒陰釋」。

1　本文原刊《茶山學》第 8 輯（首爾：茶山研究基金會，2006 年 6 月），頁 161-234。

　　儒學史上，出現了重視「心性」和重視「經世」的歧異，在日本和韓國也有同樣的情形。日本德川時期儒學受朱子學影響甚深，而同時古學派學者伊藤仁齋、荻生徂徠對以朱熹心性之學為主的理論，展開嚴厲批判，而其思想歸趣，一則以先秦儒家經典追溯孔孟本源，一則強調事功實踐。至於韓國儒學，亦以朱子學為主流。李退溪和李栗谷等大儒是為代表人物。但作為韓國歷史上最著名儒者之一的丁茶山（若鏞）在詮釋儒家經典時則常常對朱子學說表達不滿。例如他在正祖十三年（1789）二十八歲時寫的《大學講義》，和於純祖十五年（1815）五十四歲時開始寫的《大學公議》，始終不接受朱子重訂的《大學》經一章傳十章的次序，也不接受朱子將「親民」改為「新民」以及其他關於心性理論的發揮。茶山經世濟民的思想和實踐，也進一步證實了後世學者將他歸於事功派，是正確無誤的判斷。

　　本文分析茶山對《中庸》的詮釋中，所顯露的主旨和價值系統，同時也將之置於東亞儒學的背景上觀察。如前文所說，東亞儒學發展有兩條路徑，一條是重視向內的心性之學；另一條則重視向外的經世之學。二者各有側重，這是東亞儒學史上一個值得我們注意的現象。而丁茶山作為一位重視經世濟民的事功學者，在注釋《中庸》時，對於偏重心性之學的朱子學說，是有所採擇，也有所批判。這種現象究竟代表了何種意義？在東亞儒學系統之中應有何種價值？這都是值得我們進一步探究的。

二、儒家關於「內外」的問題及朱子對《中庸》的詮釋

儒家學說自孔子以降，雖有「儒分為八」之說，但揆諸史實，驗諸儒說，大略而論，則有孟、荀兩大系統，而其最顯著的異同在於：前著重於仁義德性的內在根源，後者側重於聖王禮義的外在規模。戰國時期，儒家關於「內外」的種種辯論，與此兩大系統的派分，頗有關係。後世儒者用「內聖」和「外王」兩個觀念形容儒學的兩大事業，的確很周延地說明了先秦儒家希望體用一致、內外一貫的共同理想。「義」屬於「內」還是屬於「外」，就是孟子和告子辯論的主旨之一。1993 年在中國湖北出土、1998 年刊佈的《郭店楚簡》中有〈五行〉篇，[2] 將各種德目區分為「形於內」和「不形於內」兩類，[3] 也是先秦時期儒學內外課題的重要材料。[4]

對「內聖外王」的解釋，雖然歷來沒有儒者認為可以得一而遺一，[5] 但事實上，卻又存在「內聖」與「外王」的先後、主從的問

2　收入《郭店楚墓竹簡》，北京：文物出版社，1998 年。

3　《郭店楚簡。五行》：〈五行〉篇：「仁形於內謂之德之行，不形於內謂之行。義形於內謂之德之行，不形於內謂之行。禮形於內謂之德之行，不形於內謂之行。智形於內謂之德之行，不形於內謂之行。聖形於內謂之德之行，不形於內謂之行。德之行五和，謂之德；四行和，謂之善。善，人道也；德，天道也。」

4　關於先秦儒學內外的討論，詳拙著：〈試論子思遺說〉，刊《文史哲》2013 年第二期。

5　關於「內聖外王」說的檢討與批判，說詳梅廣：〈「內聖外王」考略〉，《清華學報》新 41 卷 4 期（2011 年 12 月），頁 621-667。

題。正由於儒家學說存在此一歧異，才會產生後世中國學者對《中庸》、《大學》思想屬性的爭議。[6]

借用傳統儒家「體用」這兩個觀念來講，「體用」與「內外」是相對應的。這原本就是一個極複雜的問題。牟宗三（1909-1995）著《心體與性體》一書，「心性」是儒學之「體」，並不是儒學之用；「體」講的是內聖工夫，「用」講的則是本體的發用，發揮極致則有外王的事業。但儒學可不可以就這樣簡單地利用「體」和「用」兩個觀念去區分「心性義理」和「經世思想」兩條途徑呢？事實上又不可以。我曾粗略地區分中國儒家體用學說，為四個系統：

1. 「即體即用」一系：此一系強調體用、內外同時貫徹，在次第名稱上固有先後之分，在工夫實踐上則無先後之別，如北宋張橫渠、程明道、南宋陸象山、明中葉王陽明都屬於這一系。他們重視天人合一的觀念，強調人己內外，一齊俱透，「格致誠正」的

6　宋儒認為《大學》、《中庸》為儒家作品。朱子《四書章句集注》更指兩篇作品詳盡發揮了儒家「內聖」之說，尤以強調「誠」字的《中庸》為最具代表性的儒家經典。但十七世紀中國學者姚際恆在所著《禮記通論》中，則將《大學》、《中庸》所發揮一切心性之學的描述，指為全是釋老思想的內容。姚際恆指出南朝宋代深信佛教的戴顒撰寫了中國歷史上第一篇疏釋《中庸》的專文。篤信佛教的梁武帝亦曾經疏釋〈中庸〉。北宋周敦頤曾從一位禪師處聆聽〈中庸〉的講解。最後姚氏概括地說「好禪學者，必尚〈中庸〉；尚〈中庸〉者，必好禪學」。（《禮記通論》，《姚際恆著作集》第3冊，頁315-316。）姚際恆的講法，無異是對於宋代儒學「陽儒陰釋」的指控，增添了許多新證據；並且將一切涉及心性至善根源的學說，排斥於儒學之外。至於《大學》，宋儒以孟子「性善說」的思想加以詮釋，而近世馮友蘭則認為《大學》是荀學而非孟學一系的作品。

工夫是在家國天下之事上做，而所謂「修齊治平」者亦刻刻不離心意知物。

2. 「明體達用」一系：此一系特別突顯「天理」與「人欲」的對立，以內在稟受自天理的善性，與外在的世界對立起來，既以性體的至善之本源來貫徹至於事功之用，亦以性體的至善之本源，來克治私心的霸業。此一系以程朱為主。

3. 「體用俱在禮樂制度」一系：此一系儒者對於心性之學採取存而不論的態度，而或專研儒家文獻，或專講經世事功，或強調以儒學為中心的歷史文化基礎。漢唐兩朝此一系儒者甚多。

4. 「用中見體」一系：「經世」、「事功」一派的學者中，有一部分完全不承認形而上的心性論和工夫論。更精確地說，他們認為「體」不能脫離「用」而單獨認識。只有實實在在創造「事功」、「經世」的成績，才能證明「體」的存在。這樣講，這一系實際上也沒有任何「體」的討論可言。

就上述四個系統而言，事實上包含了兩種體用觀。第一、二系統以宋明儒為主，其特徵為以體為主、以用為輔；第三、四系統則以漢代和清代儒者為主。以清儒為例，他們不同意宋明主流理學家的見解，而其特徵為重視實用，而不去深入討論或根本不理會「體」的問題。

如果我們將中國大儒朱子和韓國大儒丁茶山作一比較，會發現其中的特殊意義。朱子思想在朱子身後，在東亞地區廣泛地傳播，成為韓國和日本接受儒學思想的重要指標。然而在韓國儒者吸收朱子思想以解釋儒家經典之時，韓儒自始即有自身的問題意識、詮釋策略和思想結論。具體來說，朱子屬於「明體達用」一系，強調以

向內的重視性體之工夫為主，再求向外的經世致用之功。《宋史·道學傳》記載了朱熹的北伐方略：

> 帝王之學，必先格物致知，以極夫事物之變，使義理所存，纖悉畢照，則自然意誠心正，而可應天下之務。……修攘之計不時定者，講和之說誤之也。夫金人於我有不共戴天之讎，則不可和明矣。願斷以義理之公，閉關絕約，任賢使能，立綱紀、厲風俗，數年之後，國富兵強，視吾力之強弱，觀彼釁之淺深，徐起而圖之。[7]

從這個方略來看，朱子的重點仍然是要求帝王「格物致知」、「使意誠心正」。換言之，「修攘之計」要由做道德修養的工夫開始；至於「北伐」一事，要等國內的問題解決之後，再「徐起而圖之」。整個步驟就是：

> 帝王格物致知→任賢使能、立綱紀、厲風俗→國富兵強→徐圖北伐

很明顯地，朱熹也講攘外，要「復君父之讎」，但攘外之前必須先安內，以求國家的方向能永遠定位在「儒學正統」之中。朱子對於君父的「不共戴天之仇」都堅持以道德修養為先，「徐起而圖之」，

7　同前注。另一位理學家張南軒（栻）之觀點與朱子非常相近，亦認為君主應該做格致誠正的工夫，他曾上疏說：「先王所以建事立功無不如志者，以胸中之誠，有以感格天人之心，而與之無間也。今規畫雖勞，事功不立，陛下誠深察之，亦有私意之發，以害吾之誠者乎？」《宋元學案》卷五十「南軒學案」，《黃宗羲全集》第四冊，頁951。

這就可以證明，朱子思想的大前提是明心性之「體」，而不是致經世之「用」了。

丁茶山的思想一向被視為不同於朱子。我的看法是，我們不須要先在心裡存在一種「茶山同意朱子」或「茶山反對朱子」的想法，而應該實事求是地觀察，藉由朱子《中庸章句》的詮釋，也許可以對照出茶山詮解《中庸》思想的特色所在。

朱子對於《中庸》的詮釋，當然離不開他的理氣觀和工夫論，其中又以兩個方面值得我們注意，首先是對《中庸》意義轉折的排序，其次是以此一意義排序為基準，建立《中庸》工夫本末體用一貫的理論架構。關於意義轉折排序的部分，朱子的架構並不複雜，他將《中庸》分為六個部分：

1. 第一章：「子思述所傳之意以立言」；
2. 第二至第十一章：「子思引夫子之言，以終此章（筆者按：即第一章）之義」。
3. 第十二章：子思之言，申明首章道不可離之意。
4. 第十三至二十章：雜引孔子之言以明之（筆者按：明「道不可離」。）
5. 第廿一章：子思承上章夫子天道、人道之意而立言。
6. 第廿一章至卅三章：子思之言，以反覆推明此章（第廿一章）之意。

綜上六點，《中庸》的全部內容包括兩部分，一部分是子思的，另一部分是子思引述孔子的話。但讀者要注意的是第一章之後朱子的解釋。他說：

> 右第一章。子思述所傳之意以立言：首明道之本原出於天而

> 不可易，其實體備於己而不可離，次言存養省察之要，終言
> 聖神功化之極。蓋欲學者於此反求諸身而自得之，以去夫外
> 誘之私，而充其本然之善。

在這段千古流傳的文字中，朱子突出了一切「德性之知」的根源是
來自於天，同時也是完足地具備在「自身」（self）之中。只有「反
求諸身」才能得到。因此儒者應該絕去「外誘之私」而用力在「本
然之善」的擴充上。但這裡有一個涉及朱子對知識的定義以及求知
的方法的重要疑問：所謂「外誘之私」，除了物欲的引誘外，還包
不包括向「自身」以外的外在世界所尋求的知識？從文意考察，這
個問題的答案是肯定的。亦即說，真理不能夠在「自身」以外之處
尋求，學者必須將求知活動的對象，從向「外」轉而向「內」——
即運用「反求諸身」的「反」字，回到心性之上用修養工夫，才能
「自得」真知。倘若學者誤認真知是要通過認識外在事物之理而獲
得，那將不能擴充心性的「本然之善」。這樣看，「外誘之私」就
必然包括外向的求知活動了。

雖然上述的分析是完全依照朱子這段注解的文意來進行，但讀
者也許仍會心存疑惑：朱子在《大學章句》「格物補傳」中明明說：

> 蓋人心之靈，莫不有知，而天下之物，莫不有理。惟於理有
> 未窮，故其知有不盡也。是以大學始教，必使學者即凡天下
> 之物，莫不因其已知之理而益窮之，以求至乎其極。至於用
> 力之久，而一旦豁然貫通，則眾物之表裡精粗無不到，而吾
> 心之全體大用無不明矣。

這段話中所顯示的朱子的教學宗旨是「即凡天下之物」而窮其理的
途徑。而前述《中庸章句》的詮釋，則幾乎完全是陽明的「心即理」。
這樣一對照之下，我們似乎看到具有兩個不同形象的「朱子」：一
個強調外在的「物理」是激發自身「靈明」豁然貫通的必需品；另
一個則強調「本然之善」的充實有賴於將「外誘之私」（包括客觀
的知識）的捨棄。在這兩個截然不同的朱子形象對峙下，我們又似
乎一下子陷入四百多年前學術界掀起的「朱子晚年定論」的爭辯之
中了。自王陽明提出「朱子晚年定論」之說後，的確有不少學者認
同陽明的觀點，認為朱子早年是求理於事事物物，晚年才幡然而
悔，專意於心體的發明。事實上，即使是專以攻擊朱子為能事的清
儒毛西河，在所撰〈折客辨學文〉中也承認，陽明「心即理」的教
義，其實早已在朱子《中庸》注解中得到發揮，只不過朱子沒有將
之付諸實踐而已。[8]

　　雖然朱子在《中庸》第一章《章句》中開宗明義地指出，子思
所傳的原意是「去夫外誘之私，而充其本然之善」，但如果我們通
讀《中庸》全文，除了「誠」、「獨」、「中」、「性」等涉及心
體與性體的重要觀念的闡釋外，還有更多的內容是論及國家禮樂制
度的社群之事和社群之理，與心性的問題似乎沒有直接的關聯。譬
如朱子《章句》的第十八章講述文王之事，以及周公「追王大王、
王季、上祀先公以天子之禮」。並自「斯禮也」以下一段，暢論父
為大夫、子為士的前提下如何進行喪葬之禮的問題。又如第十九章
論「宗廟之禮」論及序爵序齒序事的問題，第二十章記孔子論哀公

8　錢基博替錢穆先生《國學概論》撰〈序〉時，已提出此一論點。

問政而論及「凡為天下國家有九經」，第三十一章論尊親配天的原理，第三十三章發揮《詩經》諸義，印證君子之道與天道的一致（所謂「君子篤恭而天下平」、「上天之載，無聲無臭」）等等。以上的內容，都是儒家禮教主義所必然涵括的群體倫理綱目的分析，而都已經超出了前述討論「誠」、「中」、「性」之類心性觀念的範圍。當然，在朱子的詮釋中，這些屬於經世層次的群體倫理的核心準則，仍然無法脫離人心的「本然之善」。因此我們很容易注意到朱子在《中庸章句》中確實將一切對於真理的解釋，都集中在心性理論的發揮之上。關於「性即理」、「性為未發之中」的屬於朱子一貫的主張，文繁不列；但關於「心」的部分，可以以下五條《章句》內容為例，以見一斑：

> 1.道者，日用事物當行之理，皆性之德而具於心，無物不有，無時不然，所以不可須臾離也。

> 2.吾之心正，則天地之心亦正矣。吾之氣順，則天地之氣亦順矣。

> 3.「不明乎善」，謂未能察於人心天命之本然，而真知至善之所在也。

> 4.誠之至極，而無一毫私偽留於心目之間者，乃能有以察其幾焉。

> 5.「微之顯」者，有諸內者形諸外也。

這五段文獻都突出了「心」的主體性，亦即說一切義理和禮樂的本

源，都在於「心」。尤其第二條釋「致中和」，朱子直認「心」為「天地」的氣機。天地之心是否正、天地之氣是否順，竟然都取決於吾人是否心正氣順，這就難怪毛西河、錢基博會認為朱子《中庸》注解早就發揮了「心即理」的學說了。

儒學的「仁義」之說，究竟是像孟子所說的，是從內在的心性擴充出去而成為繁複的人類社群的絕對性道德準則，抑或是像荀子所說的，是隨著歷史發展、禮樂制度漸次形成而由聖王建立的客觀倫理律則？這個問題，正是孟、荀千古矛盾之所在，是儒學一個很重要的爭論點。

三、茶山詮釋《中庸》的六項特色

丁茶山有兩部解釋《中庸》的著作：《中庸講義》（以下簡稱《講義》）和《中庸自箴》（以下簡稱《自箴》）。今本《與猶堂全書》第二集第四卷收錄《中庸講義補》一卷，其卷首有一段具有深意的撰著背景，茶山說：

> 乾隆癸卯春，余以經義升太學。厥明年甲辰夏（原注：余年二十三）內降《中庸疑問》七十條，令太學生條對。時亡友曠菴李檗在水橋讀書（原注：時年三十一），就問其所以對。曠菴樂之為談討，相與草創，歸而視之，間有理活而詞懦者，以意刪潤，遂徹睿覽。後數日，都承旨金尚集謂承旨洪仁浩曰：「丁鏞為誰？其文學何如？今日筵論曰：『泮儒條對，率皆荒蕪；獨鏞所對特異，其必有識之士也。』」蓋以東儒

> 理發氣發之論，余所對有契於聖心，非有他也。越三年丙午
> （1786）夏，曠菴沒。越八年癸丑秋，余在明禮坊脫稿，已
> 覺所對不能無傅會牽強，違倍本旨。嘉慶辛酉冬，余謫康津。
> 越十有四年甲戌臺啟始停，而赦書中滯。時余在茶山，著《中
> 庸自箴》二卷，始取甲辰舊稿，再加刪潤。其或有違於本旨
> 者，追改之；其或聖問之所不及而義有當辨者，按節增補，
> 共六卷。今雲遊已邈，玉音永閟。既質問無處，而上計曠菴
> 討論之歲，亦已三十年矣。使曠菴而尚存，其進德博學，豈
> 余比哉？合觀新舊，其必犁然；一存一亡，何嗟及矣！不禁
> 撫卷而流涕也。時甲戌七月之晦書于茶山。[9]

筆者按：乾隆癸卯為乾隆四十八年（1783），乾隆甲辰為乾隆四十
九年（1784），乾隆癸丑為乾隆五十八年（1793），嘉慶辛酉為嘉
慶六年（1801），嘉慶甲戌為嘉慶十九年（1814）。從這段文字中，
我們可知茶山於正祖八年（1784）亦即二十三歲那年開始對《中庸》
明確地作出解釋，而針對的是正祖降《中庸疑問》七十條所作出的
解答。至八年後（1793）開始察覺到其中的瑕疵。再至純祖十四年
（1814）在茶山（時年五十三歲）著《中庸自箴》，同時再取1784
年的舊稿再加刪潤而成。但今本《與猶堂全書》第二集第三卷收錄
《自箴》一卷，同集第四卷為《中庸講義補》一卷，則顯然《講義》
已有部分散佚。但即使僅據現存的《講義補》和《自箴》各一卷，
亦足夠讓我們很清楚的看出茶山詮釋《中庸》的創見所在。

9　丁若鏞：《中庸講義》，《與猶堂全書》第四冊，頁237-238。

首先，茶山對《中庸》本書、《中庸》歷代注解與傳承的情況，以及朱子的《中庸章句》，都非常熟悉。從表面上看，他所撰《中庸自箴》和《中庸講義》兩書，似有若干詮解和朱子的詮釋若合符節；[10]但深入考察其內容，也有更多的觀點和朱子不同。

（一）區分人與物而論陰陽

朱子的理氣觀，主要是「理氣不離不雜」。他以陰陽為形而下之「器」，以一陰一陽之所以然為形而上之「道」。後者屬超越性的「理」的層次，而前者屬於經驗性的「氣」的層次。這裡講的是「理氣」的「不雜」。故《中庸章句》有「天以陰陽五行化生萬物，氣以成形，而理亦賦焉」的講法。朱子的主旨，在於以大自然的「理」聯繫人類稟自天命的「性」，善性源於天理，這是在理論層面上講出既超越於氣化世界之上、又內在於人性之中的「理」觀念。他又以大自然的「五行」和人性的「五行」對照，德性的五行（仁義禮智信）稟賦於自然的五行（金木水火土）之中，這是在經驗層面上解釋「氣（自然五行）以成形，而理（德性五行）亦賦焉」。這裡講的是「理氣」的「不離」。

茶山既反對以「氣化」釋「陰陽」，亦反對陰陽氣化萬物成形而亦有「理」稟賦其中。他認為「陰」、「陽」之名起於日照：

> 陰陽之名，起於日光之照掩。日所隱曰陰，日所映曰陽。本

10　如論《周禮》「懷方氏」條，《中庸講義》，頁320。

無體質，只有明闇，原不可以為萬物之父母。[11]

茶山認為日光照耀之處為陽，日光掩黯之處為陰。大地萬物依照北極至於南極方位的轉移，各處所得陰陽，多少、強弱俱不相同，但總括觀察，則陰陽循環，又各得其當。這是從地面上的層次講的陰陽。此外又有宇宙的陰陽。茶山說：

> 先儒言天，原有二種。其一以自地以上謂之天，其一以蒼蒼大圓謂之天。若論蒼蒼之天，其質雖皆清明，亦具陰陽二氣。故日曰太陽，月曰太陰。太陽者純火也，太陰者純水也。五星列曜，其性各殊，或冷或煖，或燥或濕，……由是觀之，上天下天，水火土石，日月星辰，猶在萬物之列，況可以銅鐵草木進之為萬物之母乎。[12]

此段文字中，茶山意旨主要有二，其一是以太陽與月球解釋陰陽，其二反駁五行化生萬物之說。這兩點都是針對朱子的意思而提出。對茶山而言，陰陽在天上指的是太陽和月球，而日月之光映照在地球，則只是自然現象，而不能被解釋為化生萬物的氣化本源。

（二）以靈明論天理

茶山和朱子有一極大不同處，是在於天理的觀念。首先，他認為「人」與「物」不能等量齊觀，其他的生物不過各得生生之理以全性命，但人類卻擁有「靈明」。他說：

11　丁若鏞：《中庸講義》，頁 238。
12　同前註，頁 239。

> 草木禽獸，天於化生之初，賦以生生之理，以種傳種，各全
> 性命而已。人則不然。天下萬民，各於胚胎之初，賦此靈明，
> 超越萬類，享用萬物。今乃云健順五常之德，人物同得。孰
> 主孰奴，都無等級，豈上天生物之理，本自如此乎？[13]

朱子認為五常之德，在天理流行賦形於人類時，亦一併蘊涵於萬
物，成為萬物生命之理。（當然，萬物所得之理亦有精粗之別。）
茶山卻明顯是反對朱子的講法。他說：

> 仁義禮智之名，本起於吾人行事，並非在心之玄理。人之受
> 天，只此靈明，可仁可義，可禮可智，則有之矣。若云上天
> 以仁義禮智四端賦之於人性之中，則非其實矣。人猶然矣，
> 況云五常之德，物亦同得乎？[14]

茶山認為「靈明」可仁可義、可禮可智，完全取決於後天實踐的主
動性，是從行事中創造出來的道德價值。這樣說，人是否能超凡入
聖，就取決於其主觀的意願，徵實於其具體行事，而不是指有某一
種「玄理」先驗地存在於人心之中。「仁義禮智之名，本起於吾人
行事」兩句話的意思，和章實齋所謂「仁義忠孝之名、刑政禮樂之
制，皆其不得已而後起者也」[15]之意是一樣的，都是指儒家種種道
德價值，是從人類的生活經驗和文化累積中產生出來，亦非先驗於

13　同前注，頁240。

14　同前注，頁240。

15　章學誠：〈原道上〉，《章氏遺書》卷二，頁21。

人心之中。因此對於朱子將「率性之謂道」的「率」字解釋為「循」，茶山表示了意見：

> 朱子雖訓「率」為「循」，然朱子論性，本兼人、物之性而言之，故朱子曰「循萬物自然之性之謂道」。此「率」字不是用力字。又曰：或以率性為順性命之理，則卻是道因人而有。由是觀之，所謂率性，不過任其自然。恐與古聖人克己復禮之學，不相符合。[16]

「循」這個字不應該被解釋為「任其自然」的「順性命之理」的「任」、「順」之意，否則就會和孔子「克己復禮」的「克」的意義不相符合。仔細推敲茶山的意思，實讓人懷疑他暗含跳脫「性善論」的跡象。當然，若說茶山反對性善，亦不合符事實，但可以確定者，茶山反對「善」的根源先驗地存在於人心之中。他認為人類不是只須率循天性，即可達於至善，而是必須用克己復禮的工夫，才能超凡入聖。

（三）以嗜好／欲論「性」

理學家一般以「理」、「欲」對舉，主張「寡欲」；同時理學家普遍接受「性善」根源內心的內在超越之論。茶山則以嗜欲論性，而提出上帝、鬼神鑑臨之說為戒慎恐懼的主宰。《自箴》說：

> 據「性」字本義而言之，則性者，心之所嗜好也。《召誥》

---

16 丁若鏞：《中庸講義》，頁242。

云：「節性唯日其邁。」（原注：古傳、今傳皆以為食色之欲。）孟子曰：「動心忍性。」《王制》云：「修六禮以節民性。」皆以嗜好為性也。天命之性，亦可以嗜好言。蓋人之胚胎既成，天則賦之以靈明無形之體。而其為物也，樂善而惡惡，好德而恥污，斯之謂性也。[17]

這裡茶山解釋「性善」，強調「心之所嗜好」。茶山用《孟子》作證明，說：

人方以靈明之全體為性，其必以嗜好為性者，何也？人有恆言曰：「我性嗜膾炙。」曰：「我性惡饐敗。」曰：「我性好絲竹。」曰：「我性好蛙聲。」人固以嗜好為性也。故孟子論性善之理，輒以嗜好明之。[18]

如上文論及茶山釋「率」為「循」一節所指出，他強調「克己」、「用力」，並不主張放縱性情，即可以符合天理。原來他所謂「嗜欲」，是指「道心」的「常欲為」。他說：

道心常欲為善，又能擇善，一聽道心之所欲為（原注：循其欲），茲之謂率性。[19]

這樣看，讀者也許以為茶山既反對「任其自然」的解釋，又強調「循其欲」的譬喻，不免有自相矛盾之嫌。但實則不然。茶山說：

17　《中庸自箴》，《與猶堂全書》第四冊，頁 178。
18　同前注，頁 179。
19　同前注，頁 180。

> 道者，自此至彼之路也。率道心而前進，夭壽不貳，止於所
> 止者，謂之道也。斯道也，生而起程，死而後到，任重致遠，
> 非斯之謂歟？今人以經綸御世，謂之行道。試問自己所適，
> 茫然不省，茲之謂不知，茲之謂失路者也。今天下之人，咸
> 遵率性之道，方可謂之行道。[20]

從意念到行事的全體釋「道」，則「率性之謂道」，究竟是放任道
心自然而然即是「道」，抑或是「用力」地「克己復禮」才是「道」
呢？這裡就涉及了「道」作為真理法則，究竟是內在於吾心性之中，
抑或是外在於吾心性以外的問題。如果是前一種解釋，則茶山就是
主張內在超越（即認為具超越性的價值根源，存在於心性之中）；
倘係後一種解釋，則茶山就是反對內在超越，認為價值根源為客觀
存在於經驗界之中。這裡又要討論到戒慎、恐懼的問題。《自箴》
說：

> 民之生也，不能無慾。循其慾而充之，放辟邪侈，無不為已。
> 然民不敢顯然犯之者，以戒慎也，以恐懼也。孰戒慎也？上
> 有官執法也。孰恐懼也？上有君能誅殛之也。……君子處暗
> 室之中，戰戰栗栗，不敢為惡，知其有上帝臨女也。今以命
> 性道教，悉歸之於一理，則理本無知，亦無威能，何所戒而
> 慎之？何所恐而懼之乎？[21]

20　同前注，頁181。
21　同前注，頁182-183。

茶山所信奉的「上帝」，在這裡出現了。正如在成泰鏞所說的，「上帝」是茶山反對（其實是「轉化」及「消融」了）朱子「理氣論」、取代朱子「天理」說的一個重要概念。[22]「上帝」的觀念，茶山早已在詮解《尚書》一類原始儒典時，大加發揮，將儒家的觀念與西方基督教的「上帝」觀念作格義式的融合。例如他論「未發之中」：

> 未發者，喜怒哀樂之未發，非心知思慮之未發。當此之時，小心翼翼，昭事上帝，常若神明照臨屋漏，戒慎恐懼，惟恐有過。矯激之行、偏倚之情，惟恐有犯，惟恐有萌。持其心至平，處其心至正，以待外物之至，斯豈非天下之至中乎？[23]

又說：

> 小心翼翼，昭事上帝，文王以之。未聞以寂然不動為吾心之本體也。[24]

茶山強調「未發」不是指「心知思慮之未發」而是「喜怒哀樂之未發」，這個「未發之中」就如上帝一樣可以監視儆戒人的行為。他論「不思」、「不睹」、「不聞」又說：

> 不睹不聞，非謂他人之所不覺也，天地鬼神，昭布森列，而鬼神為物，無形無聲，故下章曰：「視之而不見，聽之而不

---

22 Sung Tae-yong, "The Heavenly God without Revelation in Tasan's Philosophy".

23 丁若鏞：《中庸自箴》，頁 186。

24 丁若鏞：《中庸講義》，頁 247。

聞。」正與此章上下照應。「不睹不聞」者，鬼神之鑒臨也。
豈事物之謂乎？古人曰：「暗室欺心，神目如電。」真可以
解此經矣。天之鑒臨，無間動靜，則不必靜坐，而後乃可小
心；況「隱」之為言，不是暗處；「微」之為言，不是細事。
此章曰「莫顯乎微」，鬼神章曰「夫微之顯」，衣錦章曰「知
微之顯」，費隱章曰「費而隱」，皆以不睹不聞者為隱微。
誠以鬼神之體，人所不睹，鬼神之聲，人所不聞。至隱至微，
未有甚於此者；而降監之威，如在其上，知在其左右。此所
謂莫見乎隱，莫顯乎微也。[25]

茶山這裡所說的「鬼神之鑒臨」，又說「天之鑒臨」，上文又說「上
帝臨女」（筆者按：「女」即「汝」）。可見「上帝」、「天」、
「鬼神」意義相同。則茶山的天理觀念，和他的宗教信仰，實頗為
一致。

（四）以本末先後論「格物致知」

　　朱子釋「格物致知」為「即物窮理」，見於《大學章句》「格
物補傳」。朱子其實並未認為「理」是全體在外，因為「天下之物」
「莫不有」之「理」和「人心之靈」「莫不有」之「知」，其實是
一個整體。朱子所謂「莫不因其已知之理」正說明了人類在初生之
時心靈是處於「全知」的狀態，也就是在生命之初，天理是整全地
稟賦於人的心性之中。只不過後天為人欲所蔽，而需要即物窮理，

回返本然之善。正因如此，經過「用力之久」而一旦「豁然貫通」後的狀態，是內外同時提升的。換言之，「眾物之表裡精粗無不到」和「吾心之全體大用無不明」二者是彼此互為因果的。當然，以朱子心性論的複雜，以上分析並不能窺其全體，像朱子關於「主敬」、「涵養」一段本文未能一起分析的學說，「格物補傳」並未提及，卻需要同時考慮。誠敬操存的心性工夫，在朱子思想中是佔有相當重要的位階的。

　　將茶山對於格物致知，顯然持與朱子心性論不同的解釋。《講義補》說：

> 朱子曰：誠身在乎明善。蓋不能格物致知，以真知至善之所在，則必不能如好好色，如惡惡臭。今案：格物者，格「物有本末」之物；致知者，致「知所先後」之知也。格致與明善不同。明善者，知隱之見，知微之顯，知天之不可欺也。知天而後可以擇善，不知天者不可以擇善。[26]

茶山所說的「明善」，是要「知天」；但這裡所講的「知天」，「天不可欺」、「天可擇善」云云，宗教的意味十分濃厚。至於茶山的「物有本末之本，知所先後之知」又是什麼呢？讓我們參考茶山在《大學公議》的解釋。他說：

> 《中庸》曰：「誠者，物之終始。」始者，成己也；終者，成物也。成己者，修身也；成物者，化民也。然則修身原以

26　丁若鏞：《中庸講義》，頁323。

誠意為首功。從此入頭，從此下手。誠意之前，又安有二層
工夫乎？[27]

茶山沒有向心性內部去思考「格物致知」，更沒有自未發、已發的
問題上分析，而是以「誠意」作為根本。「誠意」之前，並沒有二
層工夫，因為《中庸》所謂「誠」，講的是成己成物，修身化民，
也就是經世致用。這就和朱子《大學章句》「格物補傳」論「致知
格物」有顯著的不同。事實上茶山論「學」、論工夫、論天理，都
不認同朱子觀念中認為「理」是人人相同、「得於天而具於心」的
解釋。例如他說：

> 「中」也者，不偏不倚之名。此須用力執中者，乃得推致，
> 豈烝民之所同有乎？《禮》曰：「升中致天。」（原注：見
> 〈禮器〉）「中」也者，誠也，慎獨而後為至誠，至誠而後
> 能致中。豈眾人之所有乎？[28]

又說：

> 眾人亦有未發、已發，但未發之中、已發而和，非眾人之所
> 得有也。《經》曰「致中和」，「致」者，用力推致之也。
> 「中和」既是用力推致之物，則豈眾人之所得有乎？[29]

27　丁若鏞：《大學公議》，頁 32。
28　丁若鏞：《中庸講義》，頁 247。
29　同前注，頁 248。

顯然地，他常常強調聖經中所描述的工夫，是專指士大夫以上，能自修自治、具有治國平天下職責的知識分子，而非泛指所有平民百姓。換言之，階級的貴賤和知識的多寡，對於「中和」境界的獲得與否，也有直接的影響。

（五）以「行事」論「已發」

朱子論「未發」、「已發」，是以「性」為未發，「情」為已發。以理氣論而言則「性」屬「理」而「情」屬「氣」。故「未發之中」，即情感未動而性體純然至善；情感既動而無不合符天理，則是「已發之和」。因此牟宗三形容朱子的性理觀念為「存有而不活動」。唯其為至善而植根於人性，故「存有」；唯其為靜態而未發，故「不活動」。故朱子論中和，截然為二，至為清楚：未發之時，是純然至善之性體；已發以後，倘循理主敬則無不中節。無論已發未發，都是就意念發動而言，並未涉及具體行為。但茶山釋「已發」、「未發」，則每每不區分二者的差別，而只以「至誠」、「慎獨」加以解釋。他說：

> 慎獨之為至誠，至誠之為慎獨，既然無疑，則未發之中、已發之和，惟慎獨者當之。不能慎獨者，方其未發之時，心術先已邪辟；及其既發之後，行事又復偏陂。安得以「中」、「和」二字許之於此人乎！[30]

他又從「已發」、「未發」論「中」：

30　丁若鏞：《中庸自箴》，頁186。

> 未發者，喜怒哀樂之未發，非心知思慮之未發。當此之時，
> 小心翼翼，昭事上帝，常若神明照臨屋漏，戒慎恐懼，惟恐
> 有過。矯激之行、偏倚之情，惟恐有犯，惟恐有萌，持其心
> 至平，處其心至正，以待外物之至，斯豈非天下之至中乎？[31]

「中」的境界，顯然是有待於高懸一「上帝」的觀念。我們「戒慎」
的是「上帝」，「恐懼」的也是「上帝」。心中存在著對上帝的戒
慎恐懼，而保持心情的平靜，物來順應，這才是「中」。茶山又從
「已發」、「未發」論「和」：

> 當此之時，見可喜則喜，見可怒則怒。當哀而哀，當樂而樂，
> 由其有慎獨之潛功，故遇事而發，無不中節。斯豈非天下之
> 至和乎？[32]

無論是「中」抑或是「和」，都不是意念的問題，「行事」才是重
點，也就是在「得位行道」的實際事業上講「中和」。所以他說：

> 聖人坐於丈室之中，喜怒哀樂，發皆中節，而不得其位，無
> 所獻為，則天地必不得位，萬物必不得育。必也得人主之位，
> 為堯舜；得卿相之位，為皋夔稷契，然後南正重司天，北正
> 黎司地，羲和掌曆象，禹稷治水土，使益掌火作虞，烈山澤
> 而焚之，以若予上下草木鳥獸，然後天地位焉，萬物育
> 焉。……其本分所極，實在於得位行道。故聖人之言如此。

---

31 同前注。

32 同前注。

宋元諸先生多不能得位行道，乃於位育之說，全以心體之感
通為言，而不以行事為究竟。其言浩渺漭蕩，無可以著手著
腳，多如是者。[33]

因此，喜怒哀樂「已發」而又皆「中節」，是指我們在「得位行道」
而開拓經世濟民的事業之時，在實際事情發生之際，能否有正確的
情緒反應。「以行事為究竟」，才能算得上是「已發之和」。光口
頭上講心體之感通是沒有用的。他又說：

致中和之能位育，何也？致中和者，至誠也。至誠者，天道
也。至誠之人，與天合德，則上可治天，下可治地。故南正
重司天，北正黎司地。及堯之時，羲伯司天，和伯司地，以
正曆象，以建圭臬。於是百度具舉，庶績咸熙，山林川澤，
各有官守。草木鳥獸，時養時殺。此所謂能盡人性，能盡物
性也。原其所本，豈非慎獨之誠，有以致此也乎？[34]

其實在《講義》和《自箴》兩部著作中，茶山凡論「未發之中」和
「已發之和」，都絕不觸及靜態的「理」的問題，也沒有像朱子那
樣細膩地區分意念之未發和已發，因為茶山認為「已發、未發」講
的是「喜怒哀樂」而不是意念。總之「中和」作為一種心性的狀態，
茶山並不嚴格區分，而只認為是實際行事以前的一種心理準備而
已。他說：

---

33 丁若鏞：《中庸講義》，頁253。
34 丁若鏞：《中庸自箴》，頁187。

> 「天命之性」雖聖愚同得，而「中」、「和」二字，乃成德
> 之美名。必用力推致，而後乃為吾有。豈可於不用力之前，
> 先有中和之德，釘著人心者乎？[35]

茶山又強調儒家的成德之名是成於「行事」之後，其踐履事功的思
想，顯豁無遺。他說：

> 御問曰：「知、仁、勇三達德，朱子以為天下古今所同得之
> 理。則知、仁固是同得之理；而至於勇，五性之中，屬於何
> 者，而亦得為同得之理歟？」臣對曰：「仁義禮智之名，成
> 於行事之後。此是人德，不是人性。若其可仁可義、可禮可
> 智之理，具於人性。故孟子以惻隱等四心為四德之端。然四
> 心摠發於一箇靈明之體。靈明之體，汎應萬物，計其所發，
> 豈必四而已哉？孟子特舉其四者而已。或信或勇，亦皆成名
> 於行事之後，而原其所發，亦發於此心而已。必以此三配於
> 彼五，終恐齟齬而不合矣。[36]」

其實茶山最所強調的是「靈明之體」，這個「體」是人性之中可仁
可義、可禮可智之理。至於「仁義禮智」是發生在「行事」完成之
後，亦即依照所「行」的結果而論其「德」。他不取「五行」（金
木水火土）、五常（仁義禮智信）的理論，認為毋須勉強以這些具
有神祕色彩的數字去作無謂的附會。

35　同前注，頁189。
36　丁若鏞：《中庸講義》，頁311。

（六）以九德、有常釋「中庸」

朱熹對於「庸」字的解釋，以程子「天下之定理」為依據；而「定理」即「道心」。朱子引《古文尚書》「人心惟危，道心惟微」，認為「人心」即「人欲」，而「道心」即「天理」。「天理」稟賦於人而為至善之「性」，故「道心」亦即「性善」之義。[37]因此《中庸》「庸」字的意義，即在強調貞定於「道心」亦即「善性」之中。朱子說：

> 人莫不有是形，故雖上智不能無人心；亦莫不有是性，故雖下愚不能無道心。二者雜於方寸之間，而不知所以治之，則危者愈危，微者愈微，而天理之公，卒無以勝夫人欲之私矣。精，則察夫二者之間而不雜也；一，則守其本心之正而不離也。[38]

這段文字說明了朱子以「理欲」、「天人」相對立，而以「本心之正」釋「中」，以「不離」釋「庸」。因此「中庸」之義，即不離本心之正的意思；而所謂「正」，即「天理」也。

朱子「不離本心之正」的定義，明顯是一種以「心性」為對象的向「內」的解釋。因為「正」作為一種準則，是蘊藏在內心的。相對上，茶山釋「中庸」二字則是一種向「外」的思考。他首先反

37　故朱子說：「道者，天理之當然，『中』而已矣。」

38　朱熹：〈中庸章句序〉，《四書章句集注》，頁19。

對朱子「平常之理」³⁹的講法，說：

> 惟「庸」字之義，未有明解。若云「平常之理」，則聖人以
> 平常之理，名曰至德，亦恐未然。……竊嘗思之，仲尼之學
> 源於堯舜，故大學之明德、新民，其在〈堯典〉，曰「克明
> 峻德，以親九族，以平百姓，以協萬邦。」其在〈皋陶謨〉
> 曰：「慎厥身修，敦敘九族，庶明勵翼，邇可遠、在茲。」
> 皆是修身齊家治國平天下之說。前聖後聖之言，若合符節，
> 奚獨「中庸」二字為仲尼所刱建，而堯舜之世，無此說乎？⁴⁰

這段話，從文獻上說，是用《尚書》的內容來證明《中庸》；從意
義上說，則是用「事功」來解釋「義理」（即用修齊治平之說，來
解釋「庸」字）。茶山認為「庸」字義理的涵義，即在外在的事功
之中。茶山尤其重視《尚書》〈堯典〉和〈皋陶謨〉的內容與《中
庸》的一致性。他說：

> 九德者，中也；有常者，庸也。「中庸」二字，其非堯舜以
> 來聖聖相傳之密旨要言乎？其在〈堯典〉曰「夔，命汝典樂，
> 教冑子，直而溫，寬而栗，剛而無虐，簡而無傲」，其為不
> 偏不倚、無過不及之德，又昭昭然。而大司樂「中和祗庸」
> 之教，本出〈堯典〉，又彰彰然矣。古者教人以禮樂，故〈皋
> 陶謨〉曰「自我五禮有庸哉」，〈堯典〉曰「典樂，教冑子」

39　朱子《中庸章句》：「中庸者，不偏不倚、無過不及而平常之理，乃天命
　　所當然，精微之極致也。」

40　丁若鏞：《中庸自箴》，頁189。

以中庸之德。仲尼以中庸立教，源源本本，起於〈堯典〉，知此而後「中庸」二字之義，昭如日星，建諸天地。數千年湮晦不明之學，一朝洞若發矇，何快如之！何樂如之！[41]

茶山接受「不偏不倚」之為「中」的解釋，[42]同時引述〈皋陶謨〉「九德」[43]來證明「不偏不倚」四字。他又將「庸」字解釋為「有常」，而「有常」之義，即是「禮樂」：

「中」之為德，理固然矣。其必以「有常」為貴者，抑何以哉？人之秉德雖至正大中，若其人朝變夕改、月異歲殊，則卒無以為成德之君子。必固執恆守，永久不渝，而後方可以信其為德。[44]

又說：

堯命舜，舜命禹，曰「允執其中」。而皋陶中庸之學，傳于周公，以至孔子。其在〈立政〉，曰：「籲俊尊上帝，迪知忱恂于九德之行。」則皋陶九德之說也。乃其用人之法，一則曰「庶常吉士」，二則曰「其惟克用常人」。歷言成湯文王，皆由此法，則皋陶中庸之學，灼有傳授，聖聖相承，罔

41　同前注，頁 190-191。

42　茶山說：「《箋》曰：中者，不偏不倚、無過不及也。名此於經文，具有確證。」丁若鏞：《中庸自箴》，頁 189。

43　即「寬而栗、柔而立、擾而毅、直而溫、愿而恭、亂而敬、簡而廉、剛而塞、彊而義」。

44　丁若鏞：《中庸自箴》，頁 191-192。

敢墜地，有如是者。欲知中庸之義者，盍於〈皋陶謨〉求之。[45]

研究東亞儒學的學者都知道日本古學派學者特別重視回歸儒家經典，而茶山用《尚書》所載堯、舜、禹、湯、皋陶、周公、孔子一脈的踐履事功之事實，來說明「九德者，中也」的意義，實可以作為最佳的明證。

四、結論

綜上六點：「區分人與物而論陰陽」、「以靈明論天理」、「以嗜好／欲論性」、「以本末先後論格物致知」、「以行事論已發」、「以九德有常釋中庸」，我們可知茶山發揮《中庸》思想的特色所在。他特別強調「靈明」。「靈明」不是靜態存在的「天理」或「善性」，而是動態地在生活和事業上隨時偵察是非對錯、時時刻刻有上帝鑒臨而戒慎恐懼的克己之心。他一方面強調「靈明」的重要性，一方面突顯上帝的存在；但他卻沒有興趣去追隨宋代理學。對於理學家鞭辟入裡、深入內心之種種活動及其源頭的心性之學，諸如意念之未發、已發，茶山基本上置之不論。他將儒學諸如仁義禮智等德目，置於行事上驗證，特別是在聖賢的得位行道的事業踐履上講。

總括而言，由於相信上帝，我們可以肯定茶山的確承認「超越性」的存在。但他應該是受到基督教教義的影響，故屬於「外在超越」一系，時刻用上帝鑒臨、天之鑒臨來自我儆戒，也可以說用「上

45　同前注。

帝」此一客體之主宰來激發聖賢君子的主體之道心，使道心能順其嗜欲天理而向善。他沒有像李退溪、李栗谷等學者向「內」地討論性情已發未發等問題，而是向「外」地強調實事實學、得位行道的重要性。他對朱子解釋「道」為「當行之理」，深不以為然，說：

> 道者，路也；路者，人所由也。故孔子曰：誰能出不由戶，何莫由斯道也。明人所由為道也。自生至死，由此一路而已。若以為本性之德，具於吾心者，則是性亦道也，心亦道也，渾雜無分，靡所指向，況云「無物不有」？則禽獸草木，亦皆有道。《中庸》一書，不唯教人，以教禽獸，以教草木，然後道之全體始皆全備，豈不遠於情乎？[46]

朱子的「當行之理」是心性活動的一種理想狀態，茶山的「道」卻是必須在行事踐履、行為事業上透顯出來的人文價值。茶山將宗教信仰和儒學經世相結合，多方面運用《詩經》、《尚書》、《禮記》等書的內容來解釋〈中庸〉這一篇深受理學家推崇的經典，既有著日本古文辭學派的治學特色，又具有中國近世經世思潮的精神意趣，可以說是一位深具特色的東亞儒者。

46　丁若鏞：《中庸講義》，頁 244。

人物名字號生卒年表

（依姓氏筆劃為序）

一、中國

子路（仲由，542BC-480BC）

孔子（丘、仲尼，551BC-479BC）

孔尚任（東堂，1648-1718）

孔穎達（沖遠，574-648）

方大鎮（君靜、魯岳，1562-1631）

方孔炤（若海、潛夫，1591-1655）

方以智（密之、藥地，1611-1671）

方東樹（植之，1772-1851）

方苞（望溪、靈皋，1668-1749）

方學漸（達卿、本庵，1540-1615）

毛奇齡（甡、西河、大可，1623-1716）

王夫之（船山、薑齋，1619-1692）

王引之（伯申，1766-1834）

王守仁（伯安、陽明，1472-1528）

王安石（介甫，1021-1086）

王芑孫（念豐、惕甫，1755-1817）

王念孫（懷祖、石臞，1744-1832）

王國維（靜庵、觀堂，1877-1927）

王弼（輔嗣，226-249）

王棻（子莊、耘軒，1828-1899）

王源（崑繩，1648-1710）

王鳴盛（鳳喈、禮堂、西莊，1722-1798）

王餘佑（介祺，1615-1684）

王曇（仲瞿，1759-1816）

王應麟（伯厚、深寧，1223-1296）

包世臣（慎伯，1775-1855）

司馬遷（子長，145BC-86BC）

任大椿（幼植、子田，1738-1789）

全祖望（紹衣、謝山，1705-1755）

朱一新（蓉生、鼎甫，1846-1894）

朱右曾（亮甫，1800-？）

朱之瑜（舜水，1600-1682）

朱耷（八大山人，約1626-1705）

朱家驊（騮先，1893-1963）

朱熹（元晦、晦翁、紫陽，1130-1200）

江永（慎修，1681-1762）

江聲（叔雲、艮庭，1721-1799）

江藩（子屏、鄭堂，1761-1831）

牟宗三（1909-1995）

何佑森（1930-2008）

何晏（平叔，約193-249）

余紹宋（越園、寒柯，1883-1949）

吳宗慈（藹林，1879-1951）

吳偉業（駿公、梅村，1609-1671）

吳與弼（康齋，1391-1469）

呂祖謙（東萊，1137-1181）

李元度（次青，1821-1887）

李元鼎（子彝，？-1653）

李兆洛（申耆，1769-1841）

李自成（鴻基，1606-1645）

李侗（延平，1093-1163）

李泰棻（革痴，1896-1972）

李紱（穆堂，1673-1750）

李塨（剛主、恕谷，1659-1733）

李夢陽（獻吉，1472-1530）

李顒（二曲，1627-1705）

杜甫（子美，712-770）

沈彤（冠雲，1688-1752）

沈葆楨（翰宇，1820-1879）

沈剛伯（1896-1977）

阮元（芸臺、文達，1764-1849）

周敦頤（茂叔、濂溪，1017-1073）

孟子（軻、子輿，約372BC-289BC）

東方朔（154BC-93BC）

林則徐（元撫、俟村，1785-1850）

枚乘（叔，？-140BC）

邵廷采（念魯，1648-1711）

侯方域（朝宗，1618-1654）

侯外廬（1903-1987）

侯景（萬景，?-552）

俞樾（曲園、蔭甫，1821-1907）

姜希轍（定庵，？-1698）

姚際恆（立方，1647-？）

姚鼐（惜抱，1732-1815）

姚學塽（鏡塘，1766-1826）

施閏章（愚山、尚白，1619-1683）

段玉裁（茂堂、若膺，1735-1815）

洪承疇（彥演，1593-1665）

紀昀（曉嵐，1724-1805）

胡居仁（敬齋，1434-1484）

胡渭（朏明、渭生，1633-1714）

胡適（適之，1891-1962）

范仲淹（希文，989-1052）

种師道（彝叔，1060-1126）

唐君毅（1909-1978）

唐甄（大陶、鑄萬，1630-1704）

孫承澤（耳伯，1594-1676）

孫登（209-241）

孫詒讓（德函、仲容，1848-1908）

徐元文（公肅，立齋 1634-1691）

徐孚遠（復齋，1599-1665）

徐復觀（1904-1982）

耿定理（天臺，1534-1577）

馬一浮（1883-1967）

馬士英（瑤草，1591-1646）

馬國翰（詞溪、竹吾，1794-1857）

高攀龍（景逸，1562-1626）

崔駰（亭伯，？-92）

康有為（長素、南海，1858-1927）

庾信（子山，513-581）

張君勱（名嘉森，1887-1969）

張廷玉（衡臣，1672-1755）

張其昀（曉峰，1901-1985）

張協（景陽，？-307）

張栻（南軒，1133-1180）

張載（橫渠，1020-1078）

張爾岐（稷若、蒿庵，1612-1677）

張衡（平子，78-139）

曹雪芹（霑、夢阮，1724-1763）

曹植（子建，192-232）

梁啟超（卓如、任公，1873-1929）

梁章鉅（閎中、退庵，1775-1849）

畢沅（秋帆，1730-1797）

莊子（周，369BC-286BC）

莊存與（方耕，1719-1788）

莊長恭（丕可，1894-1962）

許宗彥（積卿，1768-1819）

郭紹虞（1893-1984）

陳子龍（臥子，大樽，1608-1647）

陳大齊（百年，1886-1983）

陳文述（退庵，約1771-1843）

陳名夏（百史，？-1654）

陳東（少陽，1086-1127）

陳亮（同甫、龍川，1143-1194）

陳寅恪（1890-1969）

陳儀（公洽，1883-1950）

陳澧（蘭甫，1810-1882）

陳獻章（白沙，1428-1500）

陸九淵（象山，1139-1193）

陸以湉（薪安，1802-1865）

陸志鴻（筱海，1897-1973）

陶潛（元亮、淵明，365-427）

章太炎（炳麟，1869-1936）

章學誠（實齋，1738-1801）

淩廷堪（次仲、仲子，1757-1809）

傅山（青主，1607-1684）

傅振倫（維本，1906-1999）

傅斯年（孟真，1896-1950）

傅毅（武仲，？-90）

嵇康（叔夜，223-263）

嵇曾筠（松友，1670-1738）

彭紹升（允初，1740-1796）

惠士奇（半農，1671-1741）

惠周惕（元龍，約1646-1695）

惠棟（定宇，1697-1758）

曾國藩（滌生，1811-1872）

曾靜（夏觀，1679-1735）

湯用彤（1893-1964）

湯鵬（海秋，1801-1844）

焦循（里堂，1763-1820）

程頤（伊川，1033-1107）

程顥（明道，1032-1085）

賀長齡（耦耕，1785-1848）

賀麟（自昭，1902-1992）

馮友蘭（芝生，1895-1900）

馮銓（伯衡，1595-1672）

黃宗炎（晦木，1616-1686）

黃宗羲（梨洲、太沖，1610-1695）

黃爵滋（德成，樹齋，1793-1853）

惲敬（子居、簡堂，1757-1817）

楊聯陞（蓮生，1914-1990）

萬國鼎（1897-1963）

萬斯大（充宗，1633-1683）

萬斯同（季野，1638-1702）

葉適（水心，1150-1223）

董仲舒（179BC-104BC）

賈似道（師憲，1213-1275）

賈漢復（靜庵，1606-1677）

漢景帝（劉啟，188BC-141BC）

熊十力（1885-1968）

臺靜農（伯簡，1902-1990）

裴松之（世期，372-451）

裴頠（逸民，267-300）

趙一清（東潛、誠夫，1711-1764）

劉向（子政，77BC-6BC）

劉宗周（蕺山，1578-1645）

劉知幾（子玄，661-721）

劉禹錫（夢得，772-842）

劉師培（申叔，1884-1919）

劉逢祿（申受，1776-1829）

劉歆（子駿，約 50BC-AD23）

歐陽修（永叔，1007-1072）

蔣夢麟（孟鄰，1886-1964）

衛周祚（文錫，1612-1675）

諸葛亮（孔明，181-234）

鄭玄（康成，127-200）

鄭成功（明儼、大木，1624-1662）

鄭樵（漁仲，1104-1162）

鄧元錫（潛谷，1528-1593）

黎錦熙（1889-1978）

穆彰阿（1782-1856）

蕭統（501-531）

錢大昕（曉徵、竹汀、辛楣，1728-1804）

錢仲聯（蕚孫、夢苕，1908-2003）

錢思亮（惠疇，1908-1983）

錢澄之（秉鐙、飲光，1612-1693）

錢穆（賓四，1895-1990）

錢謙益（受之、牧齋，1582-1664）

閻若璩（百詩，1636-1704）

閻振興（光夏，1912-2005）

戴名世（南山，1653-1713）

戴震（東原，1723-1777）

薛瑄（敬軒，1389-1464）

謝啟昆（蘊山，1737-1802）

鍾會（士季，225-264）

韓愈（退之，768-824）

歸有光（熙甫、震川，1507-1571）

顏元（習齋，1635-1704）

魏忠賢（1568-1627）

魏源（默深，1794-1856）

魏禧（叔子、裕齋，1624-1680）

羅宗洛（1898-1978）

羅欽順（整菴，1465-1547）

譚其驤（季龍，1911-1992）

譚泰（1594-1651）

嚴復（幾道，1854-1921）

蘇軾（子瞻，1037-1101）

蘇轍（子由，1039-1112）

顧炎武（亭林，1613-1682）

顧頡剛（銘堅，1893-1980）

顧憲成（涇陽，1550-1612）

龔自珍（定盦，1792-1841）

龔鼎孳（孝升，1615-1673）

二、日本

大田錦城（元貞、公幹，1765-1825）

山鹿素行（高佑、子敬，1622-1682）

井上金峨（1732-1784）

伊藤仁齋（維楨、源佐，1627-1705）

吉田篁墩（1808-1875）

近藤重藏（1777-1829）

青木正兒（1887-1964）

狩谷望之（掖齋，1775-1835）

皆川淇園（1734-1807）

荻生徂徠（1666-1728）

福澤諭吉（1835-1901）

德川光圀（1628-1700）

三、朝鮮

丁若鏞（茶山，1762-1836）

李滉（退溪，1501-1570）

李珥（栗谷，1536-1584）

李翼（星湖，1681-1763）

鄭齊斗（霞谷，1649-1736）

四、其他

Plato（柏拉圖，約 427BC-327BC）

Rousseau , Jean Jacques（盧梭，1712-1788）

Spencer, Herbert（斯賓塞，1820-1903）

Tolstoy, Lev Nikolayevich（托爾斯泰，1828-1910）

Vermeer, Johannes（弗美爾，1632-1675）

Windaus, Adolf O. R.（1876-1959）

Karrer, Paul（1889-1971）

Fischer, Hermann Emil（1852-1919）

Ružička, Lavoslav Stjepan（1887-1976）

引用書目

古代典籍（略依四部分類排列）

一、經部

〔魏〕王弼、〔晉〕韓康伯注，〔唐〕孔穎達等正義：《周易注疏》，臺北：藝文印書館《十三經注疏》本，1979 年。

〔明〕方孔炤：《周易時論合編》「圖象幾表」，《四庫全書存目叢書》經部易類第 21 冊，臺南：莊嚴文化出版社，1997 年。

〔清〕王夫之：《周易內傳》，《船山全書》第 1 冊，長沙：嶽麓書社，1989 年。

舊題〔漢〕孔安國傳，〔唐〕孔穎達等正義：《尚書注疏》，臺北：藝文印書館《十三經注疏》本，1979 年。

〔漢〕毛亨傳，〔漢〕鄭玄箋，〔唐〕孔穎達等正義：《毛詩注疏》，臺北：藝文印書館《十三經注疏》本，1979 年。

〔清〕王夫之：《詩廣傳》，《船山全書》第 3 冊，長沙：嶽麓書社，1989 年。

〔漢〕鄭玄注，〔唐〕賈公彥疏：《周禮注疏》，臺北：藝文印書館《十三經注疏》本，1979 年。

〔清〕孫詒讓：《周禮正義》，北京：中華書局，1987 年。

〔清〕姚際恆：《禮記通論輯本》，《姚際恆全集》第 3 冊，臺北：中央研究院中國文哲研究所，1994 年。

〔晉〕杜預注，〔唐〕孔穎達等疏：《春秋左傳注疏》，臺北：藝文印書館《十
　　三經注疏》本，1979 年。

〔漢〕何休注，〔唐〕徐彥疏：《春秋公羊傳注疏》，臺北：藝文印書館《十
　　三經注疏》本，1979 年。

〔魏〕何晏注，〔宋〕邢昺疏：《論語注疏》，臺北：藝文印書館《十三經注
　　疏》本，1979 年。

〔宋〕朱熹：《四書章句集注》，臺北：大安出版社，1994 年。

〔晉〕郭璞注，〔宋〕邢昺疏：《爾雅注疏》，臺北：藝文印書館《十三經注
　　疏》本，1979 年。

〔清〕段玉裁：《說文解字注》，臺北：漢京文化事業公司，1983 年。

二、史部

〔漢〕司馬遷撰，〔南朝宋〕裴駰集解，〔唐〕張守節正義，〔唐〕司馬貞索
　　隱：《史記》，北京：中華書局，1959 年。

〔漢〕班固撰，〔唐〕顏師古注：《漢書》，北京：中華書局，1995 年。

〔明〕祝純嘏：《孤忠後錄》，中國歷史研究社編：《三朝野記》，上海：上
　　海書店，1982 年。

王鍾翰點校：《清史列傳》（1-20），北京：中華書局，1987 年。

趙爾巽等：《清史稿》，北京：中華書局，1976 年。

《大清一統志》，光緒丁酉（1897）夏杭州竹簡齋石印本。

〔清〕黃宗羲：《宋元學案》，沈善洪主編：《黃宗羲全集》第 3-6 冊，杭州：
　　浙江古籍出版社，1985 年。

〔清〕黃宗羲：《明儒學案》，沈善洪主編：《黃宗羲全集》第 7-8 冊，杭州：
　　浙江古籍出版社，1985 年。

〔清〕方以智，《青原志略》，《四庫全書存目叢書》史部地理類第 245 冊，
　　臺南：莊嚴文化出版社，1996 年。

〔清〕王夫之：《讀通鑑論》，北京：中華書局，1975 年。

〔清〕馬驌：《繹史》，北京：中華書局，2002 年。

〔清〕永瑢、紀昀等纂：《欽定四庫全書總目》，臺北：藝文印書館，1997 年。

〔清〕錢儀吉編：《碑傳集》，北京：中華書局，1993 年。

〔清〕趙弘恩等監修，〔清〕黃之雋等編纂：《江南通志》，《四庫全書》第
　　507-512 冊，臺北：臺灣商務印書館，1983 年。

〔清〕劉於義等監修，〔清〕沈青崖等編纂：《陝西通志》，《四庫全書》第
　　551-556 冊，臺北：臺灣商務印書館，1983 年。

〔清〕謝啟昆修，〔清〕胡虔纂：《廣西通志》，《續修四庫全書》第 677-680
　　冊，上海：上海古籍出版社，1997 年。

〔清〕成瓘等纂，〔清〕王贈芳等修：《濟南府志》，清光緒二十年（1840）
　　濟南府刊本。

〔清〕丁丙修，〔清〕王棻續纂：《杭州府志》，清光緒戊戌年（1898）刊本。

〔清〕李溶等重纂修：《劍州志》，清同治十二年（1873）重修劍州學宮藏本。

〔清〕李鴻章等重修，〔清〕黃彭年等纂：《畿輔通志》，清光緒十年（1884）
　　開雕古蓮華池藏本。

〔清〕阮元等纂修：《廣東通志》，上海：商務印書館影印清同治三年（1859）
　　重刊本，1923 年。

〔清〕張曾敏、祝頤、陳琦纂修：《屏山縣志》，《中國西南文獻叢書‧二編》，
　　北京：學苑出版社，2009 年。

〔清〕田文鏡、王士俊等監修，〔清〕孫灝、顧棟高等編纂：《河南通志》，
　　《四庫全書》第 535-538 冊，臺北：臺灣商務印書館，1983 年。

〔清〕瞿宣穎：《方志考稿甲集》，北平：天春書社，1930 年。

荊門市博物館編《郭店楚墓竹簡》，北京：文物出版社，1998 年。

上海博物館：《上海博物館藏戰國楚竹書》第 3 冊，上海：上海博物館，
　　2003 年。

三、子部

〔漢〕劉向編，石光瑛校釋：《新序校釋》，北京：中華書局，2001 年。

〔漢〕劉向編，盧元駿：《新序今註今譯》，臺北：臺灣商務印書館，1984 年。

〔漢〕董仲舒著，〔清〕蘇輿義證：《春秋繁露義證》，北京：中華書局「新編諸子集成」本，1992 年初版，1996 年 2 刷。

〔漢〕王充著，黃暉校釋：《論衡校釋》1-4，北京：中華書局「新編諸子集成」本，1990 年。

〔宋〕朱熹著，郭齊、尹波點校：《朱熹集》1-10，成都：四川教育出版社，1996 年。

〔宋〕黎靖德編：《朱子語類》1-8，臺北：華世出版社，1987 年。

〔宋〕王應麟著：〔清〕翁元圻等注：《困學紀聞（全校本）》，上海：上海古籍出版社，2008 年。

〔清〕方以智：《物理小識》，四庫全書珍本十一集，臺北：臺灣商務印務書館，1981 年。

〔清〕徐世昌：《清儒學案》，北京：中華書局，2008 年。

〔清〕黃宗羲：《明夷待訪錄》，沈善洪主編：《黃宗羲全集》第 1 冊，杭州：浙江古籍出版社，1985 年。

〔清〕顧炎武：《原抄本顧亭林日知錄》，臺北：文史哲出版社，1979 年。

〔清〕戴震：《孟子字義疏證》，張岱年主編：《戴震全書》第 6 冊，合肥：黃山書社，1994-1997 年。

〔清〕王念孫：《讀書雜志》，南京：江蘇古籍出版社，1985 年。

〔清〕包世臣：《藝舟雙楫》，北京：中國書店，1983 年。

〔清〕戴望：《顏氏學記》，北京：中華書局，2009 年。

〔清〕朱一新：《無邪堂答問》，北京：中華書局，2000 年。

四、集部

〔南朝宋〕劉勰著，范文瀾注：《文心雕龍注》，臺北：開明書店，1993 年。

〔北周〕庾信撰，〔清〕倪璠注：《庾子山集注》，北京：中華書局，1980 年。

〔唐〕杜甫著，〔清〕仇兆鰲注：《杜詩詳註》1-4，北京：中華書局，
　　1979 年。

〔宋〕歐陽修：《歐陽修全集》，北京：中華書局，2001 年。

〔清〕錢謙益著，錢曾箋注，錢仲聯標校：《牧齋初學集》1-3，上海：上海
　　古籍出版社，1985 年。

〔清〕傅山：《霜紅龕集》，太原：山西人民出版社，1985 年。

〔清〕王夫之：《詩繹》，《船山全書》第 15 冊，長沙：嶽麓書社，1989 年。

〔清〕王夫之：《夕堂永日緒論》，《船山全書》第 15 冊，長沙：嶽麓書社，
　　1989 年。

〔清〕毛奇齡：《毛西河先生全集》（西河合集），臺灣大學圖書館藏（康熙）
　　蕭山陸凝瑞堂藏本。

〔清〕吳偉業著，《梅村詩集》，光緒二十二年（1842）新化三味堂刊本。

〔清〕吳偉業著，吳翌鳳箋注：《吳梅村詩集箋注》。

〔清〕吳偉業著，李學穎編：《吳梅村全集》上下，上海：上海古籍出版社，
　　1990 年。

〔清〕吳偉業著，〔清〕程學衡原箋，〔清〕楊學沆補注：《吳梅村先生編年
　　詩集》，《叢書集成續篇》第 172 冊，臺北：新文豐出版公司，1989 年。

〔清〕吳偉業著，楊學沆、程穆衡箋注：《吳梅村詩集箋注》上下，上海：上
　　海古籍出版社，1983 年。

〔清〕吳偉業著，靳榮藩輯：《吳詩集覽》，臺灣大學圖書館藏乾隆十四年（1775）
　　凌雲亭藏版。

〔清〕吳偉業：《梅村家藏稿》，臺北：臺灣學生書局，1975 年。

〔清〕顧炎武：《顧亭林詩文集》，香港：中華書局，1976 年。

〔清〕顧炎武著，王遽常注：《顧亭林詩集彙注》上下，上海：上海古籍出
　　版社。

〔清〕錢澄之：《田間詩集》，《續修四庫全書》第 1401 冊，上海：上海古
　　籍出版社，2002 年。

〔清〕張爾岐：《蒿菴集》，濟南：齊魯書社，1991 年。

〔清〕黃宗羲：《南雷詩文集》，沈善洪主編：《黃宗羲全集》第 10-11 冊，杭州：浙江古籍出版社，1985 年。

〔清〕侯方域：《壯悔堂文集》，《四部備要》本。

〔清〕侯方域著，王樹林校箋：《侯方域集校箋》，鄭州：中州古籍出版社，1992 年。

〔清〕李塨：《李恕谷集》。

〔清〕唐甄：《潛書》，北京：中華書局，1962 年。

〔清〕萬斯同：《石園文集》，《叢書集成新編》，第 155 冊，臺北：新文豐出版公司，1989 年。

〔清〕孔尚任：《桃花扇》，臺北：文光出版社，1956 年。

〔清〕王源：《居業堂文集》，《畿輔叢書》據光緒定州王氏謙德堂刊本影印。

〔清〕方苞：《方苞集》，上海：上海古籍出版社，1983 年。

〔清〕全祖望：《鮚埼亭集》上下，臺北：華世出版社，1977 年。

〔清〕戴震：《東原文集》，張岱年主編：《戴震全書》第 6 冊，合肥：黃山書社，1994-1997 年。

〔清〕錢大昕：《潛研堂集》，陳文和主編：《嘉定錢大昕全集》第 9 冊，南京：江蘇古籍出版社，1997 年。

〔清〕章學誠：《章氏遺書》1-3，臺北：漢聲出版社影印嘉業堂刊本，1973 年。

〔清〕凌廷堪：《校禮堂文集》，北京：中華書局，1998 年。

〔清〕阮元：《揅經室集》，北京：中華書局，1993 年。

〔清〕焦循：《雕菰集》，臺北：鼎文書局，1977 年。

〔清〕江藩：《漢學師承記》，臺北：廣文書局，1967 年。

〔清〕龔自珍：《龔定盦全集》，上海：上海古籍出版社，1975 年。

〔清〕李兆洛輯：《駢體文鈔》。

〔清〕蔣彤：《清李申耆先生兆洛年譜》，臺北：臺灣商務印書館「新編中國名人年譜集成」本，1981 年。

〔清〕麥仲華：《皇朝經世文新編》，《近代中國史料叢刊》第 78 輯，臺北：
　　文海出版社，1972 年。

〔清〕甘韓：《皇朝經世文新編續集》，《近代中國史料叢刊》第 77 輯，臺
　　北：文海出版社，1972 年。

〔清〕何良棟：《皇朝經世文四編》，《近代中國史料叢刊》第 77 輯，臺北：
　　文海出版社，1972 年。

章太炎：《太炎文錄初編》，《章太炎全集》第 4 冊，上海：上海人民出版社，
　　1985 年。

章太炎：《檢論》，臺北：廣文書局，1970 年。

劉師培：《左盦外集》，《劉申叔遺書》，南京：江蘇古籍出版社，1997 年。

劉師培：《中國民約精義》，《劉申叔遺書》，南京：江蘇古籍出版社，1997 年。

徐世昌：《清儒學案》，北京：中華書局，2008 年。

梁啟超：《清代學術概論》，《梁啟超論清學史二種》，上海：復旦大學出版
　　社，1985 年。

梁啟超：《中國近三百年學術史》，《梁啟超論清學史二種》，上海：復旦大
　　學出版社，1985 年。

研究論著

專書

《鄭因百先生八十壽慶論文集》，臺北：臺灣商務印書館，1985 年。

《中央研究院第二屆國際漢學會議論文集‧歷史與考古組》，臺北：中央研究
　　院，1989 年

中央研究院中國文哲研究所籌備處：《乾嘉學者的治經方法》上下，臺北：中
　　央研究院中國文哲研究所籌備處，2000 年。

中央研究院中國文哲研究所籌備處：《清代經學國際研討會論文集》，臺北：中央研究院中國文哲研究所籌備處，1994 年。

中國方志大辭典編輯委員會：《中國方志大辭典》，杭州：浙江人民出版社，1988 年。

毛一波：《方志新論》，臺北：正中書局，1974 年。

毛一波：《古今臺灣文獻考》，臺北：臺灣風物雜誌社，1977 年。

毛一波：《修志方法論集》，臺北：方志研究會，1954 年。

林衍經：《方志學綜論》，上海：華東師範大學出版社，1988 年。

來新夏：《中國地方志》，臺北：臺灣商務印書館，1995 年。

來新夏：《方志學概論》，福州：福建人民出版社，1983 年。

張國淦：《中國古方志考》，上海：中華書局，1962 年

王復興：《省志編纂學》，濟南：齊魯書社，1992 年。

黃葦：《方志學》，上海：復旦大學出版社，1993 年。

許雪姬、林玉茹主編：《五十年來臺灣方志成果評估與未來發展學術研討會論文集》，臺北：中央研究院臺灣史研究所籌備處，1999 年。

吳奈夫：《新方志編纂學》，南京：江蘇科學技術出版社，1991 年。

宋晞：《方志學研究論叢》，臺北：臺灣商務印書館，2000 年。

傅振倫：《中國方志學通論》，上海：商務印書館，1936 年。後增訂出版，易名為《中國方志學》。

金恩輝、胡述兆合編：《中國地方志總目提要》，臺北：漢美出版社，1996 年。

王叔岷先生八十壽慶論文集編輯委員會：《王叔岷先生八十壽慶論文集》，臺北：大安出版社，1993 年。

王勉：《吳偉業》，臺北：三民書局，1993 年。

王偉勇主編：《人文經典與創意開發》，臺北：里仁書局，2011 年。

王國維：《人間詞話手稿》，《王國維全集》第 1 冊，杭州：浙江教育出版社、廣州：廣東教育出版社，2009 年。

王國維：《王國維遺書》，上海：上海古籍出版社。

王爾敏：《晚清政治思想史論》，臺北：臺灣商務印書館，1995 年。

北京大學中國傳統文化研究中心：《文化的饋贈——漢學研究國際會議論文集·史學卷》，北京：北京大學出版社，2000 年。

丘為君：《戴震學的形成》，臺北：聯經出版事業有限公司，2004 年。

任道斌：《方以智年譜》，合肥：安徽教育出版社，1983 年。

朱維錚、姜義華編：《章太炎選集》，上海：人民出版社，1981 年。

何佑森：《儒學與思想》，《何佑森先生學術論文集》上冊，臺北：臺大出版中心，2009 年。

何佑森：《清代學術思潮》，《何佑森先生學術論文集》下冊，臺北：臺大出版中心，2009 年。

何佑森先生紀念論文集編輯委員會編：《中國學術思想論叢——何佑森先生紀念論文集》，臺北：大安出版社，2009 年。

余英時：《歷史與思想》，臺北：聯經出版事業有限公司，1976 年。

余英時：《論戴震與章學誠》，香港：龍門書店，1976 年；增訂本，臺北：東大圖書有限公司，1996 年。

恆慕義：《清代名人傳略》，西寧：青海人民出版社，1995 年。

胡適：《戴東原的哲學》，臺北：遠流出版事業股份有限公司，1992 年。

馬導源：《吳梅村年譜》，存萃學社編集，崇文書店「中國近三百年學術史參考資料」，1972 年。

張永堂：《明末方氏學派研究初編》，臺北：文鏡文化事業公司，1987 年。

郭延禮：《龔定盦年譜》，濟南：齊魯書社，1987 年。

郭紹虞：《中國歷代文論選》1-3，上海：上海古籍出版社，1979 年

陳平原：《中國現代學術之建立》，臺北：麥田出版社，2000 年。

陳寅恪：《金明館叢稿二編》，上海：上海古籍出版社，1980 年。

陳寅恪：《柳如是別傳》上中下，上海：上海古籍出版社，1980 年。

章鈺、武作成等編：《清史稿藝文志及補編》，北京：中華書局，1982 年。

傅斯年：《傅孟真先生集》，臺灣：國立臺灣大學，1952 年。又：《傅斯年全集》，臺北：聯經出版事業公司，1980 年。

馮友蘭：《中國哲學史新編》1-6 冊，北京：人民出版社，1985 年初版，1995年 3 刷。

鄭吉雄：《戴東原經典詮釋的思想史探索》，臺北：臺大出版中心，2008 年。

鄭吉雄主編：《語文、經典與東亞儒學》，臺北：臺灣學生書局，2008 年。

錢仲聯：《清詩紀事》，南京：江蘇古籍出版社，1987 年。

錢穆：《八十憶雙親師友雜憶合刊》，臺北：東大圖書公司，1992 年第 3 版。

錢穆：《中國學術思想論叢》第 8 冊，臺北：東大圖書公司，1980 年。

錢穆：《古史地理論叢》，臺北：東大圖書公司，1982 年。

錢穆：《先秦諸子繫年》上下，香港：香港大學出版社，1956 年。

錢穆：《兩漢經學今古文平議》，臺北：東大圖書公司，1978 年。

錢穆：《國史大綱》上下，臺北：臺灣商務印書館，1977 年。

錢穆：《中國近三百年學術史》上下，臺北：臺灣商務印書館，1957 年。

羅熾：《方以智評傳》，南京：南京大學出版社，1998 年。

譚其驤：《清人文集地理類匯編》1-7，杭州：浙江人民出版社，1984 年。

日韓文獻

大田錦城：《梧窗漫筆拾遺》，《百家說林正編》，東京：吉川弘文館，1905 年。

大谷敏夫：〈清代思想史研究──近年の動向〉，刊《中國史學》，第 3 期，1993 年 10 月。

木下鐵矢：〈戴震と皖派の學術〉，刊《東洋史研究》45 卷 3 期，1986 年 12月。

水上雅晴：〈詁經精舍と乾嘉之學〉，刊《中國哲學》，第 22 期，1993 年10 月。

水上雅晴：〈戴震と焦循の一貫說──乾嘉期における時代思潮の變遷〉，刊
　　《東方學》第 88 期，1994 年 7 月。

伊藤仁齋：《語孟字義》，東京：岩波書店，1983 年。

村瀨裕也：〈戴震の學における存在と倫理──唯物論と道德的價值〉，刊《香
　　川大學教育學部研究報告》第 36、43、47、54、57、59、60 期，1974 年
　　2 月、1977 年 2、10 月、1979 年 10 月、1982 年 1 月、1983 年 1、9 月、
　　1984 年 1 月。

岡田武彥：〈戴震與日本古學派的思想──唯氣論與理學批判論的展開〉，刊
　　《西南學院大學文學論集》18:2（1978 年 2 月）；陳瑋芬譯本，刊《中
　　國文哲研究通訊》10:2（2000 年 6 月），頁 67-90。

河田悌一：〈乾嘉の士大夫と考證學──袁枚、孫星衍、戴震そして章學誠〉，
　　刊《東洋史研究》42 卷 4 期，1984 年 3 月。

河田悌一：〈清末の戴震像──劉師培の場合〉，《森三樹三郎博士頌壽紀念
　　東洋學論集》。

近藤光男：〈戴震の「周禮大史正歲年解」について〉，お茶の水女子大學《中
　　國文學會會報》第 5 期，1986 年 4 月。

近藤光男：〈戴震の經學〉，《日本中國學會報》，第 27 期，1975 年 10 月。

青木正兒：《清代文學評論史》，《青木正兒全集》第 1 卷，東京：春秋社，
　　1969 年。

青木正兒著，陳淑女譯：《清代文學評論史》，臺北：開明書店，1969 年。

青木正兒著，楊鐵嬰譯：《清代文學評論史》，北京：中國社會科學出版社，
　　1988 年。

青木晦藏：〈伊藤仁齋和戴東原〉，《斯文》，第 8 卷第 1、2、4、8 期；第
　　9 卷第 1、2 期（1926 年 2、4、7、11 月；1927 年 1、2 月）；愈慰慈、
　　陳秋萍合譯本，《中國文哲研究通訊》第 10 卷第 2 期，2000 年 6 月。

森三樹三郎博士頌壽紀念事業會編：《森三樹三郎博士頌壽紀念東洋學論集》，
　　京都：朋友書店，1979 年 12 月。

福澤諭吉：〈脫亞論〉，《福澤諭吉全集》第 10 冊，東京：岩波書店，1958-1971 年。

橋本高勝：〈孟子字義疏證の体系的概念規定と戴震の訓詁學〉，刊《日本中國學會報》第 31 期，1979 年 10 月。

橋本高勝：〈戴震の哲學研究における西洋の色彩〉，刊《京都產業大學論集》7 卷 2 期，1978 年 5 月。

丁若鏞：《中庸講義》，《中庸自箴》、《大學公議》，均收入《與猶堂全書》第 4 冊，首爾：茶山學術文化財團，2001 年 3 月 3 版。

Sung Tae-yong, "The Heavenly God without Revelation in Tasan's Philosophy," in The Meeting of East and West in the Thought of Tasan, Seoul: Tasan Cultural Foundation, 2005.

西文論著及譯著

馬君武：《盧騷民約論》，臺北：臺灣中華書局，1958 年。

恆慕義：《清代名人傳略》上中下，西寧：青海人民出版社，1995 年。

司徒琳著、李榮慶等譯：《南明史》，上海：上海古籍出版社，1992 年。（該書英文原版：Lynn A. Struve, *The Southern Ming 1644-1662*, New Haven: Yale University Press, 1984）

Rousseau, Jean J., trans & ed. by Frederick Watkins, *Political Writings*, Wisconsin: Wisconsin University Press, 1986.

Elman, Benjamin A., *From Philosophy to Philology: Intellectual and Social Aspects of Changes in Late Imperial China*, Cambridge, Massachusetts: Harvard University, 1984.

Angle, Stephen: *Human Rights and Chinese Thought: A Cross-Cultural Inquiry*, Cambridge, New York: Cambridge University Press, 2002.

單篇論文

王晴佳：〈考據學的興衰與東亞學術的近代化──以近代日本和中國史學為中心〉，鄭吉雄主編：《語文、經典與東亞儒學》，臺北：臺灣學生書局，2008 年。

余英時：〈戴東原與伊藤仁齋〉，原刊《食貨月刊》第 4 卷 9 期，1974 年；後收入余英時：《論戴震與章學誠（增訂本）》外篇。

章太炎：〈致柳翼謀書〉，《史地學報》第 1 卷第 4 期，1922 年 8 月。

傅振倫：〈整理舊方志與編輯新方志的問題〉，《新建設》1956 年第 6 期。

梅廣：〈「內聖外王」考略〉，《清華學報》新 41 卷 4 期，新竹：清華大學，2011 年 12 月，頁 621-667。

鄭吉雄：〈論章學誠的「道」與經世思想〉，《臺大中文學報》第 5 期，1992 年 6 月。

鄭吉雄：〈論全祖望「去短集長」的治學方法〉，刊《臺大中文學報》第 11 期，頁 339-361。

鄭吉雄：〈陳亮的事功之學〉，《臺大中文學報》第 6 期， 1994 年 6 月，頁 257-289。

鄭吉雄：〈讀《清史列傳》對吳偉業仕清背景之蠡測〉，《臺大中文學報》第 10 期， 1998 年 5 月，頁 273-297。

鄭吉雄：〈論戴震與章學誠的學術因緣──「理」與「道」的新詮〉，刊《文史哲》「創刊六十周年紀念專號」總 324 期，濟南：山東大學，2011 年 5 月，頁 163-175。

鄭吉雄：〈章學誠「官師合一」說對科舉制度的批判〉，刊《國學學刊》第 4 期，中國人民大學國學院，2010 年，頁 38-47。

鄭吉雄：〈從遺民到隱逸：道家思想溯源──兼論孔子的身分認同〉，《東海人文學報》第 22 期，2010 年 7 月。

鄭吉雄：〈試論子思遺說〉，《文史哲》，濟南：山東大學，2013 年。

諸祖耿：〈記先師章公自述治學之功夫及走向〉，《制言半月刊》，第 25 期
　　（1936 年 9 月）。

金毓黻：〈普修新方志的擬議〉，刊《新建設》1956 年第 5 期。

傅振倫：〈整理舊方志與編輯新方志的問題〉，刊《新建設》1956 年第 6 期。

吳貴芳：〈關於纂修上海方志新志的體例問題〉，刊《上海史研究通訊》1981
　　年第 2 輯。

蕭義玲：〈從方法論的發展看清代諸子學的興起〉，《孔孟學報》第 75 期，
　　1998 年 3 月。

國家圖書館出版品預行編目資料

近三百年歷史、人物與思潮

鄭吉雄著. – 初版. – 臺北市：臺灣學生，2013.11
面；公分：

ISBN 978-957-15-1594-6 (平裝)

1. 學術思想 2. 文集

112.07   102017271

近三百年歷史、人物與思潮

著　作　者：鄭　　　　吉　　　　雄
出　版　者：臺 灣 學 生 書 局 有 限 公 司
發　行　人：楊　　　　雲　　　　龍
發　行　所：臺 灣 學 生 書 局 有 限 公 司
　　　　　　臺北市和平東路一段七十五巷十一號
　　　　　　郵 政 劃 撥 帳 號 ： 0 0 0 2 4 6 6 8
　　　　　　電　話　： (0 2) 2 3 9 2 8 1 8 5
　　　　　　傳　眞　： (0 2) 2 3 9 2 8 1 0 5
　　　　　　E-mail：student.book@msa.hinet.net
　　　　　　http://www.studentbook.com.tw

本 書 局 登
記 證 字 號：行政院新聞局局版北市業字第玖捌壹號

印　刷　所：長 欣 印 刷 企 業 社
　　　　　　新北市中和區中正路九八八巷十七號
　　　　　　電　話　： (0 2) 2 2 2 6 8 8 5 3

定價：新臺幣四五○元

西 元 二 ○ 一 三 年 十 一 月 初 版

11215
ISBN 978-957-15-1594-6 (平裝)